SOBREVIVÊNCIAS DA IMAGEM NA ESCRITA:
MICHEL BUTOR E AS ARTES

SOBREVIVÊNCIAS DA IMAGEM NA ESCRITA:
MICHEL BUTOR E AS ARTES

Márcia Arbex

© Relicário Edições
© Márcia Arbex

Dados Internacionais de Catalogação na Publicação (CIP) de acordo com ISBD

A664s
    Arbex, Márcia
        Sobrevivências da Imagem na Escrita: Michel Butor e as Artes / Márcia Arbex. - Belo Horizonte, MG : Relicário, 2020.
    260 p. : il. ; 15,5cm x 22,5cm.

    Inclui bibliografia e anexo.
    ISBN: 978-65-86279-03-0

    1. Teoria e crítica literária. 2. Michel Butor. 3. Literatura francesa. 4. Artes visuais. I. Título.

        CDD 809
2020-928   CDU 82.09

Elaborado por Vagner Rodolfo da Silva – CRB-8/9410

CONSELHO EDITORIAL
Eduardo Horta Nassif Veras (UFTM)
Ernani Chaves (UFPA)
Guilherme Paoliello (UFOP)
Gustavo Silveira Ribeiro (UFMG)
Luiz Rohden (UNISINOS)
Markus Schäffauer (Universität Hamburg)
Patrícia Lavelle (EHESS/Paris)
Pedro Süssekind (UFF)
Ricardo Barbosa (UERJ)
Romero Freitas (UFOP)
Virginia Figueiredo (UFMG)

COORDENAÇÃO EDITORIAL Maíra Nassif Passos
DIAGRAMAÇÃO Kátia Regina Silva
REVISÃO Lucas Morais
REVISÃO DE PROVAS Laura Torres
CAPA Arte postal de Michel Butor enviado à autora sobre imagem de Philippe Enrico

RELICÁRIO EDIÇÕES
www.relicarioedicoes.com
contato@relicarioedicoes.com

SUMÁRIO

APRESENTAÇÃO POR LEYLA PERRONE-MOISÉS 7

1. MOLDURA 11
DA IMAGEM DA LETRA À PICTOPOESIA: TRAJETOS 13
MICHEL BUTOR VAGA-LUME: DESAFIOS 15

2. GALERIA 29
A ARTE NA LITERATURA: UM SISTEMA DE REFRAÇÃO 31
QUADRO 1: O PINTOR MARTIN DE VERE DÁ AS CARTAS EM *PASSAGE DE MILAN* 39
QUADRO 2: JACQUES REVEL DIANTE DA IMAGEM EM *L'EMPLOI DU TEMPS* 47
    A TAPEÇARIA HARREY: DECIFRANDO O MITO DE TESEU 52
    O VITRAL DO ASSASSINO: DECIFRANDO A HISTÓRIA DE CAIM E ABEL 55
QUADRO 3: DESCARRILAMENTO DE LÉON DELMONT EM *LA MODIFICATION* 62

3. MESA DE MONTAGEM 75
DESRAZÃO GRÁFICA E COLAGEM DE CITAÇÕES 77
MESA 1: AVENTURAS TIPOGRÁFICAS: "PEQUENAS INVENÇÕES DISCRETAS" 85
MESA 2: COLAGEM E MONTAGEM EM *MOBILE* 90
MESA 3: ESCRITA NÔMADE 98

4. CÂMARA ESCURA 109
INSTANTÂNEOS LITERÁRIOS: POR UMA POÉTICA DA FOTOGRAFIA 111
INSTANTÂNEO 1: NO RASTRO DE ARTHUR RIMBAUD: A ILUSTRAÇÃO TRANSGRESSIVA 118
INSTANTÂNEO 2: UMA VIAGEM FOTOLITERÁRIA: A LEGENDA POÉTICA 125
INSTANTÂNEO 3: CONVERSANDO COM MAN RAY: OLHARES CRUZADOS 137

5. ATELIÊ   147
A POESIA NOS "LIVROS DE DIÁLOGO": DA ILUMINURA À ILUSTRAÇÃO   149
ILUSTRAÇÃO 1: APARIÇÕES NA NOITE DE MIQUEL BARCELÓ   158
ILUSTRAÇÃO 2: MICHEL BUTOR COM YOUL: LUCIDEZ   166
ILUSTRAÇÃO 3: ESCRIÇÃO NA ARGILA   179

6. MARGEM   189

IMAGENS   199

BIBLIOTECA   247
DE MICHEL BUTOR   247
GERAL   250

APRESENTAÇÃO

Leyla Perrone-Moisés

Trabalhar sobre a obra de Michel Butor exige competência e coragem. Competência, porque se trata de uma obra múltipla e complexa; coragem, porque essa obra é enorme. A publicação recente de suas obras completas tem doze volumes, isto é, milhares de páginas. Márcia Arbex possui essas duas qualidades, já comprovadas pelos numerosos artigos que tem publicado sobre o escritor.

No último capítulo deste livro, Márcia fala da "marginalidade" de Michel Butor. Marginalidade não no sentido social, mas no sentido estético de exclusão das classificações em que os escritores geralmente se encaixam. Diz a ensaísta: "Deslocado entre os *nouveaux romanciers*, intruso entre os poetas, incompreendido por certa crítica, *à l'écart* da academia, formou, junto aos artistas, belas comunidades anacrônicas e atópicas, errantes e luminosas, emitindo lampejos com suas imagens vaga-lumes – resistentes, persistentes e intermitentes, ou seja, políticas, reminiscentes e poéticas" (p. 192).

De fato, o nome de Butor é internacionalmente conhecido, mas sua imensa obra é pouco lida, o que o fez dizer, no colóquio a ele dedicado em 2011: "sinto-me muito à margem" e "(sou) um ilustre desconhecido". A razão desse desconhecimento é a originalidade de suas produções e de seu percurso intelectual. Tendo iniciado sua carreira como romancista premiado e crítico literário excepcional, ele logo abandonou o gênero romanesco e a crítica tradicional para dedicar-se à invenção de novos gêneros e à exploração de inéditas maneiras de escrever e publicar. Com isso, tornou-se ilegível para a crítica institucional e foi excluído do ensino universitário de seu país, sendo levado a exercer a profissão docente na Suíça.

Sua obra romanesca tem sido suficientemente estudada, mas ela é uma parte ínfima de sua produção escritural, que abrange a poesia, as artes plásticas, gráficas e a música, muitas vezes efetuada em parceria com artistas tão inventivos quanto ele. Márcia Arbex escolheu estudar sua obra "à luz do seu diálogo com as artes" (p. 193). A pesquisadora analisa, neste livro, a relação do escritor com as artes visuais, iniciada por pequenas intervenções tipográficas, prosseguida depois por experiências mais ousadas de composição da página, de interação com fotografias até chegar às obras de colaboração com outros artistas, que fazem dialogar imagens e textos ou que buscam novas formas para o objeto livro.

Os títulos dos capítulos do livro de Márcia Arbex, listados no sumário, já o colocam no universo das artes visuais. Depois de um primeiro capítulo intitulado "Moldura", que funciona como introdução, passa para o segundo, intitulado "Galeria". Neste, a pesquisadora trata da presença de obras visuais descritas em seus primeiros livros, na fase *nouveau roman*, e mostra como elas funcionam com relação à trama. No terceiro capítulo, intitulado "Mesa de montagem", a autora analisa a segunda fase do escritor, quando ele efetuou uma grande virada em sua obra, tornando-a verdadeiramente inovadora.

A grande virada se deu em 1962, com a publicação de *Mobile. Essai pour une représentation des États-Unis*. Esse livro originalíssimo "representa" os Estados Unidos por meio de colagens de textos históricos e literários, catálogos comerciais, listas de objetos, seus modelos e cores, e uma infinidade de pormenores da vida cotidiana norte-americana. As colagens são regidas pela ordem alfabética, a partir dos nomes de cidades homônimas espalhadas no imenso território do país. As páginas do livro apresentam variações tipográficas e espaços em branco, numa nítida filiação à experiência poética de Mallarmé. A intenção de Butor era "fazer falar" os próprios norte-americanos, levando à reflexão sobre os crimes de sua história: o massacre dos índios, o escravagismo, o racismo, o assassinato "ritual" dos presidentes, etc. Esse livro demonstra que a invenção formal não é mero jogo, mas pode ter uma função crítica e política.

O livro foi mal recebido pela crítica francesa, que não estava aparelhada para o compreender. Como mostra Márcia Arbex no capítulo dedicado à "montagem", somente um crítico e um poeta compreenderam e admiraram o projeto de Butor: Roland Barthes, na França, e Augusto de Campos, no Brasil. Segundo Barthes, a obra nada tem de arbitrário, revela pelo contrário "um saber sobre os Estados-Unidos", e foi rejeitada por ter "ferido" a própria ideia de "livro" ("*Littérature et discontinu*", 1964). Augusto de Campos saudou imediatamente o livro de Butor, no artigo "A prosa é Mobile" (1963), em que apontava a "experiência radical" do escritor, "no sentido de que também a estrutura formal do texto é envolvida na postulação de uma nova prosa". O mesmo procedimento de colagem foi, em seguida, utilizado por Butor em novos "livros de viagem": *Réseau aérien, Où, Boomerang* e *Le génie du lieu*, que Márcia Arbex chama, acertadamente, de "prosa nômade".

No quarto capítulo, intitulado "Câmara escura", a autora analisa as obras em que Butor trabalha com e sobre a fotografia. A primeira obra analisada é *Dialogue avec Arthur Rimbaud sur l'itinéraire d'Addis-Abeba à Harar*, de 2001. Tendo como guia as cartas de Rimbaud, e acompanhado de sua mulher fotógrafa, o escritor percorreu o trajeto efetuado pelo poeta em 1887. Ao longo dos anos, ele já tinha publicado vários ensaios sobre Rimbaud, e esse conhecimento aprofundado de sua obra é, de certa forma, confrontado com a paisagem que o poeta viu após abandonar a poesia. Para a análise da interação das fotos com os textos, Márcia Arbex usa com pertinência os conceitos criados por Roland Barthes para o estudo da fotografia: *studium, punctum* e *ductus*. E conclui: "A escrita, por sua vez, com o vai e vem das citações, o uso de diversas vozes narrativas, entre as cartas do século XIX e os comentários do século XXI, a variação tipográfica, produz uma certa forma de ubiquidade, a do 'aqui-agora' do texto ao 'alhures-anterior' do objeto, para melhor sentir a ausência de Rimbaud, ou de sua presença sobrevivente".

É também com esse efeito fantasmático da fotografia que Butor lida na obra seguinte, *L'atelier de Man Ray*, de 2005. Dialogando com as fotos do estúdio presentemente abandonado de Man Ray, realizadas por Maxime Godard, o escritor medita, por assim dizer, em vários planos, sobre a arte da fotografia, e transcreve de forma poética suas visões espectrais do fotógrafo e de sua mulher, que ali viveram e deixaram fotos.

No quinto capítulo, intitulado "Ateliê", a autora se debruça sobre outras experiências de Butor, em seus "livros de diálogo": gravuras de amigos artistas integradas com textos manuscritos do escritor. Segundo ela, esses trabalhos de colaboração derivam de suas experiências juvenis com os surrealistas, baseadas no trabalho coletivo e no companheirismo. Segundo Butor, nesse trabalho conjunto, o escritor vê nas obras plásticas algo de que o próprio artista não tinha consciência, e o artista permite que a imaginação do escritor se abra para formas verbais que ele não encontraria sozinho.

Não contente com essa prática renovadora da relação escritor com artista visual, Butor foi mais longe, cooperando com fabricantes de livros-objetos, como Youl, que trabalhava com colagens de vários materiais, e com outros criadores de livros de argila, de cerâmica, ou de bolas de terra, como Jean-Luc Parant.

Inútil dizer que ainda há muito a ser estudado na obra de Butor, que sempre deixa vários caminhos em aberto. Mas pelo rigor e a extensão de sua pesquisa, Márcia Arbex avançou um bocado em uma de suas vias mais fascinantes. E mais ainda: seu trabalho é uma importante contribuição para os estudos inter-semióticos e um estímulo à cooperação entre novos artistas.

1.
MOLDURA

DA IMAGEM DA LETRA À PICTOPOESIA: TRAJETOS

> *Tu remarquas, on n'écrit pas, lumineusement, sur champ obscur, l'alphabet des astres, seul, ainsi s'indique, ébauché ou interrompu; l'homme poursuit noir sur blanc.*
>
> Mallarmé, *Divagations*.

Evocar Mallarmé, desde o início, significa indicar o ponto de partida – distante, decerto – deste trabalho: a epígrafe já figurava na abertura de minha tese de doutorado, intitulada *De l'image de la lettre à la poésie peinte: étude sur la fonction de l'écriture dans les arts visuels (1910-1930)* (Da imagem da letra à pictopoesia: estudo sobre a função da escrita nas artes visuais [1910-1930]). Significa, ainda, renovar uma interrogação a respeito da escrita e da imagem, como um enigma constantemente colocado.[1]

Naquela pesquisa, dediquei-me ao estudo das vanguardas europeias e questionei a utilização singular, mas recorrente, das "palavras na pintura" – um mesmo suporte para o visual e o verbal. Pablo Picasso e Georges Braque, com seus *papiers collés* de jornais, partituras musicais, cartazes em composições de naturezas-mortas cubistas; Kurt Schwitters, catador de restos de impressos, e sua arqueologia material; Max Ernst e as colagens oníricas legendadas de poesia; Joan Miró pintando em cores versos sobre a tela; René Magritte, com suas "diabruras" sob a fachada do discurso escolar; Marcel Duchamp e Francis Picabia montando engrenagens eróticas, mecânicas e linguísticas por meio de frases e de títulos atribuídos às suas "pinturas", acabando por colocar em xeque a própria noção de arte.

Lá estava, portanto, também desde o início, Michel Butor e seu *Les Mots dans la peinture* (1969), para indicar, com o gesto de um *admoniteur*, como ver

---

[1] Este livro é o resultado de pesquisa realizada com o apoio do Conselho Nacional de Desenvolvimento Científico e Tecnológico (CNPq) e que se consolidou na tese apresentada à Faculdade de Letras da Universidade Federal de Minas Gerais (UFMG) como requisito à promoção à Classe E, Professor Titular, em 2016.

o desenho da letra e o "alfabeto dos astros" mallarmaico; para mediar a leitura dos poemas pintados sobre as telas. *Les Mots dans la peinture*, publicado na esmerada coleção Les Sentiers de la Création, das edições Skira, com inúmeras ilustrações, é um dos primeiros livros a evidenciar a presença constante das palavras na pintura ocidental. A partir da análise de diversos exemplos, de diferentes períodos históricos, que vão de Bruegel a Rauschenberg, passando por Van Eyck, Giorgione, Klee, Mondrian e Magritte, o autor chama nossa atenção para o fato de que toda nossa experiência da pintura comporta uma considerável parte verbal; ouvimos falar de quadros, lemos as críticas de arte, nosso olhar é inteiramente envolvido por comentários. Butor (1969, p. 7) observa o quanto nossa cultura esteve alheia a essa interação entre a escrita e a imagem, apesar dos inúmeros exemplos, e constata que a presença dessas palavras na pintura destrói o muro fundamental edificado por nossa cultura entre as letras e as artes.

Tratava-se, naquela ocasião, de ler o Michel Butor ensaísta, embora sua paixão pela pintura se manifestasse a cada página. Não imaginava que aquele crítico-escritor (Perrone-Moisés, 1978, p. 77), que conhecia por sua afinidade – frágil, como pude constatar em seguida – com o *nouveau roman*, mantivesse uma relação tão estreita com a arte, a ponto de fazer dela um modo de sobrevivência.

MICHEL BUTOR VAGA-LUME: DESAFIOS

*J'aurais bien voulu être peintre, et un photographe,
et un cinéaste, et un musicien, etc.
Je suis né à l'intérieur du langage.*
Butor, *Michel Butor*.

O caráter vertiginoso da obra de Michel Butor pode, a princípio, desconcertar; seu volume, provocar um misto de perplexidade e de admiração; sua abrangência, deixar sem pontos de referência; é uma obra continuamente interrogativa. Os adjetivos utilizados pela crítica para qualificar essa produção, muitas vezes inspirados pelos títulos das próprias obras de Butor, vão neste sentido: obra polimorfa, proteiforme, enciclopédica, constelar, aos quatro ventos, giroscópica, caleidoscópica, galáxia em expansão. Na ocasião da publicação de suas *Œuvres complètes* (2006-2010), a questão da incompletude e do inacabamento foi muitas vezes colocada. A organizadora dos doze volumes, Mireille Calle-Gruber (2011, p. 30), afirma que o percurso da obra do escritor, "longe de visar à obra acabada, ao contrário, não parou de exibir a lei da incompletude, da qual a escritura extrai sua dinâmica". A completude, desde o início, é hipotética, mas esse desafio impossível é o único gesto justo, comenta a pesquisadora na introdução ao primeiro volume (Calle-Gruber *in* Butor, ŒC I, p. 13).[2]

O *Dictionnaire Butor*, dicionário *on-line* criado por Henri Desoubeaux, é um dos recursos mais eficientes de que dispomos para nos localizarmos nessa obra vasta e rizomática. Um tipo de "GPS literário", um instrumento que permite "viajar o mais comodamente possível na floresta de referências, de nomes de autores, de artistas, de pessoas, de editores, dos títulos, em particular de poemas,

---

[2] A partir de agora as referências às *Œuvres complètes* de Michel Butor serão abreviadas (ŒC) e seguidas do número do volume. Todas as traduções cujo original está em francês são minhas, salvo menção contrária. Os textos de *Repertório* (1974) foram traduzidos por Leyla Perrone-Moisés; o livro *O inventário do tempo* (1988) foi traduzido por Waltersin Dutra.

extremamente numerosos, dos temas, países, exposições, etc.", explica Desoubeaux (2012, p. 410). Ainda assim o leitor se perde facilmente. E perder-se faz parte da experiência de leitura a que ele nos convida.

Na apresentação ao volume *Michel Butor: déménagements de la littérature*, Mireille Calle-Gruber resume a heterogeneidade de sua produção e a precocidade de seu autor com as seguintes palavras:

> Michel Butor abordou logo de início todos os campos e não cessou de escrever com todos os tons, de assombrar o entregêneros e o entretempo, praticando o romance como pesquisa, a língua como alquimia, a crítica de arte como diálogo, o ensaio como ópera, o livro como a composição sêmica dos corpos e das vozes letradas. (Calle-Gruber, 2008, p. 9)

O fragmento ressalta menos a amplitude do projeto do que a "alquimia" entre o que se convencionou chamar de gêneros. Poesia, romance, ensaio, crítica de arte e de literatura, fotografia, arte, cinema: Butor praticou todas essas modalidades de escrita e de imagem, em sequência ou simultaneamente, quebrando paredes e ultrapassando fronteiras. Trata-se de uma obra que exige da literatura uma transformação e um deslocamento contínuos, um *déménagement* no duplo sentido da palavra: de um lado, a mudança, o deslocamento de um lugar para outro e o confronto com a experiência da fronteira que ele provoca; de outro, a doce loucura, a desrazão, a perturbação das ideias e a perda dos pontos de referência, levando consigo seus leitores. Essa obra nos conduz a descobrir formas não convencionais, a desconstruir as certezas do saber; é uma "obra-devir: mais do que um móbile, é a própria mobilidade" (Calle-Gruber, 2008, p. 9). E por isso mesmo incomoda a crítica, pois é adversa às classificações; é preciso buscar abordagens inéditas, mudar também de perspectiva, ou conjugar várias, uma vez que as propostas existentes nem sempre dão conta de sua profusão e sua complexidade.

> A escrita perturba os mapas de nossas representações e a cartografia dos solos do imaginário. São formas mestiças, gêneros híbridos que inventam para o livro volumes e uma geometria variável: móbile, passagem, graus, repertório, bumerangue, niágara, improvisações, envios, matérias de sonhos – ao mesmo tempo, títulos de obras e o nome das formas sem nome que adquire a escrita hospitaleira. (Calle-Gruber *in* Butor, ŒC I, p. 9)

Diante dessas "formas mestiças", dos "gêneros híbridos" e de sua "geometria variável", a atitude mais comum da crítica é organizar sua obra em duas etapas, divididas pela ruptura com o gênero romance a partir dos anos de 1960. De um lado, costuma-se colocar o autor ao lado de Alain Robbe-Grillet, Nathalie Sarraute e Claude Simon e classificá-lo com a etiqueta do *nouveau roman*, o que é contestável. De outro, após os anos de 1960, quando os textos se tornam de certa forma inclassificáveis, ou tomam "formas sem nome", a divisão da obra por épocas ou estilos se revela praticamente impossível. Podemos dizer, contudo, que há um antes e um depois de *Mobile* (1962); um período dos romances, que termina com a publicação de *Degrés*, em 1960, e um posterior, inesperado e aventureiro.

Para acompanhar essa mudança de direção ocasionada por *Mobile*, parece-nos pertinente fazer uma breve incursão no contexto que a precede, o que indicará a posição também fronteiriça do escritor naquele meio intelectual.

Michel Butor, nascido em 14 de setembro de 1926, encontra-se em Paris nos anos de 1940, onde inicia o curso de Letras e, em seguida, de Filosofia na Sorbonne. Pertence à geração de Gilles Deleuze (1925-1995), Michel Tournier (1924-2016), Jean-François Lyotard (1924-1998), alguns dos estudantes que, como ele, frequentavam reuniões nos cafés parisienses e colóquios que aconteciam nos arredores da capital, em especial após a Liberação, no castelo de La Fortelle, "coração do templo filosófico-literário" (Butor, 1996, p. 35). Foi em uma dessas ocasiões que ele encontrou Michel Carrouges (1910-1988) – conhecido pelos livros *André Breton et les données fondamentales du surréalisme* (1950) e *Les machines célibataires* (1954) –, que lhe abriu as portas para o surrealismo e o apresentou a André Breton. A visita a galerias e exposições tornou-se uma constante. Na galeria Rive Gauche, pôde ver obras de Joan Miró e Yves Tanguy e impressionar-se com o trabalho de Max Ernst, o que deu origem à sua primeira publicação: o poema "Hommage partiel à Max Ernst", publicado na revista *Vrille*, em 1945. Em 1948, publicou seu segundo texto, "Petite croisière préliminaire à une reconnaissance de l'archipel Joyce", em *La Vie intellectuelle*, revelando desde já suas inclinações em termos de arte e de literatura: abertura para o onírico, introdução de procedimentos novos na literatura, como a colagem. Além disso, esses artistas eram vistos como "herdeiros da tradição", e não integrantes de uma vanguarda, no sentido militar do termo: "Para mim, Ernst ou Joyce não eram apenas homens da ruptura. Eles não elaboraram suas obras contra o passado, mas com ele. Para fazer do antigo algo novo" (*ibid.*, p. 49).

Esta será, aliás, uma das tônicas do escritor, que circula entre tradição e contemporaneidade, articula dialeticamente o passado e o presente, associa a crítica à invenção. Sob a orientação de Gaston Bachelard, conclui o curso de Filosofia, mas o diploma não foi suficiente para obter sucesso no muito concorrido concurso da *agrégation*, via de acesso principal para atuar nas instituições de ensino francesas. Os professores Bachelard e Jean Wahl marcaram sua visão teórico-crítica. De Jean Wahl, herda o modo diferente de ler a filosofia, sob o "ângulo da literatura". Com Bachelard, aprendeu não apenas os desenvolvimentos sobre a imaginação, mas também uma forma de resistência que chamava de "filosofia do não" [*la philosophie du non*] – "uma dialética que consiste em se opor sistematicamente aos dogmas do passado, aos saberes estabelecidos, aos preconceitos" (Butor, 1996, p. 38). Jean Wahl o contratou em seguida como secretário do Collège de Philosophie, onde pôde escutar vários intelectuais célebres – Jacques Lacan, Emmanuel Levinas, Vladimir Jankélévitch, Georges Bataille, Claude Lévi-Strauss. Michel Leiris e Benjamin Péret também fizeram parte do círculo de amizades dessa época, frequentando uma mesma geografia parisiense, situada entre o bairro de Saint-Sulpice e a Galerie du Dragon, perto das Éditions de Minuit, onde publicaria seu primeiro romance.

Assim como Butor não aderiu ao grupo surrealista, tampouco aderiu a partidos políticos ou grupos intelectuais, embora seu posicionamento de esquerda fosse manifesto.[3] A influência de Sartre é notória. Ele foi um modelo e um professor para toda uma geração francesa que precisava repensar um mundo em ruínas. Graças a Sartre, Butor pôde levar mais longe o que chama de sua aventura filosófica, embora confesse nunca ter sido existencialista.

Mesmo sem o diploma da *agrégation*, Butor obtém seu primeiro cargo de professor no liceu Stéphane Mallarmé de Sens, em 1950, onde não permanece muito tempo, uma vez que, em outubro desse mesmo ano, embarca para o Egito como professor de francês. Essa foi a primeira de uma série de viagens (Inglaterra, Itália, Grécia, Suíça, num primeiro momento) que determinou posteriormente seu percurso literário. Dos vários projetos que levou em sua bagagem, um deles se concretizou na forma de romance: *Passage de Milan* é

---

3 Com o teórico marxista Lucien Goldman, Butor traduziu o livro de Lukács *Brève histoire de la littérature allemande*, de 1949. Relata que, nos anos 1950, tinha relacionamentos com a esquerda e a extrema-esquerda, com comunistas, socialistas, trotskistas, mas sem aderir a nenhum partido ou grupo. Participou das manifestações contra a guerra da Argélia e assinou o *Manifeste des 121*, em 1960. Cf. Butor (1996, p. 86). O *Manifeste des 121: déclaration sur le droit à l'insoumission dans la guerre d'Algérie*, que defende o direito à independência da Argélia, foi censurado, mas divulgado clandestinamente. Entre os 121 intelectuais que o assinaram, além de Michel Butor, estavam Simone de Beauvoir, Maurice Blanchot, Marguerite Duras, André Masson e Sartre. A respeito do *Manifeste des 121*, cf. Ponge (2012).

publicado em 1954. Na sequência, publica *L'Emploi du temps*, em 1956, que obteve o Prêmio Fénéon naquele ano, e *La Modification*, em 1957, que obteve o Prêmio Renaudot; por fim, *Degrés*, em 1960.

A escolha pelo gênero canônico do romance por um filósofo de formação e admirador do surrealismo pareceu incongruente à época – Breton teria considerado o fato como uma "traição": "Vejam, é como esse Butor que está aí, que poderia tanto nos interessar, mas que teve de escrever romances!" (Butor, 1996, p. 50-51) – e, até hoje, é objeto de questionamentos da parte da crítica e de seus inúmeros entrevistadores. Em mais de uma ocasião o escritor pôde se explicar: marcado pela fenomenologia, o romance era, para ele, um laboratório para a reflexão, um caminho para apreender a realidade mais diretamente; era, ainda, uma maneira de conciliar suas duas faces, a de filósofo menor e de poeta menor (*ibid.*, p. 55).[4] Distanciou-se da filosofia ao se aproximar cada vez mais da literatura e explica que se trata, de fato, de uma dupla ruptura que implica, ao mesmo tempo, uma continuidade:

> Houve ruptura quando comecei a escrever romances, pois eu havia decidido que não escreveria mais outros poemas. Em seguida, houve ruptura com essa ruptura quando recomecei a escrever poemas, sem sabê-lo, dessa vez para os livros de artistas. [...] Nessa primeira ruptura, que data de minha primeira estada no Egito, em 1950-1951, tomei essa resolução para me tornar um melhor poeta sob a vestimenta do romancista. A segunda ruptura foi a descoberta dos Estados Unidos. (Butor, 2009, p. 103-105)

Como se vê, o escritor desloca a questão da ruptura, colocando a poesia como traço permanente de sua escrita e situando o período dos romances como uma espécie de parêntese durante o qual a poesia estava em estado de latência. Por fim, para citar apenas três exemplos cronologicamente distantes, em 2013 Butor (2013a, p. 82) insiste na continuidade de sua produção ao evocar em entrevista a Kristell Loquet seu projeto de escrita de um quarto romance, *Les Jumeaux*, que não foi concretizado; além do fato de ter continuado a escrever narrativas, por vezes semiautobiográficas, como *Portrait de l'artiste en jeune singe* (1967), e de afirmar que a narrativa pode se encontrar até mesmo em alguns poemas. De fato, mesmo paralelamente à escrita dos romances, ele continuava a ensinar no exterior, a fazer palestras, a escrever ensaios (*Répertoire*, *Essais sur les essais*), mas também relatos de sonhos

---

4 Butor (2009, p. 71) afirma ter lido a *Phénoménologie de la perception* e assistido a algumas aulas de Merleau-Ponty enquanto era estudante na Sorbonne.

(*Histoire extraordinaire*), diálogos com artistas (*Illustrations*) e textos para a série dos *Génies du lieu*, iniciada em 1958.

Desenha-se, na afirmação desse movimento de continuidade, mais do que de ruptura, uma noção de literatura que se desvincula bruscamente do romance e que se aproxima daquilo que Roland Barthes chamaria de Texto. Michel Butor não o formula dessa maneira nem menciona o impacto das reflexões de Barthes em sua escrita. Seus romances, contudo, são marcados não somente pela perspectiva filosófica fenomenológica, mas também pela vertente estruturalista, um dos pontos de contato com outros escritores incluídos no rol dos *nouveaux romanciers*. Ele conhecia Barthes e também Lévi-Strauss, Lacan, Foucault, a linguística saussuriana mesmo antes de serem considerados como pertencentes ao estruturalismo. Mas Butor, mais uma vez, afastou-se dessa vertente formalista assim que ela começou a se codificar, e, nesse final dos anos de 1960, quando a noção de Texto como produtividade vem substituir a noção de obra, o papel da crítica de Roland Barthes será determinante. Desde 1955-1956, aliás, Butor conhecia o autor de *Le Degré zéro de l'écriture*, que, ao partir para trabalhar como professor no Marrocos, pediu-lhe que o substituísse em um curso na École Supérieure de Préparation des Professeurs de Français à l'Étranger. Tornaram-se, em seguida, "profundamente amigos" (Butor, 2009b, p. 90). Contrariamente a Robbe-Grillet, que logo se manifestou contrário à entrada de Butor nas Éditions de Minuit, o encontro com Barthes contribuiu para diferenciá-lo radicalmente do *nouveau roman* e para orientar a leitura das novas formas literárias, novos Textos que iriam surgir com *Mobile*.

A associação do nome de Butor ao chamado *nouveau roman* sempre foi considerada problemática. A imprensa colocara sob a etiqueta da escola do olhar, de uma nova vanguarda, os autores que foram publicados pelas Éditions de Minuit (Robert Pinget, Robbe-Grillet, Claude Simon e o próprio Butor), e cujos princípios Robbe-Grillet teria sintetizado no ensaio *Pour un nouveau roman* (1963). De sua parte, Butor não tinha a impressão nem o desejo de pertencer a um grupo literário; percebia mais diferenças do que semelhanças entre os autores colocados sob esse termo guarda-chuva bastante redutor. Para autores tão diversos quanto esses, o termo não convinha, uma vez que eles produziam independentemente uns dos outros, sem trocas nem influências. Hoje, basta ver a obra de cada um em sua longa duração para constatar o quanto são, de fato, distantes uns dos outros. Entretanto, a aproximação fazia sentido por um certo número de pontos em comum, entre eles: as mesmas referências literárias (Proust, Joyce, Faulkner, Kafka); o interesse comum pelos dispositivos óticos e procedimentos cinematográficos que se traduzem pela importância do olhar, do visual e das descrições; o papel dos objetos familiares e banais na construção narrativa; o modo de tratar o personagem, não como arquétipo ou herói; bem como o gosto pela arquitetura do romance, os agenciamentos formais. No ensaio "Il n'y a pas d'école Robbe-Grillet", de 1958, Barthes é categórico ao afirmar a arbitrariedade do agrupamento de nomes como Butor e Robbe-Grillet, uma vez que essa "escola" do *nouveau roman* não existe e que suas obras estão numa relação de oposição. O símbolo; a ideia de itinerário criador de consciência; a descrição de objetos, analógicos, reveladores da consciência humana e de fragmentos de tempo-espaço; a positividade dessa arte que é como "o lado visível de uma verdade oculta (...), a obra estando destinada a *ilustrar* uma ordem transliterária" são, segundo Barthes (1964, p. 104), alguns dos aspectos que distinguem Butor. Ao escrever, quatro anos depois, "Littérature et discontinu" (1964), Roland Barthes confirma o caráter singular dessa obra, assim como enfatiza a mudança radical que se opera no texto. Ele designa *Mobile* como algo que "feriu", propositalmente, tanto a escrita quanto o objeto-livro como estruturas totalizantes, como "obras". Augusto de Campos, apenas um ano após a publicação do livro, em 1963, constata que, com *Mobile*, ele se desvia da "estrada oficial das letras" devido à sua voz, capaz de "perturbar a toada e o coro monótonos ouvidos à passagem dos autores mais acomodatícios e mais digeríveis" (1989, p. 7-9).

A natureza essencialmente intertextual da obra de Michel Butor foi, então, ressaltada, a partir dos artigos de Barthes e das próprias colocações do escritor nos ensaios reunidos nos cinco volumes dos *Répertoire[s]* (1960-1982), em particular no artigo "Crítica e invenção" (1968):

> A obra se desdobra. Todo leitor não só constitui a partir dos sinais propostos uma representação, mas empreende a reescritura daquilo que lê. [...] Restauração do texto antigo, invenção do texto novo são duas ações correlativas. Quanto mais eu restauro, mais sou forçado a inventar (e encorajado nessa aventura); quanto mais eu invento, mais sou capaz de restaurar. (Butor, 1974, p. 193-197)

Para ele, toda invenção apoia-se sempre sobre a crítica de obras anteriores; a história literária não é uma simples acumulação de obras, mas um princípio dinâmico. Essas colocações respondem às preocupações teóricas suscitadas a partir dos anos de 1960, quando seus primeiros romances e ensaios foram publicados, e continuaram operantes em toda a sua produção, em particular no seu modo de tratar "os maiores livros de sua biblioteca enciclopédica (Joyce,

Montaigne, Rabelais, Balzac, Proust, Baudelaire, etc.); fazendo uma obra única mas sussurrante de inteligências que ela mantém com obras de tempos e registros diversos – poetas, ensaístas, artistas, filósofos, botânicos, teólogos" (Calle-Gruber *in* Butor, ŒC I, p. 7-8).

A recepção crítica do escritor no Brasil esteve atenta a esse posicionamento teórico. Leyla Perrone-Moisés (1978, p. 93; cf. 1990; 1966; 1998), que dedicou diversos estudos ao *nouveau roman* e a Butor em especial, considera-o um crítico-escritor, assim como Roland Barthes e Maurice Blanchot. Ao analisar *Histoire extraordinaire: essai sur un rêve de Baudelaire*, livro que "não encontra um lugar bem definido na obra de Butor, nem num gênero literário conhecido", Perrone-Moisés (1978, p. 99) ressalta que ele "reescreve Baudelaire através de um trabalho de colagem, de remontagem de textos; o material é baudelairiano, a nova ordem e as junturas são butorianas". No diálogo com Baudelaire, a pesquisadora aponta este traço fundamental que é a intertextualidade praticada pelo crítico-escritor – e que podemos estender a outras obras de Butor –, que faz com que ele se identifique com aqueles de quem fala, à "dissolução de todos os poetas num texto de escritura, produzido, como todos os textos de escritura, não em nome de um poeta mas em nome da poesia" (Perrone-Moisés, 1978, p. 102). Esse traço marcante da obra de Butor não se limita, contudo, aos textos da época de *Histoire extraordinaire* nem apenas a Baudelaire, mas pode ser observado em *Génie du lieu* e nos livros de diálogo que estudaremos nos capítulos MESA DE MONTAGEM e ATELIÊ.

A essa biblioteca enciclopédica deve-se acrescentar um acervo artístico, um museu bastante amplo onde o escritor tem ido buscar os "desdobramentos" de sua obra. E à perspectiva intertextual vem se associar a perspectiva intermidiática no exame de novas formas de Textos, para utilizar a terminologia barthesiana.

O aspecto intermidiático[5] da obra de Michel Butor apenas mais recentemente tem suscitado o interesse mais amplo da crítica, embora ele tenha dialogado constantemente, como já foi evocado, com artistas e com a arte de diferentes períodos históricos, do mais remoto ao mais contemporâneo. Vários colóquios e exposições têm sido realizados sobre esse tema. Em 2006, a Bibliothèque Nationale de France expôs diversos livros de artista realizados em parceria com artistas na exposição *Michel Butor, l'écriture nomade*. Em 2008, o colóquio

---

5 O conceito de intermidialidade será adotado em seu sentido amplo de "cruzamento das fronteiras entre as mídias", mas também em seu sentido restrito de "transposição midiática", "combinação de mídias" e "referências intermidiáticas" (cf. Rajewsky *in* Diniz, 2012, p. 15-27).

Michel Butor: déménagements de la littérature reservou ampla recepção para os trabalhos que tratavam das colaborações artísticas; o colóquio *Les Graphies du regard: Michel Butor et les arts*, do qual participamos, em 2011, foi inteiramente dedicado a essa faceta da obra do escritor; a exposição *Michel Butor et les artistes*, no Musée des Beaux-Arts de Brest, em 2011, revelou trabalhos inéditos e uma produção surpreendente de livros de artista e livros-objetos. Enfim, em 2016 a Fondation Martin Bodmer publica *Les livres d'artistes de Michel Butor à la Fondation Martin Bodmer*. Esses são apenas alguns exemplos das novas perspectivas de estudo que se abriram na última década.

Com efeito, a produção de Michel Butor nos surpreende pelo fato de concentrar uma infinitude de modalidades de relações entre as artes: ensaios sobre a pintura, a fotografia e a música; crítica de arte; transposição de arte; arte postal feita a partir de colagem; peças radiofônicas; textos experimentais; poesia visual; fotoliteratura; produções que abarcam o tempo em sua longa duração. Não se tem ainda ideia dos incontáveis livros-objetos e livros de artista que ele realizou. Nesse sentido, o escritor ocupa um lugar de destaque na interseção da tradição e da contemporaneidade, ao desenvolver uma prática e uma reflexão crítica sobre os aspectos midiáticos da escrita e do objeto livro.

O leitor é colocado diante de textos que, a nosso ver, correspondem ao que Dominique Maingueneau (2001, p. 67) chama de "surgimento de áreas de comunicação específicas", que, no caso de Butor, parecem se caracterizar justamente pela transdisciplinaridade. Esse campo discursivo não é completamente novo. Bernard Vouilloux (*apud* Arbex, 2006, p. 31-32) observa que "não apenas a maioria dos grandes movimentos da modernidade opera uma conexão ou uma travessia dos domínios literário e plástico, mas ainda há poucos escritores que, recentemente, não tenham introduzido a pintura em seu campo de reflexão ou não a tenham incluído em seu 'fazer' poético (...)". Ainda que não seja recente, pode-se dizer que a crítica tem direcionado cada vez mais seu olhar para esse campo do saber de natureza intermidial. Ao mercado editorial tampouco passou despercebido o surgimento de novas modalidades textuais e a criação de novos gêneros que vão além do catálogo de exposição ou do comentário de arte – o exemplo de Sophie Calle é significativo –, para chegar ao livro de diálogo, como o chama Yves Peyré (2001, p. 59), ao livro de artista ou até mesmo ao livro-objeto (cf. ATELIÊ).

De fato, duas marcas dessa relação dialógica – e dialética – com as artes e as mídias são a crítica e a invenção. Pode-se dizer que Butor privilegia particularmente esse "modo" (Genette, 1979, p. 75) e faz do diálogo um *quasi* gênero individual para tratar da relação com a arte. O termo "diálogo" faz certamente referência aos diálogos filosóficos da Antiguidade, bem como ao Iluminismo, uma vez que, para Michel Butor, ele mesmo filósofo de formação, a criação de formas novas só pode ocorrer com base na crítica, "dentro da literatura", a partir da leitura da grande biblioteca, ou de um grande museu.

No sentido corrente do termo, "diálogo" diz respeito, sobretudo, a uma prática constante do autor que consiste em trabalhar em colaboração, em especial com os artistas. Butor pratica o diálogo em seu sentido mais concreto, de companheirismo, troca de ideias, escuta do outro. Em seu sítio pessoal, que contém o *Catalogue de l'écart*,[6] ele testemunha a importância desse diálogo em sua poética, bem como sua natureza intermidial, ao organizar suas produções de acordo com eixos: "impresso sozinho", "com um pintor", "com um fotógrafo", "com outro escritor", "com um músico". Esta é sua marca na contemporaneidade: o escritor "reitera sua dívida em relação aos pintores e artistas plásticos, insistindo na importância para a escrita desse companheirismo com as profissões artísticas" (Calle-Gruber, 2009, p. 10). Se, com frequência, Michel Butor é ainda incluído no rol dos novos romancistas pela história literária, não seria absurdo dizer que hoje ele se aproxima mais dos ateliês dos artistas, deslocando-se para um campo necessariamente transdisciplinar e intermidiático, cuja matriz poética permanece viva. Nesse sentido, julgamos pertinente retomar e atualizar a recepção crítica de sua obra no Brasil, que se deteve no período dos anos de 1950-1970 a partir dos estudos inaugurais realizados sobretudo por Leyla Perrone-Moisés, como por Augusto de Campos (1989, p. 9), uma vez que, como previa o poeta brasileiro, Butor é uma dessas vozes de que "pode provir, subitamente, uma luminosidade inadvertida que desbanalize o som, varre o marasmo e sacuda o tediário cotidiano".

A MOLDURA escolhida para este trabalho é a da interação das artes, do diálogo entre a escrita e a imagem. Partimos da hipótese de que a imagem, imagem "vaga-lume" (cf. Didi-Huberman, 2011), ancorada em diferentes mídias, sobre diferentes suportes, é um dos alicerces midiáticos privilegiados de Michel Butor. Seus romances, narrativas e poemas trazem à superfície esse alicerce

---

[6] Devido à sua intensa produção, Michel Butor mantinha atualizado seu catálogo de produções, o *Catalogue de l'Écart*, catálogo informático que o ajudava a administrá-las e localizá-las em sua vasta biblioteca. Em entrevista, o escritor declarava que seu catálogo contava com pouco mais de dois mil títulos de livros, incluindo os livros feitos com os artistas (Butor, 2012, p. 12).

que permanece muitas vezes invisível, transparente (Moser, 2006, p. 63-64).[7] A imagem sobrevive na escrita – nas descrições e nos iconotextos, nos jogos tipográficos, na poesia visual, na fotoliteratura e nos livros de diálogo – e pode ser identificada no devir imagem da escrita.

A sobrevivência da imagem na escrita está submetida à experiência do cruzamento de fronteiras. O mapeamento das interações entre as artes permite dizer que o *ut pictura poesis* butoriano é marcado pelo *déménagement*, o deslocamento constante de objeto, do tempo, dos gêneros, do lugar. Retomando o título e o tema de um ensaio do escritor sobre a literatura e a pintura no século XX, "As irmãs estão de mudança", diríamos que as ilustres musas-irmãs, Pintura e Poesia, deixaram suas casas e cruzaram tantas fronteiras que hoje não têm mais domicílio fixo.

A partir desse mapeamento, que abriu um campo extremamente vasto de pesquisa, foi necessário realizar um recorte em sua produção que levasse em conta, de um lado, um determinado número de modalidades dessa interação capaz de fornecer uma amostragem significativa de sua variedade, e, de outro, uma determinada duração que mostrasse o quanto a imagem esteve e está no cerne da obra de Butor. Por isso delimitamos nosso *corpus* como explicitado a seguir.

Em GALERIA, analisaremos uma primeira modalidade de diálogo interartístico que é a inserção de descrições de obras de arte nos textos ficcionais. Partimos do princípio de que as descrições literárias de pintura participam da estrutura narrativa, mas também dizem respeito a uma concepção de romance, assumindo, portanto, uma função metadiscursiva. O conceito de écfrase, como figura da *mise en abyme*, ou composição em abismo, será entendido como uma zona fronteiriça que acolhe o intertexto pictural. Para mostrar como a arte na literatura se constitui em um "sistema de refração", apresentaremos três QUADROS que correspondem ao estudo de três romances do escritor: *Passage de Milan* (1954), *L'Emploi du temps* (1956) e *La Modification* (1957). Nesses primeiros romances, os objetos artísticos se inscrevem em diversos suportes: uma pintura fictícia, uma tapeçaria, um vitral e dois quadros de pinturas reais. São esses os alicerces midiáticos aos quais se confia a visibilidade da estrutura

---

7 A reflexão de Moser (2006) interessa-nos na medida em que sua perspectiva não visa à busca de uma origem para a intermidialidade, do ponto de vista histórico, uma vez que considera que seu modo de existência remete a um "sempre já", mas visa revelar que toda arte se apoia em um alicerce midiático.

do romance e dos mecanismos complexos que a movem, entre eles o temporal. São eles que participam da abertura do texto para o imaginário.

Em MESA DE MONTAGEM serão investigados os procedimentos editoriais, as aventuras tipográficas, que resultam em textos cada vez mais experimentais, envolvendo o suporte e a inscrição da letra nesse suporte, a tipografia e "o pensamento da tela" (Christin, 1995, p. 6), como em *Mobile* (1962), *Réseau aérien* (1962) e em partes de *Le Génie du lieu* (1958-1996). Partimos da hipótese de que a reflexão sobre a página e a visualidade da escrita participam de uma questão mais ampla sobre o entrelaçamento espaço-tempo que o autor busca constantemente com sua escrita *mobile*. Em sua utopia de ubiquidade, a escrita ocuparia um hiperlugar em constante embate com a materialidade física do livro, espaço consagrado da literatura. O procedimento da colagem tem papel fundamental na reconstituição discursiva e na montagem de tempos heterogêneos nesses textos intermídia.

Em CÂMARA ESCURA serão examinados três álbuns fotoliterários em que o tema da viagem é tratado pela combinação de mídias – a escrita, sob a forma de prosa poética, e a imagem, dessa vez, fotográfica: *Dialogue avec Arthur Rimbaud sur l'itinéraire d'Addis-Abeba à Harar* (2001), *L'Atelier de Man Ray* (2005) e *Universos paralelos* (2011). Esse recorte permite evidenciar modalidades diferentes de interação da escrita com a fotografia, que serão examinadas a partir dos mais recentes estudos sobre a fotoliteratura, no sentido de produções editoriais ilustradas com fotografias, mas também de obras nas quais os procedimentos e o imaginário que lhe é associado têm papel estruturador, conforme Jean-Pierre Montier. Pretende-se evidenciar ainda a reflexão que Michel Butor desenvolve em torno de uma poética da fotografia e que se encontra nos diversos ensaios que escreveu a esse respeito.

Em ATELIÊ, o romancista retorna definitivamente à poesia e se aproxima cada vez mais dos ateliês ao realizar inúmeros trabalhos em colaboração com artistas plásticos. Nesse capítulo, pretende-se introduzir a questão do livro de diálogo, apresentar uma recente colaboração com Miquel Barceló, *Une nuit sur le Mont Chauve* (2012), os livros-objetos realizados com Youl e os livros--cerâmicas de Nicolas Fédorenko e Michel Le Gentil, bem como as bolas de argila de Jean-Luc Parant. Coloca-se, portanto, uma reflexão sobre o estatuto do livro canônico e o livro de diálogo, este definido como obra coletiva e intermidial. Assim como no caso da fotografia e da pintura, pretende-se evidenciar a reflexão crítica de Butor sobre este objeto que é o livro em diversos ensaios que evocaremos ao longo de nossa exposição.

Nosso ponto de vista – como se diz de um lugar onde nos colocamos para ver uma paisagem – é o da literatura, uma vez que a produção de Michel Butor é essencialmente literária, mas essa perspectiva desborda constantemente no horizonte da plasticidade e da visualidade.

Para fechar esta MOLDURA, passamos a palavra ao poeta, oferecendo à leitura a tradução de "Requête aux peintres, sculpteurs et cie" (Butor *apud* Minssieux-Chamonard, 2006, p. 92), que melhor expressa, mais pelo modo da súplica do que da "petição", o princípio mesmo do companheirismo e da necessidade da imagem para a escrita:

Requête aux peintres, sculpteurs et cie	*Petição aos pintores, escultores e cia.*
Ne me laissez pas seul avec mes paroles	Não me deixem sozinho com minhas palavras
Balbutiements-bafouillements radotages et ruminations	Balbucios-gaguejos resmungos e ruminações
Dans mon brouillonnement-bouillonnement	Em meu borrão-borbulhamento
Dans l'essoufflement de mon bavardage	No esgotamento de minha tagarelice
Dans mon donjon-cachot tour de Babel	Em meu calabouço-masmorra torre de Babel
J'ai le plus grand besoin de vos images	Preciso muito de suas imagens
De vos fenêtres qui s'ouvrent sur le geste et la couleur	De suas janelas que se abrem para o gesto e a cor
De vos escaliers qui s'enfoncent dans les ténèbres	De suas escadas que adentram as trevas
Pétillantes aux étincelles tièdes	Faiscantes de mornas centelhas
De vos belvédères de vos caresses de vos jardins	De seus belvederes de suas carícias de seus jardins
Permettez-moi de voir en votre compagnie	Permitam-me ver em sua companhia
Ne me laissez pas seul avec mes images	Não me deixem sozinho com minhas imagens
Cauchemars-embrouillamis défigurations et déchirements	Pesadelos-embaralhações desfigurações e dilaceramentos
Dans ma pollution-pullulement	Em minha poluição-pululamento
Dans les phosphènes de ma fièvre	Nos fosfenos de minha febre
Dans mon cinéma-supplice musée d'horreurs	Em meu cinema-suplício museu de horrores
J'ai le plus grand besoin de vos voyages	Preciso muito de suas viagens
De vos routes enjambant remparts et canaux	De seus caminhos atravessando muralhas e canais
De vos envols qui franchissent frontières et falaises	De seus voos que ultrapassam fronteiras e falésias
De vos courants d'air de lave et de population	De suas correntes de ar de lava e de população
Permettez-moi de naviguer en votre compagnie	Permitam-me navegar em sua companhia
Ne me laissez pas seul avec mes voyages	Não me deixem sozinho com minhas viagens
Mes bagages-harnachements accidents et angoisses	Minhas bagagens-arreios acidentes e angústias
Dans mes attentes aux douanes et polices	Nas esperas nas alfândegas e polícias
Mes rendez-vous manqués	Nas minhas faltas aos encontros
Dans mon aéroport en grève cyclone de foules	No aeroporto em greve ciclone de multidões
J'ai le plus grand besoin de vos silences	Preciso muito de seus silêncios
De votre patience-acharnement de votre attention	De sua paciência-afinco de sua atenção
Du temps qui passe aux odeurs des prés	Do tempo que passa com cheiro de campo
Et aux rumeurs de la forêt	E com rumores da floresta
De la lumière qui scande vos ateliers en hymnes	Da luz que escande seus ateliês em hinos
Permettez-moi d'écouter en votre compagnie	Permitam-me escutar em sua companhia

Ne me laissez pas seul avec mon silence Mes impasses-effondrements le choc de ma tête Contre les murs Tandis que l'on s'écarte comme si j'étais un pestiféré Et qu'une infâme neige souillée recouvre mes traces J'ai le plus grand besoin de vos paroles De vos encouragements-suggestions de votre coup de l'étrier De vos signes emblèmes enseignes et paysages De votre élucidation-transformation De votre ponctuation d'haleine Permettez-moi de lire en votre compagnie	Não me deixem sozinho com meu silêncio Meus impasses-desmoronamentos o choque de minha cabeça Contra as paredes Enquanto se afastam como se eu fosse um leproso E que uma neve infame manchada cobrisse meus rastros Preciso muito de suas palavras De seus encorajamentos-sugestões de seu comando De seus signos emblemas letreiros e paisagens De sua elucidação-transformação De sua pontuação de fôlego Permitam-me ler em sua companhia

2.
GALERIA

A ARTE NA LITERATURA: UM SISTEMA DE REFRAÇÃO

Oui, je rêvais de devenir peintre car j'étais assez doué pour le dessin. (...)
J'ai d'abord fait des natures mortes, puis des reproductions
en plâtre de statues classiques et bien d'autres choses.
Si je n'ai pas persévéré dans cette voie,
C'est parce que la littérature m'a kidnappé.
Butor, *Curriculum vitae.*

Capturado pela literatura, Michel Butor deixa, no entanto, rastros do sonho de ser artista em seus quatro romances, por meio das inúmeras descrições de obras de arte e de imagens que permeiam *Passage de Milan* (1954), *L'Emploi du temps* (1956), *La Modification* (1957) e, em menor escala, *Degrés* (1960). Em seus textos teóricos e em suas entrevistas, o escritor afirma a importância do papel da pintura nessas narrativas. Por exemplo, em entrevista ao *Guia das Artes*, por ocasião de uma viagem ao Brasil, responde a Marcos Ferreira Sampaio e Len Berg sobre a interdisciplinaridade em seus romances:

> Existe, primeiro, no interior daquilo que é contado, da anedota, um papel importante da pintura. Há personagens que veem pinturas. No primeiro de meus romances, *A modificação* [sic],[1] tem um pintor e eu descrevo longamente um quadro seu e isso está ligado a reflexões que fiz sobre o papel que a pintura tem no interior de certos romances; que a pintura, ou a música tem no interior da obra de Proust, com a existência de artistas e de obras imaginárias. Portanto, isso já tinha um papel importante na minha obra. (Butor, 1992, p. 34)

De fato, no ensaio "Les Œuvres d'art imaginaires chez Proust", Butor (ŒC II, p. 576, 588) mostra como, por meio das obras de Elstir e de Vinteuil, o narrador proustiano toma aos poucos consciência do desenvolvimento de seu

---

[1] O primeiro romance de Michel Butor não é *La Modification*, e sim *Passage de Milan*, no qual se encontra o referido personagem pintor. Tudo indica que houve um equívoco na transcrição da entrevista.

próprio trabalho, como elas são "modos de sua reflexão criativa". A literatura é comparada às *Catedrais*, de Monet, onde "vemos que não vemos": "O pintor é capaz de nos mostrar nosso erro, mas não apenas nosso erro, mas nossa marcha em direção à verdade; não apenas nossa ignorância, mas o fato de que nós conseguimos sair dela". Para o escritor, a arte é fonte de conhecimento que ilumina a literatura. Pode-se dizer que, como imagem dialética, nos termos de Didi-Huberman (2015, p. 131), ao mesmo tempo ela "desagrega" e revela o quanto "não vemos" e o quanto não sabemos, ao mesmo tempo "ela reconstrói, cristaliza-se em obras e em efeitos de conhecimento".

Nesta parte do trabalho, GALERIAS, analisaremos uma primeira modalidade de diálogo interartístico, que é a inserção de descrições de obras de arte nos textos ficcionais, ou seja, as referências intermidiáticas conforme definidas por Rajewsky. Trata-se de uma relação *in absentia*, retomando a expressão de Bernard Vouilloux, uma relação em que apenas o texto em sua materialidade gráfica evoca verbalmente imagens que o leitor poderá reconstituir mentalmente. A relação é dita "homoplásmica", uma vez que "as imagens estão, de certa forma, presas na letra do texto, captadas apenas na dimensão do legível" (Louvel *apud* Arbex, 2006, p. 53). Pode-se dizer, de acordo com outra terminologia, que, no caso dos romances, trata-se de um processo transmidiático, caracterizado pela primazia da imagem (seja ela real ou fictícia) no plano da produção (Hoek, 2006, p. 174), o que dá lugar à criação de écfrases, transposições de arte ou iconotextos. Essa relação texto-imagem também é chamada de "extratextual", se recorremos às análises de Liliane Louvel (*apud* Arbex, 2006, p. 53), que a distingue da relação intratextual pelo fato de a imagem estar fora do texto, ou seja, não há nenhuma ilustração nos livros.

Nossa hipótese é de que, longe de constituírem um detalhe anedótico ou "inútil", segundo uma concepção mais clássica que considera que a descrição ameaça a coerência da obra,[2] as imagens descritas produzem "efeitos de conhecimento" que irradiam tanto no nível da enunciação quanto no do enunciado. As descrições literárias de pintura são potentes intertextos que integram a estrutura narrativa, mas também dizem respeito a uma concepção de romance como metalinguagem. No ensaio "O espaço no romance", ao aproximar a música do romance, o escritor mostra o quanto elas "esclarecem-se mutuamente"

---

2 A esse respeito, ver a Introdução de Hamon (1991, p. 9). Uma concepção mais moderna e mais original consiste em afirmar que a descrição, como "detalhe", é o elemento sutil de um "efeito de real" a serviço de uma outra *mimese*, de um "fazer-crer" astucioso analisado tanto por Diderot quanto por Barthes, de acordo com Philippe Hamon.

quando se trata de explorar a dimensão temporal da escrita. Da mesma forma, a aproximação da pintura e do romance revela a sua dimensão espacial:

> O romancista que desejar verdadeiramente esclarecer a estrutura de nosso espaço será obrigado a fazê-las [as obras de arte] intervir. [...] Elas serão pois, nesse domínio do espaço como em tantos outros, uma ferramenta da reflexão, um ponto sensível pelo qual o autor inaugura sua própria crítica. (Butor, 1974, p. 39-46)

A metalinguagem está certamente em acordo com a atitude formalista e autorreferencial que caracteriza determinada produção dos anos de 1950. A convergência do *nouveau roman* e da *nouvelle critique* estruturalista já foi, aliás, discutida, tanto a respeito de Michel Butor quanto de Alain Robbe-Grillet, no que se refere ao rompimento das fronteiras entre a crítica e a criação, por exemplo.[3] Os ensaios dedicados por Roland Barthes aos dois autores são ilustrativos dessas convergências.[4] Em 1959, Barthes (1964, p. 110-111) concluía seu artigo "Littérature et méta-langage" afirmando que nossa literatura é uma máscara que aponta para si mesma. Um modo de afirmar que ela é, ao mesmo tempo, "objeto e olhar sobre esse objeto, palavra e palavra sobre essa palavra, literatura-objeto e metaliteratura". À crítica-escritura de Barthes faz eco a de Butor:

> Toda invenção é uma crítica. [...] O poeta ou romancista que sabe ser ao mesmo tempo crítico considera como inacabada não só a obra dos outros mas a sua; ele sabe que não é seu único autor, que ela aparece em meio às obras antigas e será continuada por seus leitores.
> Crítica e invenção, revelando-se como dois aspectos de uma mesma atividade, deixam de se opor como dois gêneros diferentes, em proveito da organização de formas novas. (Butor, 1974, p. 191, p. 200-201)

Logo, não é novidade dizer que os romances de Butor fazem parte dessa linhagem da crítica-escritura, e esse não é nosso único propósito, pois sua obra reflete as grandes orientações estéticas e teóricas daquele momento, embora logo na década seguinte essa obra tome outra orientação, mais transgressiva.

---

3 Haroldo de Campos ressalta a convergência da obra de Butor com a de Barthes e de outros críticos e pensadores, no espaço francês, "igualmente fascinados pela dimensão escritural da linguagem" (Campos, 1992, p. 124), como já havia sido assinalado por Perrone-Moisés (1978), em *Texto, crítica, escritura*.
4 "Littérature et discontinu"; "Littérature objective"; "Il n'y a pas d'école Robbe-Grillet"; "Le point sur Robbe-Grillet". Todos esses ensaios de Barthes encontram-se em *Essais critiques* (1964).

Importa investigar, no que nos diz respeito, a escolha da arte e de obras de arte específicas como mediadores privilegiados do processo de autorreflexão e de reinvenção do mundo.

Antes de passarmos aos QUADROS seguintes, é preciso dizer algumas palavras sobre as descrições de obras de arte e o conceito de écfrase, como figura da *mise en abyme* ou composição em abismo. Retomaremos o quadro de Rembrandt em seu ateliê (Fig. 1) como figura emblemática de "receptividade fundadora" do ver, como diz Christin, para contrapô-la a dois outros autorretratos, que seriam para nós emblemáticos dessa "receptividade fundadora" do ver "em abismo": o do pintor austríaco Johannes Gumpp (1626-1728) (Fig. 2) e o do dinamarquês Wilhelm Bendz (1804-1832), que mostram um jovem artista examinando um esboço em um espelho, objeto comum a ambas as telas. Em vez de um pintor fascinado e como que dominado pela imponência de sua obra, como Rembrandt, vemos pintores reflexivos e conscientes da tarefa que executam. Esses autorretratos que mostram o artista "em contemplação" são frequentes na história da arte, como nota Rosalind Krauss. Para se autorrepresentar, eles escolhem justamente esse momento "*preciso* de seu trabalho que é a contemplação ou a reflexão", uma vez interrompido o gesto com o pincel, o cinzel, no caso do escultor, ou a câmera fotográfica, no caso do fotógrafo. Não é o movimento que ele busca mostrar, mas, ao contrário, "um olhar", "uma fixação dos olhos que lhe permite simbolizar a si mesmo como inteligência mediadora, como agente constituinte da obra" (Krauss, 1990, p. 89). São eles os primeiros leitores de suas obras a exercerem no ato do olhar sua crítica.

Esse momento de contemplação reflexiva equivale ao ato do olhar próprio à leitura. Ao afirmar que o poeta ou romancista é ao mesmo tempo crítico, Michel Butor (1974, p. 201) considera que o escritor é, primeiro, um leitor; ele lê (criticamente) a sua própria obra, assim como o faz com a obra de outros: "sua atividade vai refletir-se como num espelho". A presença nas narrativas de personagens que leem ou escrevem romances é, portanto, uma figura desse espelhamento. Butor discorre longamente a esse respeito, comparando seu uso contemporâneo com o barroco, para afirmar que em ambos os casos "essa volta interrogativa sobre si mesma é uma resposta a uma mudança da imagem do mundo (…)" (*ibid.*, p. 201).

Diferentemente dos escritores, os músicos ou pintores que surgem dentro dos romances instauram no interior da obra "não uma obra de arte imaginária, mas todo um sistema de refrações. A composição em abismo simples (romance por assim dizer só do romance) é apenas um primeiro grau" (Butor, 1974, p. 201).

Nos romances que serão apresentados a seguir, a composição em abismo vai além do "primeiro grau", uma vez que reúne, além de personagens que escrevem, personagens pintores ou obras de arte, instaurando, portanto, todo um sistema de refração, e não apenas um reflexo especular.

Lucien Dällenbach, no livro que se tornou referência para os estudos sobre a narrativa especular, *Le Récit spéculaire: essai sur la mise en abyme*, cuja primeira referência ele identificou no *Journal*, de André Gide, define a *mise en abyme* como "todo espelho interno refletindo o conjunto da narrativa por reduplicação simples, repetida ou aporística" (Dällenbach, 1977, p. 52).[5] Esse tipo de composição institui relações de analogia (semelhança, comparação, paralelo, coincidência) entre o enunciado reflexivo e o enunciado refletido, que variam de acordo com graus diferentes e dependem de sua posição na cadeia narrativa. O que Butor chama de "composição em abismo simples" se aproxima da "reduplicação simples", definida por Dällenbach como reflexo de uma obra semelhante que instaura uma relação de similitude, por exemplo, o livro que o personagem de *La Modification* carrega consigo durante a viagem espelha o livro *La Modification*. O valor emblemático do espelho decorre desse elemento comum a todas as *mise en abyme*, que é a noção de reflexividade [*réflexivité*].

Articulador privilegiado por suas propriedades naturais de reflexão e seu poder de revelação, o espelho faz com que o invisível torne-se visível; exerce ainda a função de "espionagem", como em *Le Peseur d'or*, de Metsys, e *Le Mariage Arnolfini*, de Van Eyck, ou convida os espectadores a entrarem no quadro, como em *Les Ménines*, de Velázquez. A propriedade essencial da *mise en abyme* consiste, enfim, em evidenciar a inteligibilidade e a estrutura formal da obra. O espelho, para Butor, permite uma escapada para o exterior, sem que seja preciso deixar seu lugar (Dällenbach, 1977, p. 19-25). Essa escapada para fora abre uma brecha por onde diferentes temporalidades se "telescopam": a dos objetos artísticos, a da polifonia narrativa, a dos diversos estados de consciência dos personagens, como imagens dialéticas refletidas nos vidrilhos espelhados de um caleidoscópio. O modelo óptico desse dispositivo conjuga essa posição estável do focalizador e a instabilidade das imagens internas criadas

---

5 Quanto à reduplicação aporística [*spécieuse*], trata-se de um fragmento que incorpora a obra que o inclui, como um reflexo da própria obra instaurando uma relação de identidade. A reduplicação dita "ao infinito" [*répétée*], por sua vez, estabelece uma relação de mimetismo, pois o fragmento mantém com a obra que o inclui uma relação de similitude que "encaixa" [*enchâsse*] nele mesmo um fragmento dessa obra, e assim *ad infinitum* (Dällenbach, 1977, p. 51).

por sua rotação, de modo a produzir "configurações visuais sempre intermitentes" (Didi-Huberman, 2015, p. 143).

Embora o objeto espelho não faça parte das descrições aqui estudadas – mas poderíamos pensar na capacidade refletora dos vidros, janelas, vidraças que se encontram em certos textos, como no primeiro parágrafo de *Passage de Milan* –, pode-se dizer que o objeto artístico é um de seus substitutos no interior do "sistema de refração". Podemos propor que nos romances estudados há um deslocamento da *mise en abyme*, ou um redirecionamento do reflexo que passa de um meio a outro, ou seja, do texto para imagem à qual se confiam, então, a inteligibilidade e a estrutura da obra.

A composição em abismo, portanto, não é um fenômeno unicamente literário, podendo ser encontrado, e com bastante frequência, na pintura. A descrição de obras de arte, ou écfrase, é uma das figuras mais recorrentes da composição em abismo que participam da metadiscursividade da obra.

A metadiscursividade também já foi apontada pelos estudos interartes e da intermidialidade. Leo Hoek (2006, p. 172) faz alusão ao metadiscurso ao se referir aos poetas modernos: com frequência, aqueles "que falam sobre pintura falam, ao menos de um modo implícito, tanto de poesia quanto de pintura. Seu 'metadiscurso indireto' revela, de fato, uma arte poética disfarçada, porque expressa por intermédio de um discurso sobre a pintura".[6] Daniel Bergez (2011, p. 163) afirma que a pintura pode servir de mediador para o escritor, como um espelho indireto, para que ele formule sua visão de mundo ou seus princípios estéticos, como é o caso de Gustave Flaubert e de Marcel Proust.[7] Sophie Bertho (2015), por sua vez, considera que a inserção do pictural no romance, caso que nos interessa neste momento, em contraponto à crítica de arte, responde a quatro funções: psicológica, retórica, estrutural e ontológica, de acordo com o efeito pretendido.[8] Todas essas categorias se encontram, em maior ou menor

---

6 Hoek e Bertho fazem referência ao texto "Un métadiscours indirect: le discours poétique sur la peinture", de Kibédi Varga (*Crin*, n. 13, p. 19-34, 1985).
7 Além dessa categoria, Bergez distingue, de um lado, os casos dos "romances de artista", em que a pintura é o assunto do qual trata o escritor para alimentar uma reflexão sobre a arte, os casos em que ela é fonte de criação, seja como impulso para o trabalho literário, seja como tentativa estilística de reproduzir a picturalidade por meio da escrita; de outro, a crítica pictural, que ele considera um caso à parte, por constituir um equilíbrio das relações entre pintura e literatura.
8 Esclarecemos que o artigo "Dominando a imagem" analisa tais funções na obra de Marcel Proust.

grau, de acordo com nossa análise, em *Passage de Milan*, *L'Emploi du temps* e *La Modification*, e serão retomadas nas seções seguintes.

O termo "écfrase" – que será utilizado aqui com essa grafia, e não com aquela derivada do termo grego *ekphrasis*, para não confundi-lo com seu uso antigo e retórico – designa "a descrição literária (…) de uma obra de arte real ou imaginária – pintura, tapeçaria, arquitetura, baixo-relevo, taça, etc. – que tal personagem encontrará na ficção" (Hamon, 1991, p. 8). Essa definição de Philippe Hamon, embora restrita ao campo literário, que é o que nos interessa nesta pesquisa, encontra eco em vários outros estudiosos do tema.

Liliane Louvel considera que a écfrase fornece o maior grau de "picturalização" ou de saturação pictural do texto. Nela, encontra-se o maior número de marcadores da picturalidade, que são as referências que permitem a identificação do pictural no texto. Exercício literário de alto nível na Antiguidade, que busca efetuar a passagem entre o visível e o legível, a écfrase seria uma "arte em segundo grau", a representação de uma representação, segundo Murray Krieger, citada por Louvel (2012, p. 60; cf. Louvel, 2006).

Cabe, aqui, distinguir brevemente a écfrase da "descrição pictural", ou iconotexto, com a qual divide vários elementos. O iconotexto é definido como a "presença de uma imagem visual convocada pelo texto, e não apenas a utilização de uma imagem visível como ilustração ou como ponto de partida criativo" (Louvel, 2006, p. 218). Assim como a écfrase, está situado entre imagem e texto, possui estatuto dialógico e se caracteriza por sua heterogeneidade fundamental; trata-se, contudo, de um "efeito" criado pelas imagens, que desencadeia, por sua vez, um "efeito de leitura": por meio de indícios dispersos no texto, o leitor pode reconhecer e reconstruir o quadro "evocado como um fantasma visual", como se "um estrato de sentido e de ficção" se tivesse intercalado entre o quadro e sua visão, como uma tela suplementar, diáfana, mas presente. Diferentemente da écfrase, o iconotexto, nesse sentido, não designa um objeto artístico declarado como tal na narrativa. Ao recorrer à arte do empréstimo e da citação na forma de interpicturalidade citacional ou alusiva, o texto faz com que o leitor tenha "a sensação do *déjà vu* ao ler uma descrição que parece evocar fielmente um quadro célebre (…)" (Louvel, 2012, p. 156). Podemos acrescentar, neste ponto, que essa sensação de latência poderia ser aproximada das sobrevivências, conforme nos explica Didi-Huberman (2015, p. 108); o efeito da imagem tornando-se portador de sentido, ainda que não verbal.

Em uma perspectiva da recepção, a presença do iconotexto implicaria, portanto, as operações de diálogo ou a tradução que se efetuam a partir da confrontação de duas mídias, visto que se trata, muitas vezes, de tornar legível uma imagem. Para Charlotte Maurisson (2006, p. 185), a écfrase também é comparada ao procedimento da tradução, como na transposição de arte: descreve-se o objeto alterando o modo de expressão, sem pretender encontrar "puros equivalentes". De fato, levando em conta a "diferença irredutível" das duas mídias, não se trata de buscar equivalentes escriturais "puros" para a imagem, de romper sua opacidade. O enigma da imagem, sua presença, permanece.

Daniel Bergez (2011, p. 182), por sua vez, retoma a ideia de desdobramento, representação da representação, e a define *stricto sensu* como "a descrição literária de uma obra de arte, que aliás não é necessariamente um quadro (...). Na écfrase, a representação se desdobra, do visual ao linguístico". É ele quem a institui como uma figura da *mise en abyme* ao dizer que a criação do escritor se projeta no espelho de uma outra arte, pela representação ao mesmo tempo transitiva (ela dá a ver o objeto descrito) e especular (ela emblematiza o trabalho estético do escritor) (*ibid.*, p. 178-179).

Todos esses autores restringem, portanto, a écfrase a uma descrição de obra de arte, real ou fictícia, contrariamente a Bernard Vouilloux, que prefere considerar uma noção mais ampla de *ekphrasis*, incluindo nela a descrição de pessoas, objetos, paisagens, etc., mantendo então sua vinculação com o conceito retórico.[9] Uma vez que o objeto de estudo neste capítulo está circunscrito aos textos literários que contêm descrições de obras de arte declaradas como tal na narrativa, uma noção mais restrita nos permite avaliar mais precisamente a interação entre a imagem e a escrita, bem como os deslocamentos operados nessa relação.[10]

A écfrase como sinônimo de descrição de uma imagem, representação de representação, é, portanto, uma zona fronteiriça onde as referências intermidiáticas se manifestam. Nos romances estudados, além da mídia verbal que é o próprio texto, as mídias visuais envolvidas se inscrevem em diversos suportes: um quadro de pintura fictício em *Passage de Milan*; uma tapeçaria e um vitral em *L'Emploi du temps*; dois quadros reais do pintor italiano Pannini em *La Modification*. Esses objetos artísticos descritos na narrativa são os alicerces

---

9 "L'ekphrasis ne peut être dissociée ni du corpus rhétorique qui en a pris en charge la théorisation, ni des pratiques littéraires que ce corpus présuppose, accompagne ou fonde" (Vouilloux, 2011, p. 33).
10 Nesse sentido, o conceito ampliado de *ekphrasis* proposto por estudiosos da intermidialidade, embora eficiente para o estudo de outras mídias, não é, no momento, pertinente à nossa perspectiva. Para uma discussão teórica sobre esse conceito, cf. Clüver (*in* Lagerroth; Lund; Hedling, 1997).

midiáticos aos quais se confia a *visibilidade* da estrutura do romance e dos mecanismos complexos, temporais e espaciais, que a movem.

QUADRO 1:
O pintor Martin de Vere dá as cartas em Passage de Milan

Em seu primeiro romance, *Passage de Milan* (1954),[11] Michel Butor (1996, p. 64) articula de modo vertiginoso várias intrigas que se desenrolam nos anos de 1940 em um edifício parisiense que se apresenta, então, como uma "uma maquete da realidade, um tipo de amostra de Paris".

Quase três décadas após a publicação de *Passage de Milan*, em 1978, Georges Perec (1974, p. 57) retoma a ideia de situar sua narrativa em um edifício parisiense, no nº 11 da rua fictícia Simon-Crubellier. A citação é conhecida: "Imagino um edifício parisiense cuja fachada tivesse sido retirada (...) de modo que, do térreo ao sótão, todos os cômodos que estivessem na fachada ficassem instantaneamente e simultaneamente visíveis."

Em entrevista a André Clavel, o fato de o primeiro romance de Michel Butor ter inspirado Perec é confirmado – e o entrevistador acrescenta que um dos personagens de Perec lê, justamente, *Passage de Milan*. Butor, por sua vez, informa-nos, na mesma ocasião, que ele mesmo se inspirou em *Pot-Bouille* (1882), de Émile Zola,[12] romance que se inicia com uma visita do imóvel da Rue Choiseul, cujos apartamentos e seus respectivos moradores são descritos um por um ao jovem Octave, recém-chegado a Paris, como se se subtraísse a fachada do edifício de quatro andares para revelar o que se esconde por detrás dele: o cotidiano de famílias burguesas.

---

11 Sobre o título do romance, Michel Butor esclarece que ele deveria se chamar *L'Entrepôt*, devido a todos os objetos que ali se encontram, objetos em trânsito, estragados, esquecidos, mas que carregam consigo uma longa história. Como seu editor não gostou do título, ele propôs então *Passage de Milan*, porque esse título esconde vários jogos de palavras: evoca, primeiro, o *milan*, denominado milhafre, milhano ou bilhano, ave de rapina que surge nas primeiras páginas do livro e representa também Hórus, o deus solar egípcio. Segundo, como a própria palavra *butor* é um nome de pássaro – o *botaurus sterallis*, que se assemelha ao deus-íbis, Thoth ou Tot, deus da escrita egípcio –, o autor se tornava o "pássaro-narrador planando sobre o espaço urbano". Enfim, o título evoca um jogo de palavras: *mille ans* (mil anos), que ganha sentido se pensarmos que "nessa noite que parece imóvel, milhares de anos podem passar de um personagem a outro, de um instante a outro" (Butor, 1996, p. 66).
12 Além do *topos* do edifício, Butor (1974a, p. 84) toma de empréstimo a Zola o nome de sua personagem Angèle. A referência a Zola foi feita já em 1973, na ocasião do Colloque de Cérisy.

Ao decidir que tudo se passaria no interior de um edifício, o autor define, segundo a estética clássica, o que se convencionou chamar de unidade de lugar, à qual associa a unidade de tempo – 12 horas de uma única noite, com início às sete horas da noite até as sete horas da manhã. A unidade de ação também é respeitada: uma festa de aniversário. Ao final dos 12 capítulos, que correspondem às 12 horas da noite, ocorre a morte de Angèle Vertigues, a jovem que festejara seu aniversário de 20 anos no apartamento do quarto andar.

Em seu projeto de "construir um espaço", mas um espaço móvel, diríamos quase cubista pela interpenetração dos pontos de vista, a narrativa desliza continuamente de um andar a outro e de um cômodo a outro; inúmeros personagens evoluem nos setes andares desse único edifício, de modo que o leitor se encontra muitas vezes desestabilizado; efeito obtido propositalmente pelo autor, que afirma sua perspectiva óptica: "A câmera do narrador muda sem cessar de lugar e de objetiva, de velocidade, de filtro. Há uma mobilidade perpétua" (Butor, 1996, p. 65).

Na entrevista ao *Guia das Artes*, citada no início deste capítulo, Michel Butor evoca a presença de um personagem pintor nesse seu primeiro romance, cujo quadro de pintura é longamente descrito. Trata-se de Martin de Vere, que mora com sua família no quinto andar do edifício e que, durante a referida noite, recebe amigos, para os quais descreve algumas obras, em particular aquela, não intitulada, que se encontra sobre seu cavalete. Esta nos interessa particularmente, e é sobre ela que iremos nos deter.

Contudo, antes de abordar o quadro propriamente dito, detenhamo-nos brevemente no ateliê do pintor, ou o "antro do monstro" (Butor, 1954, p. 109), como é chamado, espaço que de certo modo influencia o tipo de obra que ele realiza. Martin de Vere trabalha em um cômodo em seu apartamento familiar, onde também recebe seus amigos naquela noite. Na primeira menção ao quadro, percebe-se que se trata primeiramente de um ateliê-doméstico:[13] "Três pequenas poltronas permanecem vazias, perto da mesa baixa onde restos de purê estão ao lado de cascas de laranja. Ao fundo, um quadro que se parece com uma janela alongada; por todos os lados; o cheiro de óleo de linhaça" (Butor, 1954, p. 41). Diferentemente dos pintores mundanos e mais reconhecidos, que precisam de mais espaço, tanto para receber visitantes e *marchands* quanto para realizar

---

[13] O ateliê de Martin de Vere assume também outras facetas, além de ser um ateliê-doméstico; é um laboratório e uma vitrine, de acordo com os tipos de ateliê elencados em Arbex; Lago (2015, p. 14-15).

quadros de grandes dimensões, como as pinturas de história, Martin é um pintor de cavalete, logo, de quadros de pequenas dimensões.

Uma característica comum aos ateliês é a luminosidade, de preferência natural, "razão pela qual elegem, como local de predileção para a instalação do ateliê, o alto dos novos edifícios, que contam com grandes vidraças e até mesmo claraboias" (Arbex; Lago, 2015, p. 10), voltadas para o norte. Embora o ateliê de Martin de Vere possua uma vidraça, a luminosidade, naquele horário noturno, é bastante precária e compromete a visibilidade do quadro, fato que é mencionado por diversas vezes na narrativa. O espaço não é descrito com detalhes, mas interessa na medida em que consiste em um laboratório onde se dá a ver o processo criativo: "O ateliê é como o envelope do pintor. (...) Quando ele representa o seu ateliê, o pintor nos mostra o que se passa na sua cabeça" (Gaussen, 2006, p. 106).

É o próprio artista quem descreve a tela, de modo que não nos parece pertinente atribuir a ela a função psicológica, tal como a define Bertho (2015, p. 111), ou seja, a referência à pintura atuando como "elemento de caracterização de uma personagem", de modo a informar ao leitor que ela é uma esteta, por exemplo. No caso de Martin de Vere e dos artistas em geral, o conhecimento da arte lhes é inerente. Tampouco localizamos a função retórica dessa tela no nível do enunciado, pois ela não parece exercer nenhum "efeito persuasivo ou afetivo" (*ibid.*, p. 113) que conduziria a uma transformação dos personagens, a não ser o de impressionar seus interlocutores com a exposição de seu processo e os mistérios da criação.

Considerando que a narrativa não obedece a uma determinada sequência cronológica de ações, mas as condensa de acordo com a regra da unidade de tempo, os trechos que se referem a esse encontro no ateliê de Martin de Vere, bem como as referências intermidiáticas à pintura, encontram-se fragmentados e dispersos ao longo do livro.

A primeira referência ao quadro surge discretamente no primeiro capítulo, acompanhada do apelo ao olfato – "no fundo um quadro que se parece com uma janela alongada; por todo lado o cheiro de óleo de linhaça" (Butor, 1954, p. 41) –, para ser retomada no segundo capítulo a partir do ponto de vista de um dos visitantes:

> Maurice Gérard contempla o quadro diante dele, mal iluminado pela lâmpada [...], como sempre admirável pelo equilíbrio de suas superfícies. Tal como está, se comparado com as obras de quatro ou cinco anos atrás, o quadro poderia parecer acabado, mas toda a obra recente de Martin afirma que outras figuras

virão habitar essa casa, como a invenção melódica se superpõe ao ritmo nu. (Butor, 1954, p. 84)

No terceiro capítulo, o quadro inacabado é comparado a "uma agenda [*un emploi du temps*], doze quadrados sobre um fundo cinza, cujas cores mal se distinguem" (Butor, 1954, p. 111). Mais adiante, o pintor menciona ter desenhado letras maiúsculas que eram como personagens que iriam habitar aquelas casas que ele havia preparado para elas; contudo, uma vez reunidas, elas não formavam nenhum sentido: "Mas as sílabas que se uniam sobre as paredes desse ateliê, buscando um sentido, relacionavam-se a todos os fragmentos de línguas antigas ou modernas que me restaram de meus estudos, para queimar em pensamentos bizarros" (*ibid.*, p. 115). Como diz um de seus interlocutores, ao reconhecer "a potência dos signos, Martin de Vere remonta da letra ao hieróglifo e introduz em seus quadros grupos de representações de objetos..." (*ibid.*, p. 115-116).

É no capítulo seguinte que a descrição será retomada para nela se introduzirem as "cartas" ou "figuras". Sobre a tela, comparada a um mapa geográfico e também a uma "casa", apoiada no grande cavalete em forma de H, foram pintados 12 retângulos coloridos. Ao que tudo indica, a superfície do quadro se assemelha a um tabuleiro de jogo com 12 casas que se joga com as 52 cartas de um baralho. Martin de Vere explica a seus convidados sua principal dificuldade:

> Isso ainda não está completamente resolvido; até o último momento há detalhes... Vejam, minha casa só tem doze salas, mas o jogo contém normalmente cinquenta e duas cartas. A divisão não é exata. Por isso, na fileira do meio, irei sobrepor cinco figuras em vez de quatro. (Butor, 1954, p. 118-119)

Essas figuras são os reis, as damas e os valetes de um jogo de cartas (de um total de 52) que, na tela, são os "personagens" que irão interagir em espécies de "cenas". Os dois retângulos centrais são objeto de uma explicação mais detalhada quanto à combinação das cartas, as cores que lhes serão atribuídas e a sua disposição nas cenas. A partir dos desenhos preparatórios, Martin de Vere continua sua explicação:

> Sim, temos a dama de copas, à esquerda, e o valete de paus diante dela, separados pelo ás de espadas e um dos pequenos valetes; os seis outros rodeiam a cena; durante um momento pensei em desenhar sobre os vidros que eles seguram nas mãos os reflexos dos grandes personagens. (Butor, 1954, p. 120)

O rei de ouros que domina a cena – "maior do que os dois valetes, contrastando com a cena vizinha, onde lhe responde esse ás que eu quis fazer como uma águia em pleno voo" (Butor, 1954, p. 121) – é cercado pelas seis damas, quando deveriam ser sete, de acordo com os cálculos do artista, preocupado com a coerência da estrutura. O pintor se pergunta o que fazer com essa dama "*gênante*", incômoda e embaraçosa; se não seria melhor colocá-la na horizontal ou, simplesmente, suprimi-la.¹⁴ A ausência dessa dama é significativa, sobretudo se associada ao assassinato de Angèle que ocorrerá naquela noite.

A partir desse ponto, pode-se se afirmar que, colocada *en abyme* no quadro, a narrativa é estruturada por ele. Como afirma Desoubeaux (1991, p. 159), é por meio desse quadro que as relações entre os diversos personagens são evidenciadas e ganham sentido, embora o crítico não demonstre como isso ocorre. Jean Roudaut, por sua vez, analisa o quadro com mais detalhes e afirma que *Passage de Milan* desenha uma "partida de baralho": a narrativa poderia ser figurada por cartas de baralho com múltiplos valores, distribuídas a cada andar do edifício. Os valetes do quadro de De Vere, distribuídos nas 12 casas, como a noite em 12 horas, são os pretendentes de Angèle, entre eles aquele que será seu assassino (Roudaut, 1964, p. 146). Seguindo esses argumentos, podemos reiterar o papel da pintura na narrativa, no sentido de refletir e resumir "de forma emblemática certos aspectos da história" e de ter um caráter "premonitório" (Bertho, 2015, p. 115).¹⁵

O quadro de Martin de Vere, embora inacabado, é emblemático na medida em que resume o complexo mecanismo interno da narrativa, mas também prediz, de certa forma, os acontecimentos daquela noite, sobretudo os que giram em torno da morte de Angèle. A narrativa desenvolve os modelos anunciados pelo quadro: a unidade de lugar (o "tabuleiro"/espaço único do edifício), a unidade de tempo (as 12 casas/as 12 horas transcorridas durante a noite), os personagens masculinos e femininos, principais ou secundários (valetes e

---

14 Lembremos que Georges Perec retoma também o tema e a estrutura do jogo em *La Vie mode d'emploi*, bem como a figura do personagem artista-artesão. A estrutura do edifício é esquematizada como tabuleiro de xadrez de 10 x 10 casas. O autor se inspira na progressão do cavaleiro nesse jogo para definir a progressão da intriga e a ordem dos 100 capítulos (que de fato são 99), ou seja, há em Perec não um elemento a mais, e sim um elemento que falta. O modelo do jogo do *puzzle* é também essencial nesse livro, jogo que reúne o trio Bartlebooth, Winckler e Valène, em um programa de vida estabelecido pelo primeiro. A esse respeito ver Burgelin (1988).

15 No que diz respeito à *mise en abyme*, a autora remete à obra de Dällenbach já citada, *Le Récit spéculaire*, e à argumentação de Mieke Bal, "Mise en abyme et iconicité" (*Littérature*, n. 29, p. 116-128, fév. 1978).

damas das cartas = pretendentes, amigos, convidados da festa, moradores; Angèle e suas amigas, convidadas e moradoras), e as ações que serão "encenadas" nesse teatro humano. Até mesmo a morte da jovem pode ser lida na carta da dama que está "sobrando" e não encontra seu lugar no tabuleiro, de modo que será necessário, talvez, fazê-la desaparecer. O próprio pintor reflete sobre esse aspecto preditivo de seu quadro: ele relata seu prazer em desenhar aquelas letras que eram como os personagens que habitariam as casas, mas que, reunidas em sílabas, buscavam um sentido: "Tive a impressão de que, ao me servir das letras, eu havia dado a palavra a um tipo de máquina que sabia bem mais do que eu. Minha pintura, a mais racional de todas, tornara-se assombrada" (Butor, 1954, p. 115).

Se *Passage de Milan* desenha de fato uma "partida de baralho", pode-se pensar que é o pintor Martin de Vere quem organiza a narrativa e quem segura a caneta, ou o pincel.[16] É ele quem dá as cartas, ou lança os dados, se assim podemos dizer. Nesse sentido, não seria absurdo, ao contrário, identificá-lo a esse "rei de ouros central" e pensar que o ás, comparável a uma águia em pleno voo, é seu contraponto, o escritor que dialoga com ele. Tampouco nos surpreende que o "ateliê-doméstico" tenha sido escolhido como o local para expor, no sentido de mostrar e de descrever, o quadro estruturante da narrativa. O discurso que se desenrola ali é, em geral, um metadiscurso, uma vez que "nesse movimento reflexivo, o escritor pretende explorar seus próprios dilemas, transformando o romance, espaço do imaginário por excelência, em um local de questionamentos ideológicos e estéticos sobre o conjunto da problemática da arte e da criação, comuns a todos os artistas" (Arbex; Lago, 2015, p. 19).

Os fragmentos ecfrásticos que se referem ao quadro são como estilhaços que impedem a construção de uma imagem mental fechada ou completa; a operação de desmontagem temporal atinge o visual, favorecendo a criação de uma imagem em curso de produção, em permanente inacabamento. Vê-se que não se trata, aqui, de uma pintura figurativa, submetida ao regime do legível (Didi-Huberman, 1990, p. 9-17), ou seja, a uma iconologia ou outro discurso legitimador, tal como os mitos ou o texto bíblico ou histórico, embora se reconheçam na imagem certos elementos figurativos, como as cartas do baralho.

---

16 Retomo, aqui, os termos de Burgelin (1988, p. 201-202) sobre o pintor Valène, de *La Vie mode d'emploi*, para fazer um paralelo com o romance de Butor. Assim como Valène se limita a propor uma arquitetura, um esquema, pois morre antes de concluir sua obra, Martin de Vere também propõe uma grade (o tabuleiro-quadro), um plano e um esboço de seu projeto, que também não se realiza, pois ao final será queimado.

Esse estilhaçamento da écfrase e alguns marcadores da picturalidade permitem deslocar nossa análise para o ponto de vista da recepção, para lhe acrescentar novas camadas de visualidade. Se o autor deve a Zola a criação do espaço narrativo, complexificado, o nome do pintor Martin de Vere pode ser aproximado de Marcel Duchamp, sem dúvida a partir de uma pista dada pelo próprio Butor (1974a, p. 84) durante uma discussão no Colloque de Cérisy, em 1973, ao dizer que o modelo do *Grand Verre* (1915-1923) de Duchamp é evocado de várias maneiras no livro, mas sem especificar quais.[17] Além da semelhança fonética – *Vere-Verre* – e do inacabamento de ambas, há de se considerar o subtítulo da obra de Duchamp: *Le Grand Verre: la mariée mise à nu par ses célibataires même*, ou ainda o de outra tela, *Passage de la vierge à la mariée* (1912),[18] mais pela carga simbólica dos títulos do que por sua visualidade, ainda que a tela de 1912 desenvolva um aspecto temporal ao fazer se deslocar um corpo em movimento. Isso se explicaria pela presença central da personagem Angèle, cuja festa de aniversário celebra sua passagem, por assim dizer, à idade adulta e durante a qual ela é constantemente cortejada.[19] Podemos acrescentar a essas referências possíveis outra tela de Duchamp, *Le Roi et la reine entourés de nus vites* (1912) que traz no título referências ao jogo de xadrez, ou de baralho, com a figura do rei, que será retomada por De Vere. Para Roudaut (1964, p. 217), o *Grande Vidro* de Duchamp e o quadro de De Vere são comparáveis porque são duas máquinas "de funcionamento simbólico" cujas construção e relação entre as figuras foram detalhadamente fornecidas pelos autores, o real e o fictício, respectivamente.

Além de Duchamp, o artista Piet Mondrian nos parece uma possível referência para o quadro fictício de Martin de Vere. Em 1961, Michel Butor escreve um texto sobre suas obras, intitulado "Le Carré et son habitant", em que analisa detalhadamente uma dezena de telas do artista, que vão dos anos de 1920 a 1940 (Fig. 3). Como crítico de arte, observa que, a partir da guerra de 1914, o artista adota definitivamente o ângulo reto como regra para seu universo plástico. "As admiráveis *Fachadas*, tão delicadas com seus cinzas, aos poucos se aprofundam com cores luminosas, tornando-se inteiramente um

---

17 Henri Desoubeaux (1991, p. 157-164) desenvolve esse tema e mostra o interesse de Butor por Duchamp no ensaio "De Duchamp a Butor e vice-versa".
18 Cf. <http://www.philamuseum.org/collections/permanent/54149.html?mulR=211309 4928|21> e <http://www.philamuseum.org/collections/permanent/51461.html?mulR =1475363160|24>
19 Essa última hipótese é levantada por Teulon-Nouailles em "Michel Butor et les arts plastiques".

vitral", diz Butor (ŒC II, p. 966). Tanto o título do quadro quanto a comparação com o vitral evocam, no primeiro caso, o edifício parisiense de *Passage de Milan*, cuja fachada foi "retirada"; no segundo caso, a composição em mosaico e a transparência colorida do vitral que surge no romance seguinte, *L'Emploi du temps*. Para além dessa evocação e do efeito de leitura que provoca, o ensaio de Butor compara o tema da tela de Mondrian – descrita como quase quadrada, com linhas pretas que delimitam um quadrado branco, a maior superfície do quadro, e com manchas de cores primárias: azul, vermelho e amarelo, tema que será retomado em diversas outras telas – com os modelos de quartos tornados habitáveis pela divisão das paredes: "Essas telas podem, primeiro, ser interpretadas como projetos de quartos futuros *desdobrados*, o quadrado central representando não uma das seis faces do cubo, mas apenas seu vazio interior".[20] Nesse sentido, tanto o motivo da "fachada" quanto o da divisão da superfície em compartimentos, ou quartos, base da reflexão de Mondrian sobre o espaço pictural, tornam-se vestígios de uma imagem ausente da narrativa.

O quadriculado e a referência discreta à música – "como a invenção melódica se superpõe ao ritmo nu" (Butor, 1954, p. 84) – fazem surgir outra interposição visual: Paul Klee e suas composições ritmadas, em particular *Einst dem Grau der Nacht enttaucht* (*Outrora surgido do cinzento da noite*) (1918) (Fig. 4). O título da aquarela é proveniente do longo texto poético escrito/pintado diretamente sobre a tela,[21] que remete às letras desenhadas por Martin de Vere em seu quadro. Identificamos, aqui, o chamado "efeito-quadro", que "produz um efeito de sugestão tão forte que a pintura parece assombrar o texto mesmo na ausência de qualquer referência direta, seja à pintura em geral, seja a um quadro em particular" (Louvel, 2012, p. 50).

Duchamp, Mondrian, mas também Paul Klee, embora não sejam citados explicitamente, vêm, portanto, participar do efeito de leitura pela "interposição do visual", ou seja, a introdução de uma "camada suplementar de representação que satura o texto e produz um efeito estético" (Louvel, 2012, p. 63). O efeito de leitura provocado pela alusão a Duchamp, nome ao qual sugerimos acrescentar aqui os de Mondrian e Klee, situa o trabalho desse artista fictício numa linhagem mais vanguardista, até mesmo conceitual. E, contudo, o quadro imaginado por Michel Butor em *Passage de Milan* não deixa de evocar o *Chef*

---

20 Essa comparação, aliás, é suscitada pelo próprio artista Mondrian em *Réalité naturelle et réalité abstraite*, citado por Butor em "Le Carré et son habitant" (ŒC II, p. 967)
21 Butor (1969) comentará detalhadamente as legendas e a inscrição de letras na pintura de Paul Klee em *Les Mots dans la peinture*.

d'œuvre inconnu imaginado por Balzac, particularmente no final na narrativa, quando lemos que Frenhofer havia queimado suas telas. Também o quadro de Martin de Vere fica inacabado, e seu jogo terminará em cinzas, no sexto capítulo, uma vez que, ao final, quem de fato domina é o ás – águia, *milan* ou *butor*:

> Mas no ateliê de Martin de Vere, ninguém estava lá para fechar a janela que Gaston Mourre havia deixado entreaberta. Os dois desenhos que haviam escorregado da mesa, levantados pela golfada de ar, começaram a girar pesadamente a uns quinze centímetros do chão, caíram sobre as resistências incandescentes do aquecedor, pegaram fogo e, mais leves, rasgando-se e ressonando, saltaram com suas cabeleiras até os doze quadrados, cuja pintura fresca se sujou e derreteu no centro. (Butor, 1954, p. 180)

QUADRO 2:
Jacques Revel diante da imagem em L'Emploi du temps

O quadro de Martin de Vere, com seu tabuleiro de 12 casas comparado a um tipo de agenda de grade horária em formato quadriculado, reverbera no romance seguinte desde o título: *L'Emploi du temps* (1956), traduzido para o português por Waltensir Dutra como *Inventário do tempo*.[22] O esquema de *Passage de Milan* também é retomado de forma expandida em *L'Emploi du temps*, ou seja, após descrever uma noite em um edifício, trata-se de relatar os eventos ocorridos durante um ano inteiro em uma cidade por meio de uma espécie particular de diário. Assim como no romance precedente, a narrativa não segue a linearidade, mas abarca estratos temporais diversos. O livro contém cinco partes – "A entrada", "Os presságios", "O 'acidente'", "As duas irmãs", "O Adeus" –, divididas, cada uma delas, em cinco capítulos; cada parte corresponde a um mês e relata os eventos de um ou mais meses anteriores, desde a chegada do personagem Jacques Revel à fictícia cidade inglesa de Bleston,[23] mesclados ao relato dos acontecimentos vividos no presente.

---

22 Utilizaremos essa tradução para as citações do livro de Michel Butor. A tradução do título por *Inventário do tempo*, a nosso ver, não recobre a ideia de "agenda", ou modo de empregar o tempo, presente no livro na forma do diário que o personagem Jacques Revel escreve.
23 Assim como o título de *Passage de Milan*, o nome da cidade de Bleston esconde outros significados. A palavra tem duas raízes antitéticas: uma etimologia latina, "*belli civitas*", a cidade da guerra; e uma inglesa, "*blessed town*", a cidade bendita. A cidade de Bleston foi inspirada em Manchester, Inglaterra, onde Michel Butor viveu durante dois anos, trabalhando como leitor na universidade (Butor, 1996, p. 74).

A essa temporalidade com "dupla face" vem se acrescentar a trama digna de um romance policial, um *polar*, pois Butor introduz ali um personagem autor de romances policiais, um pseudodetetive, um crime e também um cadáver. Mas, ao contrário do *polar*, no final não há solução para o enigma: "há um buraco, quis deixar esse vazio para que o livro permanecesse aberto, em suspense" (1996, p. 74). Jacques Revel partirá de Bleston sem a certeza de ter desvendado o mistério.

O personagem Jacques Revel não é esse autor de romances policiais, mas sim o francês recém-chegado a essa cidade para realizar um estágio na empresa Matthews and Sons. Sua história o leitor só conhece por meio de seu diário, que, conforme explicado anteriormente, nem sempre é escrito no tempo presente da ação. A complexidade temporal fica evidente neste relato de 1º de julho, que denuncia que Revel nem sempre seguia a "ordem" antes estipulada por ele mesmo, devendo por vezes introduzir relatos mais recentes de especial importância para que não sejam esquecidos:

> É por isso que me vejo forçado a interromper a ordem que seguia há um mês em minha narração, combinando regularmente a cada semana as lembranças de novembro com anotações sobre os acontecimentos em curso, a ordem que eu seguia desde aquela segunda-feira à noite em que introduzi em meio às páginas que falavam do outono distante uma descrição da noite de véspera, no meio destas páginas nas quais me esforcei, para levar a cabo este trabalho de esclarecimento e de busca, justamente para adotar o mais fielmente possível a simples sucessão dos dias antigos, a descrição da noite de domingo, dia 1º, em casa dos Baileys, durante a qual reapareceu nas mãos de Ann o exemplar de *O assassinato de Bleston* [...]. (Butor, 1988, p. 145)

O relato está, em grande parte, diferido no tempo, ou "a contrapelo", para retomar a expressão benjaminiana usada por Didi-Huberman, de modo que o trabalho da memória é essencial na reconstituição dos fatos vividos – de outubro a setembro do ano seguinte – e relatados por Revel no diário – de 1º de maio a 30 de setembro. Assim, em 30 de junho, Revel percebe o quanto os eventos passados no ano anterior lhe parecem distantes e embaçados; o quanto os eventos recentes passaram a pesar sobre o seu presente; e quantas coisas ele corre "o risco de deformar e esquecer se demorar muito a escrevê-las" (Butor, 1988, p. 142). Solitário e perdido naquela cidade que lhe parece hostil, Jacques Revel se esforça na tarefa de "esclarecimento e busca" que irá lhe permitir melhor se adaptar a Bleston e sair do labirinto, mental, temporal e espacial, em que se encontra. Lembremos que o livro *L'Emploi du temps* traz, logo no início, o desenho de um mapa da cidade de Bleston (Fig. 5) como suporte para que também o leitor não se perca. A desmontagem do tempo faz colidirem o presente, o passado e o outrora; provoca "curtos-circuitos e movimentos retroativos" (Butor, 1996, p. 73), coloca em movimento a memória do personagem, considerada aqui não como "fato objetivo", mas como "fato psíquico e material". Como um historiador de sua própria história, ele parte não dos fatos passados, "mas do movimento que os relembra e os constrói no saber presente (...)" (Didi-Huberman, 2015, p. 116). Jacques Revel anota em 14 de agosto:

> Já está escuro; já estamos na quinta-feira; só me resta amanhã, sexta-feira, nesta semana que passa, para fazer voltar à superfície os acontecimentos de janeiro que dormem na profundidade de sete meses, como os da minha chegada em outubro quando os recolhia, os pescava, os descrevia em maio, a essa distância de sete meses que eu esperava reduzir, mas que não consegui senão conservar (e com que esforço!), tantas sombras, tantas consequências, tantos acidentes, tantos fantasmas vieram interferir, sob uma profundidade de sete meses de água cada vez menos transparente porque a agitação perturbou a lama. (Butor, 1988, p. 238)

No modo de usar o tempo, Revel se debate constantemente com o deslocamento temporal, que constitui uma ameaça para a memória. Ele parece entender, assim como Didi-Huberman (2013, p. 13) diz dos artistas, filósofos e historiadores, que "vivemos nosso presente através dos movimentos conjugados das montagens de nossas memórias (gestos que realizamos em direção ao passado) e desejos (gestos que realizamos em direção ao futuro)". Experiência que provoca nele um sentimento de abandono que incita a errância. Revel encontra uma espécie de aliado no livro *O assassinato de Bleston*, o *polar* assinado por J.-C. Hamilton (aliás, George William Burton), cuja história se passa também na cidade de Bleston e gira em torno de um fratricídio. É acompanhado desse livro e guiado por ele, como um fio de Ariadne, que o francês passará a percorrer a cidade-labirinto, tornado espaço de investigação, no intuito de conhecer os lugares retratados na narrativa policial.

Reconhecemos aqui também os jogos especulares do livro dentro do livro, por "duplicação simples", à qual fazem eco as descrições de obras de arte inseridas na narrativa. A intriga de *O assassinato de Bleston* se reflete na diegese de *L'Emploi du temps*: o fratricídio do primeiro livro encontra seu correspondente no suposto crime do segundo. Jacques Revel se coloca então como um detetive que irá investigá-lo, a partir de pistas contidas no livro assinado por

J.-C. Hamilton, como se houvesse uma coincidência entre os dois eventos. O efeito de *mise en abyme* é levado ao extremo: Revel toma os fatos fictícios do *polar* pela realidade, de modo que a narrativa *emboîtée* (encaixada) acaba muitas vezes por se sobrepor àquela que a contém, e o narrador-autor do diário acreditará ser ele mesmo o responsável pela tentativa de assassinato de J.-C. Hamilton. O "acidente" que imobiliza em um hospital o autor de *O assassinato de Bleston* será como o ponto final dessa investigação policial iniciada por Revel, pois ele chega a suspeitar de si mesmo, suspeitar de tê-lo tentado matar por negligência (Butor, 1988, p. 230).

É justamente esse romance policial que conduzirá Jacques Revel à Catedral e ao Museu de Bleston, onde ele encontrará as imagens que passarão a fazer parte desse trabalho de investigação dos crimes e também de si mesmo.

> Vários críticos estudaram a presença desses objetos artísticos em *L'Emploi du temps*, a começar por Lucien Dällenbach (1972, p. 17), com seu esclarecedor ensaio *Le Livre et ses miroirs dans l'œuvre romanesque de Michel Butor*, que atribui a eles uma função poética e simbólica. Poética porque as obras de arte ali inseridas são pontos de convergência de várias sequências narrativas que introduzem zonas metafóricas na narrativa, espacializando-a. Simbólica porque formam um sistema, espelhando umas às outras: "*O assassinato de Bleston* – e com ele as tapeçarias e o vitral – são para Revel o que *L'Emploi du temps* deve ser para seu leitor: a ocasião de uma tomada de consciência solicitada a se aprofundar e a prosseguir de modo autônomo" (Dällenbach, 1972, p. 22). Dällenbach destaca ainda que, em sua singularidade, cada uma das obras inseridas no romance revela-se plural, móvel, reluzente. Para ele, trata-se de um romance em três exemplares, duas catedrais, vitrais, dezoito tapeçarias, tantas obras que comportam diferentes entradas, supõem diferentes trajetos de leitura, permitem abordagens sucessivas e progressivas; tantos 'hieróglifos' também, cuja significação oculta e sobredeterminada se revela – se é que ela se revela – senão ao final de um deciframento laborioso que inclui retomadas e mal-entendidos. (Dällenbach, 1972, p. 13)

Os três exemplos de romance evocados no trecho citado seriam *O assassinato de Bleston*, de J.-C. Hamilton, o diário de Jacques Revel e o próprio *L'Emploi du temps*. As duas catedrais são a Antiga Catedral e a Nova Catedral; os vitrais referidos retratam a história de Caim e Abel e encontram-se na Antiga Catedral; os 18 painéis de tapeçaria que representam o mito de Teseu, por sua vez, encontram-se no Museu Municipal de Bleston.

Para Else Jongeneel (1988, p. 24-25), os vitrais e as tapeçarias, bem como o mapa de Bleston, o romance policial e a arquitetura da Nova Catedral, são espelhos que nos informam sobre a estrutura do texto de Revel, que se constitui como uma "aventura de descoberta". Por outro lado, a autora corrobora nossa proposta de considerar as descrições das obras como *mise en abyme*, como já havíamos indicado no início deste capítulo, uma vez que elas refletem resumidamente a aventura integral de Revel.

Sabe-se que os monumentos representados foram inspirados pelos da cidade de Manchester; que as catedrais fictícias são uma mistura das igrejas góticas inglesas, da basílica de Liverpool e da Sagrada Família de Gaudí, em Barcelona (Butor, 1996, p. 74). De fato, a cidade de Liverpool abriga duas catedrais: a Liverpool Cathedral (anglicana), também chamada Cathedral Church of Christ in Liverpool, e a Liverpool Metropolitan Cathedral (romana), também chamada de Metropolitan Cathedral of Christ the King. Ambas foram construídas no século XX, mas o estilo gótico da primeira contrasta nitidamente com a arquitetura moderna da segunda. Na primeira, Liverpool Cathedral,[24] encontra-se um famoso conjunto de vitrais que data do século passado, mas não nos foi possível verificar se também a iconografia dos vitrais dessa catedral, além de sua arquitetura, foi a fonte para o tema da história bíblica, tal como no romance. O modelo da Sagrada Familia de Gaudí teria servido de base para a Nova Catedral de Bleston, considerando a ornamentação exuberante da fachada e os relevos com plantas e animais (Jongeneel, 1988, p. 24-25).

O que nos interessa, sobretudo, são as descrições das duas obras bidimensionais que se encontram na Antiga Catedral de Bleston – o *Vitrail du meurtrier* (Vitral do assassino) e a *Tapisserie Harrey* (Tapeçaria Harrey) – e o que elas revelam.

Contrariamente aos quadros de *Passage de Milan* e de *La Modification*, as duas obras descritas em *L'Emploi du temps*, de um lado, utilizam mídias menos comuns: o vitral e a tapeçaria; de outro lado, embora imaginárias, são transposições de textos bíblico e mitológico, respectivamente. Pode-se falar, portanto, de imagens narrativas que oferecem interessantes possibilidades de estudo, uma vez que, por definição, a narração, como ato de contar, relatar, "escapa à pintura", afirma Bergez (2011, p. 160). Assim, a história da pintura mostra diferentes estratégias inventadas pelos pintores para responder a esse desafio da narração. E, na sequência, Michel Butor também encontra diferentes

---

24 Cf. <http://www.liverpoolcathedral.org.uk/>.

estratégias para responder, pela escrita, ao desafio da imagem; ou, dito de outra forma, fazer com que a imagem sobreviva na escrita, com sua "evidência obscura" (Didi-Huberman, 2015, p. 9).

Os efeitos anacrônicos de uma época sobre a outra, já presentes no relato retroativo que o narrador faz dos acontecimentos em seu diário, tornam-se mais fortes quando esse narrador se depara com a temporalidade das imagens. Cada uma delas se refere a um período histórico diferente: a Idade Média e o século XVI, no caso do vitral, e o início do século XVIII, a Renascença humanista e a Antiguidade greco-romana, no caso da tapeçaria. Às reversões temporais do diário vêm se agregar os estratos temporais contidos nas obras objeto do olhar do personagem, que passa então a lê-las, ou melhor, a decifrá-las, de acordo com um processo de desmontagem e montagem do saber (cf. Didi-Huberman, 2015, p. 142-143). Vejamos, inicialmente, a transposição do mito de Teseu para a tapeçaria.

A Tapeçaria Harrey: decifrando o mito de Teseu

A visita ao Bleston Museum of Fine Arts relatada no diário numa quarta-feira, 4 de junho, ocorre, de fato, no dia 3 de novembro do ano anterior, na véspera da visita à Antiga Catedral, onde o narrador tentará decifrar o vitral. Essa proximidade das visitas já indica que as duas imagens têm relação entre si e que serão investigadas, por Jacques Revel, uma à luz da outra. Das nove salas de exposição do museu, cinco são reservadas aos 18 painéis de tapeçaria em lã que contam a história de Teseu e do Minotauro; o autor dos desenhos preparatórios é desconhecido. O narrador explica que, na ocasião de sua visita, no ano anterior, ele não sabia que o conjunto dos painéis de tapeçarias contava a história de Teseu, que ainda não tinha em mãos o guia turístico de Bleston e que foi somente mais tarde que ele os olhou com mais atenção, estudando suas relações. Talvez não tivesse nem mesmo lido, na entrada da sala, o cartaz indicativo de que se tratava da *Tapeçaria Harrey*. Agora já sabe que as peças haviam sido encomendadas à manufatura de Beauvais, França, pelo duque de Harrey no começo do século XVIII. Seu último descendente, morto por volta de 1860, legou-as à municipalidade de Bleston, que fez construir o museu para abrigá-las.

O tema do décimo primeiro painel, entretanto, havia sido notado desde a primeira visita; o narrador o reconhece com mais facilidade e assim o descreve:

Um homem com a cabeça de touro degolado por um príncipe de couraça, numa espécie de cripta cercada de paredes complicadas, à esquerda da qual, no alto, numa porta abrindo para a praia do mar, uma moça de vestido azul bordado de prata, alta, nobre, atenta, puxa com a mão direita um fio que se desenrola de um fuso segurado entre o polegar e o dedo anular da outra mão, um fio grosso como uma artéria cheia de sangue, que se liga ao punhal que o príncipe enfia entre o pescoço do monstro e o peitoral humano, uma moça que se vê novamente à direita ao longe na proa de um navio que foge, a vela negra cheia de vento, em companhia do mesmo príncipe e de uma outra moça muito parecida, mas menor e vestida de violeta. (Butor, 1988, p. 75-76)

Como se percebe, são duas as cenas mostradas no painel de forma simultânea, mas elas se referem a momentos distintos. A primeira é a cena da morte do Minotauro, "o touro degolado", pelo príncipe Teseu, ajudado por Ariadne "vestida de azul", que estendeu o seu fio para que ele pudesse encontrar a saída do labirinto. A segunda cena mostra o retorno do herói com Ariadne no barco de velas negras. Jacques Revel será esclarecido por seu colega James Jenkins, que assume, aqui, a voz do crítico de arte, sobre essa particularidade do encadeamento narrativo: as tapeçarias não são "instantâneos, mas representam quase todas ações que duram um certo tempo, o que se nota pelo fato de estarem reunidas na composição de um único painel – várias cenas sucessivas, o mesmo personagem aparece assim duas vezes, três vezes (...)" (Butor, 1988, p. 230-321).

Daniel Bergez (2011, p. 161-162) nos explica que, após a Idade Média, as representações múltiplas desaparecem, como nos vitrais, e são substituídas por desenvolvimentos de cenas narrativas que incluem elementos com valores simbólicos relacionados a momentos anteriores ou posteriores à ação, incluindo, nesse mesmo movimento, a dimensão temporal na espacialidade do quadro. Retoma-se o antigo debate sobre a especificidade de cada arte: enquanto Lessing critica esse tipo de procedimento, Leonardo da Vinci (2005) o considera representativo da superioridade da pintura sobre a poesia, uma vez que permite, por exemplo, combinar, em um mesmo instante, numa pintura, elementos diversos, ao contrário do texto, que é necessariamente sucessivo. É o que se percebe no painel de tapeçaria anteriormente citado, em que a "moça que segura o fio" em uma cena deve ser associada à mesma moça que foge no navio na outra cena, ambas se referindo a Ariadne; da mesma forma, "o homem com a cabeça de touro degolado" e o "monstro" se referem ao Minotauro em dois momentos distintos.

Outros painéis atraem o olhar de Revel e são objeto de descrições mais sintéticas (os de número 2, 3, 4 e 5), que se limitam a enumerar os elementos figurativos, embora sejam os que mais o comoveram pela representação das paisagens, que retratam

> [...] a abordagem de Atenas por Teseu, suas vitórias sobre os quatro criminosos que infestavam o seu campo, Sínis, Cirão, Cercião, Procusto, aquelas árvores representadas nas quatro estações do ano, tão evidentemente inspiradas pelas da ilha de França, choupos, faias pretas ou carvalhos, em brotos, com copas cheias de todos os verdes, em plena fantasmagoria de doces chamas, ou de ramos nus. (Butor, 1988, p. 76)

Não nos surpreende que as paisagens retratadas na tapeçaria lhe agradem mais do que a cena do confronto com o Minotauro. As árvores o remetem às suas origens francesas e o comovem com mais nostalgia do que a imagem de Teseu, que lhe causa estranhamento e desconforto. "Tenho, porém, dificuldade de reencontrar minha primeira impressão frente a esse conjunto prestigioso que contemplei muito melhor depois, e cujo estilo me desnorteava provavelmente um pouco (...)" (Butor, 1988, p. 75). Ele ainda não se reconhece no herói mítico. A tapeçaria representativa, seu tecido legível, é atravessada pelo não saber; ela é rasgada, para retomar o termo *déchirure*, de Didi-Huberman (1990, p. 175), e sua função simbólica aparece nesse rasgo da imagem. As explicações que recebe de James Jenkins dão conta apenas do discurso da história da arte, que busca tornar a imagem inteligível; sua própria leitura mediada pelo texto mitológico revela-se precária, pois o narrador percebe que a imagem também abriga um não saber perturbador.

Somente mais tarde, no mês de julho, e após outras visitas ao museu, ele acreditará ter identificado, a partir de um exame "ziguezagueante", anacrônico, outras cenas e outros personagens que estabelecem relações entre si; tomará lentamente consciência da unidade das cenas ainda obscuras, como as que representam os raptos de Helena e de Antíope ou a que mostra o encontro de Édipo: todas estavam ligadas a Teseu, todas faziam parte de sua história (Butor, 1988, p. 170).

Trata-se de uma leitura-palimpsesto em que as diversas camadas de sentido vão se revelando ao personagem a cada observação da tapeçaria e a cada relato diferido no tempo, que passam a integrar uma rede de reminiscências em constante movimento de retomada. Os fragmentos descritivos da tapeçaria fazem "surgir a longa duração de um Outrora latente", ancorada na memória inconsciente do narrador (Didi-Huberman, 2015, p. 107). A reverberação das imagens atinge a história do personagem, que passa a estabelecer uma relação de equivalência entre o mito e sua existência cotidiana: esta é interpretada pelo mito, que, por sua vez, é interpretado pela realidade. O mesmo Revel explica esse sistema de equivalências que conseguiu compreender até então:

> Ele [Lucien Blaise] ouviu, divertido, todas as explicações que dei para cada episódio, abstendo-me de dizer que para mim, a partir de então, Ariadne representava Ann Bailey, que Fedra representava Rose, que eu mesmo era Teseu, que ele era esse jovem príncipe que, no décimo quinto painel, a descida aos infernos, eu guiava na conquista da esposa de Plutão, da rainha do império dos mortos, Prosérpina. (Butor, 1988, p. 189)

Assim, a história de Teseu é atualizada na sua própria história. Cada personagem da tapeçaria encontra seu equivalente na cidade de Bleston. Revel parte de certa experiência vivida que ele projeta na obra de arte, que, como resposta, fornece-lhe determinada interpretação, a qual relança, a cada vez, uma nova experiência, como em uma "estrutura em expansão" (Dällenbach, 1972, p. 15-16). A visão que consegue ter do passado, contudo, não lhe permite prever totalmente o futuro, que deverá ser decifrado como uma mensagem criptografada, oracular. Será preciso ainda tecer relações com o *Vitral do assassino* da Antiga Catedral e com o livro *O assassinato de Bleston*.

O Vitral do assassino: decifrando a história de Caim e Abel

A história bíblica de Caim e Abel, filhos de Adão e Eva, é contada no *Gênesis* (capítulo 4); como se sabe, relata a morte de Abel por seu irmão Caim e a consequente maldição de Caim pelo Senhor. O tema é retomado por diversos artistas ao longo dos séculos: Ticiano, Rubens e Bartolomeo Manfredi, na pintura; Lorenzo Ghiberti e Reinhold Begas, no relevo e na escultura; os painéis da Catedral de Monreale, em Palermo. No que se refere à sua representação por meio do vitral, entre muitos outros exemplos encontram-se os da irlandesa Saint Fin Barre's Cathedral, bem como os da Catedral de Chartres: na parte superior do painel dedicado à Parábola do Bom Samaritano vê-se uma cena do assassinato de Abel por Caim[25] (Fig. 6).

---

25 Na Saint Fin Barre's, localizamos uma cena de Abel e Caim, mas distinta da que foi descrita no romance, disponível em: <https://corkcathedral.webs.com/present-cathedral>.

Pode-se falar de transposição de um texto para o vitral, mas não se pode assegurar que a descrição decorra de uma imagem específica que seria sua fonte. Importa saber que se trata de um vitral narrativo, assim como a tapeçaria, em que uma história é contada por meio de imagens, mas também de curtos textos, os filactérios, como veremos adiante.

Assim como o trecho descritivo anterior, este está inserido na narrativa no capítulo dos "presságios", como parte do relato das perambulações exploratórias do personagem Jacques Revel na cidade de Bleston nos meses de novembro e dezembro, relatadas no diário em junho do ano seguinte. A visita à Antiga Catedral, ocorrida precisamente em 4 de novembro, é relatada no diário no dia 5 de junho. Para justificar um eventual esquecimento dos fatos e legitimar seu relato, o narrador afirma se lembrar dessa visita com muita precisão, mesmo após tantos meses: "(...) é uma ilha de certezas, recordei muitas vezes as peripécias dessa visita" (Butor, 1988, p. 76). Tendo sido levado ao local pela leitura do livro *O assassinato de Bleston*, onde a catedral é citada, e que lhe serve de guia, essa é sua segunda visita; na primeira ele diz não ter visto o vitral devido ao tempo chuvoso e à pouca luminosidade. Após descrever como chegou até a catedral, o narrador se posiciona e focaliza a janela, descrevendo-a ao mesmo tempo em que a compara com a descrição do livro e a tapeçaria do museu:

> No interior, tudo estava calmo. Coloquei-me frente à grade do coro, sob o órgão, através da qual percebia a luz de uma lâmpada de querosene com seu vidro vermelho, e contemplei na grande vidraça à minha direita a cena no alto, inscrita num círculo, sabendo já pela leitura de *O assassinato de Bleston* que ela representa Caim matando seu irmão Abel, Caim numa couraça que lhe modela a barriga, com fitas flutuando sobre as coxas, como Teseu, quase na mesma atitude de Teseu às voltas com o Minotauro, inclinado como ele, o pé esquerdo colocado sobre o pé de sua vítima deitada, mas com a cabeça levantada, nua, já ferida, tão diferente apesar disso, brandindo um tronco de árvore de raízes desgrenhadas sobre o céu vermelho. (Butor, 1988, p. 76)

A referência à tapeçaria de Teseu, cuja posição dominadora se assemelha à de Caim (a Fig. 7 mostra essa mesma posição de Teseu representada numa

---

Na Catedral de Chartres, parte da cena descrita é visível. Não nos esqueçamos de que a Catedral de Chartres se destaca, ainda, por seu labirinto, cujo mito fundador é o de Teseu e o Minotauro. Disponível em: http://www.vitraux-chartres.fr/vitraux/44_vitrail_parabole_samaritain/index.htm.

ânfora antiga), responde ao procedimento de inserção de "zonas metafóricas" (Dällenbach, 1972, p. 17), pontos de convergência simbólicos que multiplicam as imagens, fazendo-as reverberar e acumular as significações, reforçando a função poética da narrativa.

A contemplação dessa "grande imagem enfeitiçadora" (Butor, 1988, p. 77) é interrompida pela presença de um padre que assume a função mediadora de crítico ou historiador de arte, conhecedor da História Santa, que vem fornecer diferentes informações a respeito do vitral: trata-se de uma obra do século XVI, célebre por sua raridade na Inglaterra, embora desconhecida dos habitantes de Bleston, realizada por um artesão francês não identificado. O padre passa a descrever de modo bastante preciso[26] a arquitetura e as outras diferentes cenas que constituem o conjunto.

> A arquitetura da janela foi refeita nessa ocasião. O grande círculo onde se vê a cena do assassinato, sobre a abertura central mais larga e menos elevada do que as outras duas, é uma particularidade bastante rara. [...] Nos quatro triângulos curvilíneos que o unem aos outros painéis e às margens superiores, podem-se distinguir flores de seis pétalas que talvez sejam chamas, flores com um olho no centro, nas quais algumas pessoas querem ver representações de serafins. (Butor, 1988, p. 78)

Para ele, as três cenas que acompanham a do assassinato são todas dedicadas a Caim, que ele identifica aos personagens retratados, bem como à sua descendência. Sua interpretação se justificaria ainda pela presença de faixas (ou filactérios) com inscrições pouco legíveis em latim que estabelecem uma relação entre elas, de modo que se pode constatar que o artesão procurou seguir de perto o texto bíblico. A fidelidade do artesão vitralista ao texto bíblico é um dado crucial, se considerarmos que, no caso de Caim e Abel, a narrativa é mais elíptica do que mostram as imagens gravadas no vidro. A partir desse mesmo exemplo, Meyer Schapiro (2000, p. 33-34) explica que, de um lado, certas

---

26 A precisão da descrição, a minúcia dos detalhes arquitetônicos e a linguagem especializada do eclesiástico nos fazem pensar que Butor recorreu a uma fonte bibliográfica para a descrição dos vitrais, talvez o guia da coleção *Notre Pays et ses Trésors* (p. 97), que o personagem-narrador consulta. Contudo, não nos foi possível confirmar esse dado, e nenhum dos textos de sua fortuna crítica faz menção a uma possível fonte. Em *La Modification*, o personagem Léon Delmont, por sua vez, dispõe de um *Guide bleu*, cuja inexatidão das informações é observada por ele (p. 284). Seria possível, em outro momento, fazer uma aproximação dessas referências aos guias turísticos com a crítica de Barthes ao *Guide bleu*, em *Mythologies*, guia que não "responde a nenhuma das questões que um viajante moderno pode se colocar ao atravessar uma paisagem real, *e que dura*" (Barthes, 1957, p. 115).

imagens tendem a "aumentar" o texto, acrescentando-lhe detalhes, figuras, cenários omitidos pela fonte escrita. O *Gênesis* relata que Caim matou Abel, mas não menciona o tipo de arma, de modo que os artistas teriam, cada um a seu modo, inventado o *modus operandi*, pois não se podia retratar a cena do assassinato sem mostrar como foi executado. De outro lado, embora dominasse o princípio, autorizado pela Igreja, de que as imagens equivalem a uma prece muda destinada aos iletrados, na arte da alta Antiguidade e da Idade Média os artistas muitas vezes se viam obrigados a escrever em suas pinturas o nome dos personagens ou mesmo frases que descrevessem seus atos, como é o caso dos vitrais de Caim e Abel. Isso tudo mostra que a imagem é uma transposição do texto bíblico e está sobredeterminada por ele, ainda que tenham sido incluídos nela elementos ausentes no texto.

Na Idade Média, as inscrições inseridas nos quadros, principalmente por intermédio dos filactérios, eram uma estratégia para incluir a narrativa na imagem, assim como a prática dos polípticos, ou retábulos, que oferecem a visão de cenas sucessivas (Bergez, 2011, p. 160). Nos vitrais da catedral ocorre a mesma articulação de diferentes momentos de uma mesma história. Esse princípio de organização dos polípticos, ainda de acordo com Bergez (*ibid.*), coloca o espectador na situação de leitor e, como em uma frase, o sentido se constrói sucessivamente. Nesse sentido, podemos avançar que o vitral "remedia" o processo de reconstituição temporal dos retábulos medievais, que, por sua vez, haviam "remediado" o modelo narrativo verbal baseado na sucessividade de cenas ou ações, no sentido de uma apropriação e remodelagem de práticas artísticas mais antigas.[27]

A primeira das três cenas indicadas pelo padre é a de "Caim lavrador", inserida no nicho estreito limitado pelo arco quebrado que fecha, no alto, o vão da esquerda. Caim seria o personagem quase nu, sobre um fundo de folhas espinhosas, cavando com sua enxada um solo pedregoso e recebendo do Senhor, segundo sua interpretação, não uma maldição, mas a invulnerabilidade:

> O Senhor vê Caim arroteando a terra e, à direita, oferecendo ao Senhor espigas e frutas. A fumaça que sobe de seu altar invade todo o céu acima dele, e cai para envolvê-lo. [...] Sim, é o Senhor que lhe aparece entre as nuvens, brandindo o

---

[27] A remediação consiste na presença de camadas arqueológicas de mídias e a revelação da "midialidade de uma arte [que] se faz a partir de uma intermidialidade anterior e com o auxílio desta" (Moser, 2006, p. 42-43; cf. Rajewsky, 2012).

raio amarelo que vem cair sobre sua fronte, não para aniquilá-lo (era a hipótese que me ocorrera primeiro, mas, sentindo seu absurdo, havia subitamente deixado de falar), mas pelo contrário, para torná-lo invulnerável, para que os outros homens se afastassem dele aterrorizados, como se pode ver na cena da esquerda. (Butor, 1988, p. 78-79)

A cena citada recebe a legenda *"posuitque Dominus signum"* (e o Senhor imprimiu-lhe um sinal), expressão extraída da Vulgata (*Gênesis*, capítulo 4, versículo 15) e que dirige a leitura que o eclesiástico faz da imagem. A segunda cena à esquerda mostra que "Caim, a queimadura na fronte, acompanhado de sua mulher Temeque, caminha num deserto onde silhuetas fogem ao longe" (Butor, 1988, p. 79), e vem acompanhada da legenda extraída do versículo 16: *"profugus in terra"* (errante sobre a terra). A terceira cena é a dedicada a Caim, o construtor de cidades: *"et aedificavit civitaten"* (e edificou uma cidade) (versículo 17). Nela, Caim é identificado ao pedreiro que constrói uma parede de tijolos. É a partir dessa cena que o eclesiástico estabelece um paralelo com a cidade de Bleston e com a catedral onde se encontram, mostrando o valor de documento da imagem e seu caráter miniaturizado:

[...] essa cidade que vê embaixo estender-se em toda a largura da janela, e que o artista representou inspirando-se com a que tinha então sob os olhos, a Bleston daquele tempo, o que dá a essa parte um grande valor documental, já que ali veem representados com muita fidelidade edifícios hoje desaparecidos. Observe essas casas de empenas; ainda existem algumas, das quais se podem ver as cumeeiras através da vidraça branca do outro braço do transepto, e a torre da Prefeitura de então. O senhor pode reconhecer a ponte sobre o Slee, Old Bridge [...] e a Catedral onde estamos, cujas três torres quadradas estão coroadas de crescentes amarelos. (Butor, 1988, p. 79)

Concluindo sua descrição, o padre mostra, em primeiro plano, a descendência de Caim, o povo da cidade:

Quanto aos personagens do primeiro plano, são evidentemente pessoas da cidade, os descendentes de Caim: à esquerda, embaixo de 'profugus in terra', diante das arcadas do antigo mercado, sentado em seu ofício semelhante aos que tinham os tecelões de Bleston naquela época, cercado de cabras, perto de sua tenda, está Jabal, ancestral de todos os músicos (de pé, com a boca muito aberta, como se gritasse), no meio de seus filhos com os instrumentos de corda, a harpa, a viola e o alaúde; à direita, embaixo do 'Caim pedreiro', frente ao rio, Tubalcaim, ancestral de todos os que trabalham os metais, as tenazes na mão esquerda, segurando uma roda sobre a bigorna. (Butor, 1988, p. 79-80)

Resta a Jacques Revel perguntar a razão pela qual se dedicou todo um vitral a um condenado, pergunta à qual o padre responde que é preciso se lembrar de que se trata de uma obra do Renascimento e que o artista sem dúvida considerava Caim o pai de todas as artes (Butor, 1988, p. 81). Assim, a história bíblica retratada nos vitrais mostra não aquele que foi amaldiçoado, mas o trabalhador e pai de todas as artes, leitura que, a despeito de se vincular a valores estéticos humanistas em vigor em determinada época, dá lugar a interpretações livres, como a que se lê a respeito do *Vitral do assassino*.

O sistema de equivalências que o narrador Jacques Revel estabelece para os personagens da tapeçaria, identificando-se ele mesmo com Teseu, expande-se no vitral, a partir do paralelo feito entre a cena de "Caim construtor de cidades" e Bleston, bem como entre "a descendência de Caim" e os atuais habitantes dessa cidade, inclusive ele próprio. Seria ele, como Caim, um assassino, um fratricida, seu descendente? Seria ele também um estrangeiro, condenado a errar sobre a terra? Certamente, o tema de Caim se insere na ordem dos irmãos inimigos, mas aparece aqui, como indica Roudaut (1964, p. 166), como uma recuperação pelo homem da existência em sua totalidade e sem vergonha. O fratricídio é também o tema do livro que Jacques Revel está lendo e que lhe serve de guia, *O assassinato de Bleston*, livro que, de certa forma, é uma transposição ou atualização da história de Abel e Caim. Logo, o fratricídio é o lado obscuro da imagem que o narrador busca compreender ao interrogar retroativamente o vitral. A respeito das "explicações" do padre, ele exclama, incrédulo:

> As explicações que me dava, longe de dissiparem a estranheza, apenas a tornavam mais precisa e mais profunda. Que ambiguidade na disposição aqueles vitralistas tinham dado aos seus temas, como se tivessem desejado mostrar, através de ilustração mesma da leitura oficial da Bíblia, que ali descobriam outra coisa. (Butor, 1988, p. 84)

Uma vez que Jacques Revel suspeita existir uma relação de analogia, ou mesmo de causa e efeito, entre o destino de Bleston e o seu próprio destino, ele tentará elucidar este por meio daquele, articulando a sua história pessoal circunscrita no tempo à história secular de Bleston, rememorando seu passado individual pela reativação de uma memória coletiva cujas lembranças mais reveladoras coincidirão com as obras de arte, argumenta Dällenbach (1972,

p. 18). O personagem interpreta, de fato, sua existência através do prisma que as obras lhe oferecem. Mas não estamos certos de que suas "lembranças mais reveladoras coincidirão com as obras de arte", pois as imagens do vitral e da tapeçaria sempre manterão uma parte de enigma, de indizível, de algo a ser descoberto. É justamente esse sentido que o narrador não consegue atingir completamente, apesar dos discursos críticos e esclarecedores do padre e do colega James Jenkins; apesar de suas próprias análises, que tentam inserir todos esses elementos num sistema de equivalências; apesar da suposta legibilidade das cenas. Nesse sentido, os mitos de Teseu e de Caim ofereceriam ao personagem narrador, de acordo com Dällenbach, um modelo de comportamento supra-histórico que ele pode atualizar em sua existência real e concreta, ao se identificar a eles (Dällenbach, 1972, p. 20).

De fato, pode-se dizer que Teseu e Caim são duplos mitológicos de Jacques Revel, mas apenas em sonho, ou melhor, em pesadelo, Revel acredita ter assassinado o autor de *O assassinato de Bleston*, J.-C. Hamilton, cujo verdadeiro nome é George William Burton, aquele que se tornou seu amigo, senão seu "irmão". No dia 7 de agosto, ele relata em seu diário que sonhou que exemplares do livro servidos como sobremesa na ocasião de um jantar na casa de seu autor tornavam-se luminosos e que as letras da palavra "Bleston", do título, bem como as do nome do autor, começavam a pegar fogo. O sonho foi precedido de outro pequeno incêndio, o narrador tendo queimado um antigo mapa de Bleston que havia lhe servido durante os primeiros meses.

Da mesma forma como não se identifica completamente com o fratricida Caim, ele não parece se considerar o equivalente do herói mítico Teseu, embora tenha combatido de todas as formas contra a cidade de Bleston, seu Minotauro, e tentado trazer à luz seus segredos. Ao final dessa espécie de iniciação, de descida aos infernos, que coincide com o fim de sua estada naquela cidade, ele relata, no dia 25 de setembro:

Fantasma, sábado, na casa de All Saints Gardens [...]
Fantasma, na tarde de domingo, sob o belo céu mutável [...]
Fantasma, cada noite utilizando um trajeto de volta diferente para vir do restaurante [...]
De repente o cansaço acumulado há meses, de repente o teu cansaço, Bleston, caiu sobre mim, envolvendo meus ossos como as dobras de uma mortalha úmida, e fiquei muito tempo imóvel a examinar, através de meu próprio reflexo na pupila da janela, as numerosas gotas de água, minúsculos espelhos esféricos, caírem

incansavelmente em Dew Street quando só me restam alguns instantes para terminar as páginas desta semana [...]. (Butor, 1988, p. 323-324)

A chave fornecida pelos mitos, a partir das diferentes leituras da tapeçaria e do vitral, é ilusória, deceptiva. Os textos mítico ou bíblico, que buscam explicar o que as obras dizem, são insuficientes nesse caso, pois a iconologia visa o que dizem as obras, mas não "como as obras calam o que oferecem", diz Didi-Huberman (2001, p. 46). As expectativas amorosas de Revel, por exemplo, em relação a Anne, sua Ariadne, não se concretizarão. E as hipóteses levantadas por ele em sua investigação de um crime que ele mesmo poderia ter cometido, estimuladas pelas obras de arte e pela leitura do *polar O assassinato de Bleston*, revelam-se imaginárias e ficam sem resposta.

A única certeza desse narrador-personagem é a escrita; não como resposta a todas as suas questões, mas como necessidade, face ao tempo, de se apressar nessa corrida contra o esquecimento, sempre contra a corrente.

QUADRO 3:
Descarrilamento de Léon Delmont em La Modification

Tornou-se célebre, no âmbito dos estudos sobre a descrição de obras de arte em romances, a visita ao Museu do Louvre realizada pelas personagens de Émile Zola em *L'Assommoir* (1877). O grupo de amigos e parentes dos recém-casados Gervaise Macquart e Coupeau atravessa as diversas galerias do museu, comenta as obras de arte, admirado da amplitude das salas e da quantidade de obras – "Era muito grande, a gente se perdia"; "Quantos quadros, santo deus! Não acabava nunca" –, e revela, durante esse passeio, sua ignorância no que se refere aos conhecimentos estéticos, de modo que, ao final da visita, resta apenas uma grande incompreensão e um imenso cansaço: "Mais quadros, ainda mais quadros, de santos, homens e mulheres com figuras incompreensíveis, paisagens toda escuras, animais que ficaram amarelos, uma confusão de pessoas e de coisas cujas cores violentas começavam a lhes causar uma grande dor de cabeça" (Zola, 1879, p. 98).

O Museu do Louvre é, de fato, um dos locais prediletos, na literatura do século XIX, para a ambientação de cenas em que se requer o contato dos personagens com a arte, não apenas pela monumentalidade do palácio transformado em espaço expositivo, mas também pelo número e pela diversidade de obras de seu acervo: são séculos de arte ocidental, da Idade Média ao século

XIX, em galerias que avizinham antiguidades egípcias, gregas, romanas, bem como a arte islâmica, entre outras. Embora com objetivo bem distinto do de Zola, Michel Butor elege o Louvre como local para as deambulações de seu personagem Léon Delmont, de *La Modification*,[28] rememoradas durante o trajeto de trem que o leva de Paris a Roma.

Na célebre resenha redigida por Michel Leiris, um ano após sua publicação, o crítico destaca a arquitetura ao mesmo tempo clássica e luxuriante do livro, como a de um monumento barroco, sua "matéria abundante e diversa", sua potência poética ao viajar por tempos históricos ou pelos mitos, mesmo em sua objetividade descritiva. Escrupulosamente realista, o romance coloca em cena uma tomada de consciência, uma interrogação essencial, expressa em sua "modernidade estritamente fotográfica" (Leiris *in* Butor, 1957 [1980], p. 311).

Embora discordemos do autor no que se refere ao efeito "fotográfico" da narrativa, mais próximo, a nosso ver, de um "efeito de real" que apela para os detalhes descritivos para criar a ilusão da verossimilhança, nos termos de Barthes (1982, p. 89), a análise de Leiris leva em conta os diversos níveis da obra, desde o psicológico, o histórico e o mítico, de modo que a descrição minuciosa do itinerário material revela-se, para ele, um itinerário espiritual com características de peregrinação iniciática. Sua leitura é ainda mais fecunda por se tratar de um livro que, segundo ele, abre a cada vez novas perspectivas, e novas relações se estabelecem entre os diversos elementos, de modo que sua investigação poderia se tornar interminável caso não se decidisse interrompê-la em determinado momento. Contudo, Leiris não analisa o papel das obras de arte citadas e as evoca apenas na medida em que representam um dos "lugares fictícios" por onde passa o "móbile" que constitui o compartimento de trem. São essas obras e o efeito que produzem na narrativa que pretendemos analisar em seguida.

Também Roland Barthes comenta *La Modification*, enfatizando as grandes diferenças em relação a Robbe-Grillet. Barthes diz que, para Butor, o caminho percorrido pelo trem adquire potência criativa de consciência:

> Há o mundo da letra: uma viagem de trem de Paris a Roma. Há o mundo do sentido: uma consciência modifica seu projeto. Quaisquer que sejam a elegância

---

28 Terceiro romance de Butor, publicado no mesmo ano que *La Jalousie*, de Alain Robbe-Grillet, *Le Vent*, de Claude Simon, e *Tropismes*, de Nathalie Sarraute, *La Modification* recebeu de imediato uma recepção bastante favorável da crítica. Obteve o prêmio Théophraste Renaudot no ano de sua publicação e foi traduzido em 20 línguas; é um dos romances mais lidos do *nouveau roman*.

e a discrição do procedimento, a arte de Butor é simbólica: a viagem significa algo, o itinerário espacial, o itinerário espiritual (ou memorial) trocam suas literalidades e é essa troca que é significação. (Barthes, 1964, p. 103)

Mais uma vez estamos diante de temporalidades complexas que entram em choque com a espacialidade. *La Modification* é uma narrativa ferroviária; o narrador encontra-se "imobilizado" no compartimento do trem que, por sua vez, desloca-se durante a viagem entre duas cidades que estão ligadas por inextricáveis trajetos mentais. A narrativa se constitui como um longo monólogo interior que se inicia com a seguinte frase: *"Vous avez mis le pied gauche sur la rainure de cuivre, et de votre épaule droite vous essayez en vain de pousser un peu plus le panneau coulissant"* ["Você colocou o pé esquerdo sobre a ranhura de cobre e com o ombro direito tentou em vão empurrar um pouco mais o batente da porta corrediça"] (Butor, 1957 [1980], p. 7).

Cabe, aqui, retomar o sentido do pronome *vous*, objeto de inúmeras análises, no sentido dessa importante tomada de consciência do personagem-narrador. De um lado, o *vous* pode ser caracterizado como "aquele a quem se conta sua própria história", "aquele a quem se dá a palavra", como numa narrativa "didática" (Butor, 1974, p. 52). De outro, a segunda pessoa é também aquela empregada para forçar alguém a dizer algo, como nos interrogatórios policiais, na linguagem jurídica, quando ele não consegue contar sua própria história ou quando a linguagem lhe esteja interditada. Evidencia-se desse modo um dos principais elementos da narrativa, que é a tomada de consciência e a modificação que ela acarreta: como o personagem não consegue contar sua própria história, é preciso que ela seja contada por alguém que o faça falar. Essa forma intermediária entre a primeira e a terceira pessoa permite ao escritor "descrever a situação do personagem e a maneira como a linguagem nasce nele" (Butor *apud* Leiris, 1957 [1980], p. 290). Barthes (1964, p. 103) corrobora essa afirmação ao dizer que, para ele, o uso do *vous* é "literal", e não apenas um artifício formal: "[O *vous*] é o do criador à sua criatura, nomeada, constituída, criada em todos os seus atos por um juiz e genitor. Essa interpelação é capital, pois institui a consciência do herói (...)."

Lembremos que o personagem central, Léon Delmont, é diretor, na França, da firma italiana Scabelli, que fabrica máquinas de escrever; por isso, frequentemente deve ir à capital italiana a negócios, quando, então, tem a oportunidade de se encontrar com Cécile, sua amante romana. Essa viagem, que ele faz regularmente por motivos profissionais, é, dessa vez, oficiosa. Sua ideia é surpreender a jovem Cécile para anunciar sua decisão de se separar definitivamente da esposa Henriette e de se instalar com ela em Paris. O monólogo interior efetua trajetos temporais desconectados: as lembranças das viagens anteriores, a rememoração de sua vida parisiense, a evocação das visitas a Cécile, os projetos para o futuro e os pensamentos que lhe ocorrem no trem a respeito das pessoas que dividem com ele o compartimento se "telescopam". Tudo isso "remontará nele como uma onda, refluirá em sua reflexão e o submergirá a ponto de fazer com que mude sua resolução de 'romanizar' Paris instalando ali sua amante" (Dällenbach, 1972, p. 26).

As obras de arte estão no centro dessa "modificação" e tomada de consciência do personagem. A visita ao Louvre, rememorada durante a viagem de trem, ocorreu ao retornar de uma de suas idas à Itália. Tendo chegado pela manhã a Paris, depois de uma noite no Rome-Express, em vez de ir para casa, como de costume, e em seguida ao escritório, decidiu *flâner*, como se fosse um turista romano em Paris (Butor, 1957 [1980], p. 61), cujos passos o conduziram ao Arco do Triunfo do Carrossel e, logo em seguida, às galerias do museu. Após atravessar as salas onde estão reunidas as obras do século XVIII, passando os olhos "sobre os Guardi e os Magnasco da primeira [sala], sobre os Watteau e os Chardin da segunda, sobre os [pintores] ingleses e os Fragornard da terceira; foi apenas na última que você parou, não por Goya nem por David", grandes nomes que atraem normalmente os visitantes. O olhar de Léon Delmont se detém em dois quadros do italiano Giovanni Paolo Pannini (1691-1765), cuja descrição pictural é a seguinte:

> O que você examinou amorosamente, para onde seus passos o levaram, são dois grandes quadros de um pintor de terceira ordem, Pannini, representando duas coleções imaginárias expostas em salas muito altas, extremamente amplas, onde personagens importantes, eclesiásticos ou cavalheiros, passeiam em meio às esculturas, entre as paredes cobertas de paisagens, esboçando gestos de admiração, de interesse, de surpresa, de perplexidade, como os visitantes na Sistina [...]. (Butor, 1957 [1980], p. 64-65)

Os quadros desse pintor "de terceira ordem" chamam a atenção de Delmont, ou melhor, são "amorosamente" examinados por ele, sem dúvida pela dupla representação de Roma, cidade para onde ele se dirige naquele mesmo momento, ao encontro de sua amante Cécile, e que ele conhece bem por tê-la visitado já inúmeras vezes.

Se, de um lado, a observação dos quadros pelo personagem é detalhada e apaixonada, de outro, a descrição propriamente dita dos quadros que nos oferece esse narrador, nesse primeiro fragmento, é concisa e sintetiza aquilo que ambas as telas representam: duas coleções imaginárias. Trata-se dos *Galerie de vues de la Rome moderne* (1759) e *Galerie de vues de la Rome antique* (1758), do Museu do Louvre, representando *vedutas*,[29] um tipo de pintura que garantiu ao artista Pannini celebridade. Pela semelhança das telas, a descrição se aplica a ambas, sem distinção, o que nos faz pensar que não é exatamente o objeto da figuração que interessa, embora interesse ao personagem, que se diverte ao reconhecer nas telas os diferentes monumentos romanos, como se pode ler no parágrafo seguinte sobre a *Galerie de vues de la Rome antique* (Fig. 8):

> [...] você se divertia em reconhecer o Coliseu, a basílica de Maxêncio, o Panteão, tais como eram há duzentos anos, mais ou menos no momento em que Piranese os gravou, esses três capitéis brancos pouco acima do nível do solo, que são os do templo de Marte Ultor sob os traços de Augusto no fórum deste, agora muito altos sobre suas magníficas colunas, o pórtico do templo de Antonino e Faustina com a fachada da igreja que haviam construído no interior e que ainda não foi demolida, o arco do triunfo de Constantino e o de Tito, à época todo encaixado nas casas, as termas de Caracala em pleno campo, e o misterioso templo redondo, chamado de Minerva Médica, que se cruza de trem quando se chega à estação. (Butor, 1957 [1980], p. 65)

Quanto à *Galerie de vues de la Rome moderne* (Fig. 9), o narrador distingue diferentes monumentos e esculturas que o levam, inevitavelmente, a Cécile:

> [...] o Moisés de Michelangelo no trono, e nos quadros todas as fontes de Bernini; com os olhos você passeia desde a fonte dos Rios, Praça Navona, à do Tritão, perto do Palácio Barberini, da Praça de São Pedro às escadarias da Trindade dos Montes, por todos aqueles lugares povoados, para você, pelo rosto de Cécile pela atenção de Cécile a quem você ensinou a melhor amá-los, por quem você aprendeu a melhor amá-los. (Butor, 1957 [1980], p. 69)

Os trechos descritivos permitem identificar vários níveis de leitura. A descrição é a ocasião de fazer um verdadeiro passeio pela tela e de enumerar esses monumentos arquitetônicos, contrapondo as imagens do passado às

---

29 De acordo com o *Dicionário de termos artísticos* (1998), de Luiz Fernando Marcondes, a palavra italiana *veduta* significa vista, olhada, e serve para denominar um desenho ou pintura que retrate um determinado lugar, um panorama, uma vista real de uma cidade. O termo foi mais aplicado no século XVIII a vistas de Veneza e de Roma, como nos trabalhos de Canaletto. Cf. http://cartelfr.louvre.fr/cartelfr/visite?srv=car_not_frame&idNotice=1653 e http://cartelfr.louvre.fr/cartelfr/visite?srv=car_not_frame&idNotice=1652.

do presente, a Roma antiga e pagã à Roma moderna e católica. Os quadros cristalizam a crise vivenciada pelo personagem durante sua viagem, sua hesitação entre duas cidades e entre duas mulheres, que se manifesta num entrelaçamento e numa dilatação espaço-temporais. Nesse sentido, não seria um equívoco pensar na função retórica desses quadros de pintura, uma vez que participam, ainda que inconscientemente, da tomada de consciência efetuada por Léon Delmont, assim como ocorreu com Jacques Revel, em *L'Emploi du temps*; elas exercem um "efeito persuasivo ou afetivo" (Bertho, 2015, p. 113)[30] sobre ele com as consequências que já mencionamos, em especial, a modificação de seus projetos.

A leitura dos quadros das vistas de Roma moderna e antiga configura a desconstrução do espaço-tempo pelos estados de consciência do protagonista, da mesma forma que a narrativa *La Modification* é tecida como uma complexa rede de temporalidades, em que o passado com suas reminiscências, o presente com suas construções imaginárias e os devaneios, bem como os sonhos projetados para o futuro entram em colisão durante o trajeto de trem. As unidades de espaço – o compartimento do trem – e de tempo – o trajeto de pouco menos de 24 horas no Paris-Roma – são ilusórias. Logo, a leitura do quadro simboliza a hesitação desse diretor de uma empresa de máquinas de escrever entre a atual esposa francesa, Henriette, e a jovem Cécile, que o espera na capital italiana, hesitação que chegará ao fim da viagem com a modificação, e o consequente abandono, do projeto inicial de Delmont.

Há de se destacar, ainda, que a descrição é acompanhada de comentários críticos que demonstram que o personagem, fascinado pela capital italiana desde a adolescência, detém um saber relacionado a esse tipo de pintura: o saber histórico e estético. Pode-se, então, evocar a função psicológica da referência à pintura, que atua como "elemento de caracterização de uma personagem", de modo a informar ao leitor que Léon Delmont é um conhecedor da arte (Bertho, 2015, p. 11). O narrador observa o que há de inusitado na pintura:

> [...] que não há nenhuma diferença de matéria sensível entre os objetos representados como reais e aqueles representados como pintados, como se ele quisera figurar em suas telas o êxito desse projeto comum a tantos artistas de seu tempo: dar um equivalente absoluto da realidade, o capitel pintado tornando-se

---

30 No caso da função retórica, Bertho assinala ainda que "o quadro adquire então o status de um actante, adjuvante ou oponente". Observa-se então a transformação narrativa gerada por uma pintura.

indistinguível do capitel real, com exceção da moldura que o envolve, assim como os grandes arquitetos ilusionistas do barroco romano pintam no espaço e dão a imaginar, graças a seus maravilhosos sistemas de signos, suas agregações de pilastras e suas voluptuosas curvas, monumentos rivalizando, enfim, no efeito e no prestígio, com as enormes massas reais das ruínas antigas que eles tinham perpetuamente sob os olhos e que os humilhavam, integrando metodicamente os detalhes de sua ornamentação como base para sua própria linguagem. (Butor, 1957 [1980], p. 64-65)

De modo geral, a presença de referências a obras de arte em um texto constitui um dos lugares mais privilegiados da codificação de saberes, de acordo com Liliane Louvel (2012, p. 62-63), cuja função seria a de dar ao texto um "verniz erudito, um alcance didático, até mesmo estético", pois parte-se do princípio de que, na arte, "os saberes e os pressupostos estéticos parecem já estar ali codificados", de modo que há a partilha de um saber comum ao leitor e ao autor.

Além de oferecer a ocasião de expor um conhecimento próprio à História e à História da Arte, como exemplo *a contrario* de Zola, anteriormente citado, que revela ao leitor a "ingenuidade e seu [das personagens] lamentável realismo" (Bertho, 2015, p. 112), a evocação das telas de Pannini é motivo para considerações estéticas a respeito do barroco e o uso do *trompe-l'œil* na arquitetura. A *mise en abyme* retratada nas duas telas, com seu sistema do quadro dentro do quadro e sua função estrutural, diz respeito a esse jogo entre a realidade e a ilusão, próprio ao barroco[31] e próprio ao romance tal como o concebe Butor. O escritor esclarece que percebeu "que só se podia falar de romance quando os elementos fictícios de uma obra se unificavam numa única 'história', um único mundo paralelo ao mundo real, completando e esclarecendo este último (…)" (Butor, 1974, p. 206). Para Dällenbach (1972, p. 29), o barroco romano não oferece ao romancista apenas um modelo, ele constitui a razão de viver de seu personagem, que acredita ter encontrado, em pleno cristianismo, a ressurgência da Antiguidade pagã.

---

31 No que se refere à analogia entre o *nouveau roman* e o barroco, Butor (1967, p. 3) reconhece, com efeito, que somente na modernidade o barroco foi realmente "revisto, revalorizado, compreendido"; e que os "pontos de contato entre o *nouveau roman* e o barroco seriam: a importância da reflexão especular (o teatro barroco é um teatro dentro do teatro), a deformação reflexiva deliberada, a importância dada ao detalhe, ao fragmento, etc.".

Nesse sentido, os quadros de Pannini resumem certos aspectos da história e são como um "desvio midiático", nesse caso, pela mídia pintura, para se tratar da própria literatura.

O jogo especular se prolonga visto que as telas do pintor italiano são como miniaturas da própria capital italiana,[32] inserida no espaço do museu francês; são um pedaço de Roma em Paris. A presença de Cécile em Paris, deslocada daquela cidade italiana, não resultaria em um fracasso antecipado, uma vez que Léon Delmont a ama na medida em que ela é o "rosto de Roma" (Butor, 1957 [1980], p. 238)? O que importa, para o personagem, não é a analogia entre as pinturas e a realidade monumental romana, mas a lição que os signos picturais lhe ensinam, uma vez que eles carregam um saber que o personagem deve desvendar: como conciliar Cécile e Paris.

A lição da pintura, ou o efeito de conhecimento que ela produz, pode ser exemplificada por um paralelo entre À *la recherche du temps perdu* e *La Modification*, paralelo estimulado pela análise, por Sophie Bertho, da interpretação que o narrador proustiano faz da *Caridade*, de Giotto. A alegoria de Giotto tem efeito deceptivo, pois teria revelado a Marcel que "a ideia da coisa nunca é congruente com a própria coisa". Bertho (2015, p. 116) explica:

> O mecanismo deceptivo das defasagens entre ideia e coisa, aparência e verdade, mecanismo ao qual obedecem de maneira *quasi* sistemática os seres e as coisas de À *la Recherche du temps perdu*, seria então iniciado e anunciado pela alegoria de Giotto, mais exatamente pela interpretação que dela faz Marcel. O afresco é emblemático porque resume; mas é também profético, pois, inserido logo no início da narrativa, anuncia o mecanismo em questão: 'a realidade tal qual a sentíramos e que difere tanto do que acreditamos'. [Proust, 1954, III, p. 881]

No caso de *La Modification*, os quadros simétricos de Pannini são emblemáticos pelo fato de resumirem o conflito interno do personagem e constituírem uma "miniatura", como já foi dito, mas também proféticos como a alegoria em

---

[32] É conhecida a fascinação de Butor pelas cidades, que são retratadas de modo diverso em seus romances. Sobre a escolha de Roma para situar *La Modification*, o autor diz: "Mes premiers voyages à Rome m'ont révélé le rôle de modèle que cette ville avait joué, continuait à jouer pour la mienne. Peu à peu, à cause sans doute du fait que mon père travaillait dans l'administration d'abord des chemins de fer du Nord, puis de la SNCF et que nous avions des facilités pour utiliser le train, c'est ce moyen de transport que j'ai utilisé pour relier les deux villes. Déjà dans *L'Emploi du temps* j'avais été frappé par la présence de villes les unes à l'intérieur des autres. Ici j'avais un exemple particulièrement frappant. J'ai fait plusieurs voyages à Rome pour approfondir la question". Disponível em: http://www.leseditionsdeminuit.fr/livre-La_Modification-1551-1-1-0-1.html.

Proust, uma vez que participam desse aprendizado dos signos que anunciam as interrogações e a consequente modificação do personagem, que descobrirá que a realidade difere daquilo em que ele acredita, ou acreditava.

A *mise en abyme* do romance dentro do romance estende-se para além da referência aos quadros simétricos de Pannini. Encontra-se na referência ao livro que Léon Delmont comprou na estação de trem, antes de embarcar, sem mesmo ler o título e o nome do autor, e que ficou intocado durante todo o trajeto, servindo apenas para marcar seu assento no compartimento nos momentos em que devia se ausentar. Ao final da narrativa, que coincide com a chegada a Roma e com a decisão de retornar a Paris sem sequer ter encontrado Cécile, surge novamente a menção ao livro esquecido, pelo personagem e pelo leitor:

> Você se levanta, veste seu casaco, toma sua maleta, apanha seu livro.
> O melhor, sem dúvida, seria conservar para essas duas cidades suas relações geográficas reais.
> e tentar fazer reviver, pela leitura, esse episódio crucial de sua aventura, o movimento que se produziu no seu espírito acompanhando o deslocamento de seu corpo de uma estação à outra através de todas as paisagens intermediárias,
> para esse livro futuro e necessário cuja forma você tem em mãos.
> O corredor está vazio. Você olha a multidão na plataforma. Você deixa o compartimento. (Butor, 1957 [1980], p. 285-286)

O "livro futuro", anunciado e materialmente equivalente ao que o *vous* leva consigo ao sair do trem, configura-se como a única saída possível para o personagem. A ambiguidade desse *vous* se manifesta aqui de forma mais acentuada entre o monólogo interior e o apelo ao leitor, ou seja, esse *vous* que nos designa, nós, leitores, que temos em mãos o livro intitulado *La Modification*.[33]

O livro futuro é aquele ele escreverá para "tentar fazer reviver pela leitura esse episódio crucial de sua aventura". Michel Leiris (*in* Butor, 1957 [1980], p. 292; p. 294) considera *La Modification*, nesse sentido, um livro "perfeito", pelo fato de se fechar sobre si mesmo e constituir a "narrativa de sua própria gênese, o resumo esquemático daquilo que podemos chamar de seu conteúdo manifesto". Dito de outra forma: trata-se do abandono do projeto de renovação da vida sentimental de um homem e a substituição desse projeto pelo da escrita de um livro cujo tema será esse abandono. Não podemos deixar de aproximar, mais uma vez, essa experiência de Léon Delmont com a do narrador de Proust,

---

33 Sobre a implicação do leitor na narrativa, cf. a leitura de Leiris (*in* Butor, 1957 [1980]).

que, ao final de sua trajetória, já distante de todas as ilusões, encontra sua vocação de escritor e o único meio de encontrar o tempo perdido.

O livro dentro do livro, equivalente aos quadros dentro do quadro de Pannini, vem, portanto, corroborar os jogos especulares que permeiam a narrativa como um todo.

> Você diz: seria preciso mostrar nesse livro o papel que Roma pode desempenhar na vida de um homem em Paris; poder-se-ia imaginar essas duas cidades superpostas uma à outra, uma subterrânea em relação à outra, com alçapões de comunicação que somente alguns conheceriam sem que nenhum, sem dúvida, conseguisse conhecê-los todos, de tal maneira que para ir de um lugar a outro poderia haver certos atalhos ou desvios inesperados, de tal maneira que a distância de um ponto a outro, o trajeto dum ponto a outro, seria modificado de acordo com o conhecimento, a familiaridade que se tivesse com essa outra cidade, de tal maneira que toda localização seria dupla, o espaço romano deformando mais ou menos para cada um o espaço parisiense, autorizando encontros ou induzindo a armadilhas. (Butor, 1957 [1980], p. 280)

No início deste capítulo, afirmamos que as obras de arte descritas nos três romances aqui analisados – *Passage de Milan*, *L'Emploi du temps* e *La Modification* – são alicerces midiáticos aos quais se confia a *visibilidade* da estrutura narrativa e dos mecanismos que a movem. Partiu-se do pressuposto de que essas narrativas foram concebidas como arquiteturas complexas apoiadas nas unidades espacial e temporal, mas que são subvertidas pelas constantes colisões temporais a que são submetidas. As descrições de obras de arte – pintura, tapeçaria, vitral – ocupam um lugar central no sistema de refração caleidoscópico que se forma com a montagem e a desmontagem de tempos heterogêneos, que acabam por deslocar também as referências espaciais. Colocadas em abismo no texto, as imagens resumem de forma emblemática as complexas narrativas e determinam premonitoriamente os acontecimentos, refletindo ainda o conflito interno dos personagens.

O sistema de refração em *Passage de Milan* é desencadeado por uma pintura, ou melhor, pela descrição de seu processo feita pelo próprio artista Martin de Vere. Trata-se de uma écfrase na medida em que o quadro é um objeto designado como tal na narrativa; contudo, é uma écfrase fragmentada que produz uma imagem estilhaçada, submetida que está à mobilidade constante dos deslocamentos espaço-temporais. Essa pintura, ao que tudo indica, é imaginária, no sentido de que não se pode determinar se de fato existe uma imagem real geradora da ficção. Mas marcadores da picturalidade encodados no texto colaboram para criar um efeito-quadro, no sentido definido por Louvel (2012, p. 52) de um "efeito fugaz", no nível da recepção: "O efeito-quadro surge, então, como reminiscência, como rastro mnésico". Camadas visuais se interpõem entre o texto e a memória, no nosso caso, imagens de Mondrian, Klee e Duchamp, embora esses nomes não sejam citados explicitamente. Coletadas em nosso repertório individual e confrontadas a outras referências e textos que vêm corroborar nossa hipótese, essas imagens saturam o texto de picturalidade e dão a esse efeito de leitura o alcance de uma descrição pictural.

Em *L'Emploi du temps*, de todos o mais complexo, a tapeçaria e o vitral colocam o personagem-escritor do diário diante de imagens que ele busca decifrar, para esclarecer para si mesmo algo que permanece obscuro e inconsciente – o crime, o fratricídio – do qual poderia ser o autor. Sua memória é colocada à prova pela escrita "a contrapelo" do diário, no momento em que tenta restituir essas imagens perturbadoras, apesar das explicações objetivas que recebe, e às quais ele retorna mais de uma vez. Ambas as imagens são transposições do texto mítico e bíblico, e não descrições de obras pictóricas existentes, ao que tudo indica, embora se possam encontrar esses motivos e as figuras de Teseu e de Caim em diversas representações. A materialidade das mídias participa do processo de conhecimento pela imagem: a imagem no vitral só se revela na segunda visita à catedral, com o tempo menos chuvoso e com mais luminosidade; a tapeçaria de Teseu e o Minotauro conjuga na mídia mais de uma significação: primeiro, remete com evidência ao labirinto e ao fio de Ariadne que garantiu o sucesso de Teseu; remete sobretudo à tessitura como texto, no sentido barthesiano, o do escritor Butor que se espelha na escrita do diário por Revel.

Aqui, também a écfrase está presa tanto a esse tecido de sentido e não sentido quanto à composição em mosaico do vitral, cuja midialidade depende não apenas do jogo de transparência da luz, mas também da reunião das seções planas de vidro colorido para formar imagem.

Em *La Modification*, as pinturas de Pannini são alicerces duplamente significativos: elas formam um sistema, espelhando-se uma a outra, mas também são reflexivas do ponto de vista da figuração, ao colocarem em cena composições em abismo da cidade de Roma em Paris, "duas cidades superpostas uma à outra, uma subterrânea em relação à outra", como sugerido no trecho anteriormente citado. Essas imagens produzem efeitos de conhecimento que ilustram o conflito interno do personagem Léon Delmont e participam da tomada de consciência desencadeada na viagem de trem. Poderíamos avançar que os quadros de Pannini, por serem em si composições em abismo, são os que tornam mais visível a estrutura narrativa atravessada pelas múltiplas temporalidades.

As obras de arte tornam-se, em todos os casos, imagens dialéticas a partir do momento em que, desmontadas pelo tempo, ressurgem como imagens de memória intermitentes presas à letra do texto, "alçapões" ou "desvios inesperados" que permitem a *passagem* de uma temporalidade a outra, de um espaço a outro; que permitem pensar a estrutura com a desestruturação.

3. MESA DE MONTAGEM

DESRAZÃO GRÁFICA E
COLAGEM DE CITAÇÕES

> J'écris rarement sur place. Je ne tiens pas de journal de voyage. Je parle d'un lieu dans un autre et pour un autre. J'ai besoin de faire voyager mes voyages. Entre deux termes d'une de mes phrases, ou d'un de ces sites verbaux que je détache et marque, la terre tourne.
> Je me suis constitué ainsi tout un système de patries que j'améliore peu à peu, ou plutôt: je me suis constitué ainsi en un système de patries qui s'améliore peu à peu, ou plutôt: tout un système de patries qui s'améliore me constitue peu à peu.
> Et j'envoie ce texte, depuis les Alpes-Maritimes, à la fois à Paris et en Australie, pour qu'il se diffuse en bien d'autres lieux.
>
> Butor, "Le Voyage et l'écriture".

Do romance aos livros-objetos, dos quadros às mesas de montagem, a escrita de Michel Butor explode.

Em 1994, ao escrever "Elogio do tratamento de texto", quando utiliza ainda um antigo computador cuja lentidão e rigidez ele lamenta – "A tela é muito pequena a meu gosto; gostaria que ela tivesse o formato A4, o tamanho de uma folha datilografada habitual e, naturalmente, gostaria que tivesse iluminuras coloridas" –, Michel Butor (2011, p. 49-51) antevê os recursos infinitos dessa ainda "estreita lucarna" que o convida a muitas "prodigiosas aventuras de transcrições e traduções, de combinações e multiplicações".

Desde seus primeiros romances, lançou-se em "aventuras tipográficas" que, muitas vezes, desconcertaram tanto os editores quanto os críticos. Uma reflexão sobre a visualidade da letra impressa no espaço da página do livro, aliada à reflexão sobre a citação e o procedimento poético da colagem, acompanham desde sempre sua prática literária que se volta para a poesia e a realização de trabalhos em colaboração com artistas plásticos, como veremos nos capítulos seguintes deste trabalho.

Os procedimentos editoriais que utiliza resultam em textos cada vez mais experimentais, envolvendo o suporte e a inscrição da letra nesse suporte, a tipografia e a diagramação. A colagem de citações, por sua vez, evidencia as "qualidades cromáticas e estilísticas" dos fragmentos que são justapostos em mosaico, como um procedimento bastante atual de "generalização do diálogo" herdado dos cubistas (Butor, 2003, p. 34-35).

Partimos da hipótese de que a reflexão sobre a colagem e a citação, a visualidade da escrita e a superfície da página, participa de uma questão mais ampla sobre o entrelaçamento espaço-tempo que o autor busca constantemente com sua escrita *móbile*, como já se buscou demonstrar no capítulo anterior dedicado aos romances. Em sua utopia da ubiquidade, que supõe "falar de um lugar em um outro e por um outro" e "fazer viajar suas viagens", conforme diz a epígrafe acima, a escrita ocuparia um hiperlugar em constante embate com a materialidade física do livro, espaço consagrado da literatura. Essa reflexão envolve ainda uma questão sobre o lugar – *le génie du lieu* – que também deve ser pensado como deslocamento – "ao mesmo tempo, lugar do trabalho e trabalho do lugar" (Didi-Huberman, 2001, p. 13)[1] –, e não como *non-lieu*, ausência ou recusa do lugar. Nesse sentido, citar também é deslocar um texto de um lugar para o outro, e deixar rastros de um texto em outro.

São vários os textos ensaísticos que tratam de sua relação com a edição, além do já citado "Elogio do tratamento de texto": "Escrever é um gesto", "Sobre a página", "O livro como objeto", "A literatura, o ouvido e o olho", "Éloge de la machine à écrire", a maior parte reunidos em *Répertoire II e III* (ŒC II). Neles, o escritor revela sua concepção da escrita enquanto gesto, faz o elogio do tratamento de texto que acabara de descobrir, reflete sobre esse tipo específico de livro que é o livro de artista. A reflexão sobre o livro está no centro dessa discussão. O livro é um objeto que deve ser visto como tal, como objeto, e não apenas como o suporte de um conteúdo textual, um receptáculo do texto, capaz de conservar as palavras. Talvez o artigo mais completo escrito pelo autor sobre a edição seja "Propos sur l'écriture et la typographie" (Considerações sobre a escrita e a tipografia), de 1972,[2] no qual ele explica detalhadamente seu "sistema de escrita, o qual se confunde

---

1 O trecho citado se insere em uma reflexão sobre o trabalho do artista Parmiggiani, em especial sobre o ateliê, que estendemos, aqui, ao local de trabalho do escritor: "Est-ce déjà dire que l'atelier de l'artiste – tout à la fois lieu du travail et travail du lieu – doit être pensé comme un transport, une delocazione?".
2 "Propos sur l'écriture et la typographie" foi traduzido com o título de "Considerações sobre a escrita e a tipografia" por meu orientando, Guilherme da Cruz e Zica, que o analisou em sua monografia de bacharelado em Francês: *Michel Butor na tipografia: desenredando*

com suas experimentações em tipografia" (Butor, 2013, p. 4). A comparação com a música, já recorrente em sua obra, também se aplica à edição:

> Sonho poder utilizar melhor esta 'orquestra' em que cada caractere tem um timbre, exatamente como um instrumento de música. Neste momento, novos caracteres poderiam introduzir instrumentos novos, sentimentos novos, como fazem os instrumentos de música na orquestração. (Butor, 2013, p. 18)

Reconhecemos aqui o legado de Mallarmé, herdeiro da tradição de tipógrafos do século XVI, atento aos cartazes, aos jornais e às publicidades de sua época, e eleito por Michel Butor (1964, p. 125) como um dos maiores mestres dessa "física do texto impresso". De fato, a partir de Mallarmé, a cultura do alfabeto foi tomada pela imagem e tanto a literatura quanto as artes visuais testemunharam o surgimento de inúmeros exemplos que evidenciam a "espessura do signo visual", o fato de que a palavra é também uma estrutura visual, com suas regras e suas restrições. É, portanto, a partir do século XIX que se intensifica a percepção da escrita como visualidade, ainda que artistas ou tipógrafos sempre tenham animado o "espírito da letra", retomando o título do ensaio de Barthes sobre a coleção de alfabetos de Massin, revelando que a escrita ocidental não havia cortado inteiramente os laços com sua origem icônica, a exemplo das capitulares medievais, do alfabeto de Daumier e do de Erté, ou das letras figuradas destinadas aos livros infantis (Figs. 10). Em seu artigo, Barthes (1990, p. 93-96) ressalta o caráter de "metamorfose figurativa" da letra, diz que Massin resgata sua iconicidade e nos força a "rever alguns de nossos preconceitos" sobre sua função linguística, pois o livro "traz muitos elementos para a abordagem atual do significante".[3]

"No Ocidente, a escrita é um caso particular do desenho", afirma Butor (1974, p. 238) em consonância com Christin (1995), ao reiterar esse movimento de resgate da iconicidade da escrita.[4] Em *Les Mots dans la peinture* (1969), livro

---

a escrita, defendida em 2013 na Faculdade de Letras da UFMG. Todas as traduções desse texto para o português foram extraídas da referida monografia.

3 Massin é uma figura emblemática do universo do grafismo francês. Além de tipógrafo, ilustrador e fotógrafo, ele é autor de livros, dentre os quais destaca-se *La Lettre et l'image*, que reúne uma coleção impressionante de alfabetos. "O espírito da letra" é uma resenha redigida por Roland Barthes a esse livro. Massin tornou-se célebre pela interpretação tipográfica e fotográfica da *Cantatrice chauve*, de Ionesco, bem como a diagramação de *Cent mille milliards de poèmes*, de Raymond Queneau.

4 A discussão sobre a origem icônica da escrita constitui a base de nossa pesquisa e já foi apresentada em outras ocasiões, de modo que não iremos retomá-la inteiramente aqui (cf. Arbex, 2006).

no qual o escritor investiga em diversos museus as telas que contêm palavras, letras ou traços de escrita, esse aspecto é particularmente enfatizado. "Eu agia um pouco como um pintor" (Butor, 1996, p. 193), diz ele, e, justamente por isso, foi "atacado" por infringir as fronteiras disciplinares, por colocar "estrategicamente" os artistas de seu lado, buscar seu apoio nessa empreitada iniciada com *Mobile*, como veremos adiante. Ao evidenciar a presença constante das palavras na pintura ocidental, o ensaio se destaca por confirmar, com exemplos diversos, o cruzamento de fronteiras entre as Letras e as Artes e a sobrevivência da imagem na escrita.

A emergência das "palavras na pintura" faz parte, do nosso ponto de vista, do "imaginário letrado" que caracteriza a terceira geração de escrita, conforme explica Christin (2013, p. 24-25): são criações atípicas que participam explicitamente da escrita, mas que deslocam seu alcance para longe das restrições linguísticas, como um retorno a suas fontes arcaicas para se obter efeitos textuais e plásticos inesperados. O retorno da escrita a suas origens icônicas é verificado ainda na história do livro ocidental, que buscou reintegrar essa matéria visual da escrita indispensável à leitura. As iluminuras, as caligrafias, as abreviações de palavras são exemplos de reintrodução, na escrita, de uma visibilidade ausente, como se vê nos exemplos coletados por Massin em *La Lettre et l'image* (1993).

Se a arte incorpora a escrita na superfície da tela, a literatura espelha esse movimento e dá cada vez mais a ver a imagem da escrita na página branca do livro. São diversas as metáforas utilizadas para aludir a esse movimento. No Prefácio ao *Un coup de dés jamais n'abolira le hasard*, Mallarmé evoca a "partitura" e a influência da "Música ouvida em concerto", uma vez que, "encontrando-se nesta muitos meios que [me] parecem pertencer às Letras, [eu] os retorno".[5] Em "Sur la page" (Sobre a página), Michel Butor (1964, p. 127) cita Paul Claudel, que, por sua vez, na esteira de Mallarmé, examina as propriedades da página, comparando-a, desta vez, com uma "paisagem em miniatura", com "varandas sucessivas de um grande jardim", com um gramado por onde o leitor poderá "passear", e não ler, preferindo dominar o conjunto, englobar de uma só visada a paisagem do que se deter nos detalhes.

Além da comparação com a música e a arte da paisagem, não podemos deixar de citar a comparação com a pintura no prefácio que Michel Butor escreveu, em 1966, para a edição de *Calligrammes: poèmes de la paix et de la*

---

5 Cf. a tradução de Mallarmé realizada por Haroldo de Campos (in Mallarmé, 2006)

guerre (1913-1916), de Guillaume Apollinaire, que se inicia destacando o caráter profético de sua poesia:

> Apollinaire foi um dos primeiros a compreender poeticamente que uma revolução cultural estava implicada na aparição de novos meios de reprodução e transmissão; que o fonógrafo, o telefone, o rádio e o cinema (sem falar da televisão e da gravação magnética), meios de conservar e difundir a linguagem ou a história sem passar pelo intermédio da escrita, obrigavam a ver essa escrita de outra forma, particularmente, a interrogar de maneira nova esse objeto fundamental de nossa civilização que é o livro. (Butor *in* Apollinaire, 1925, p. 7)

O crítico Butor relembra que a escrita é uma imagem e que o problema de suas relações com outros tipos de imagens é tão antigo quanto ela própria; a "rapidez excessiva de leitura" à qual o desenvolvimento e a multiplicação do impresso – a "reprodutibilidade técnica" (Benjamin, 1994, p. 165-196) – submeteu o leitor veio apenas contribuir para mascarar, de certa forma, esse fato em nossa consciência ocidental.

Apollinaire faz parte daqueles que souberam se liberar dessa visão estreita e ver na escrita sua iconicidade. Isso se deve, de acordo com Butor, ao interesse precoce do poeta de *Zone* pela escrita cuneiforme e chinesa, pelos livros medievais com iluminuras e os livros renascentistas, bem como pela pintura cubista com a qual dialoga ao dizer a frase que se tornou célebre: "Eu também sou pintor", como uma resposta poética à introdução de letras e palavras na pintura de Georges Braque e de Pablo Picasso. As inovações estavam presentes já na coletânea poética *Alcools* (1920) – e, antes disso, na *Prose du transsibérien et la petite Jeanne de France* (1913), de Blaise Cendrars –, na qual se verifica a supressão da pontuação, que altera, entre outros, o aspecto visual do texto, atribuindo-lhe uma "nova cor tipográfica" (Butor *in* Apollinaire, 1925, p. 9). O deslocamento da margem também colabora para uma leitura diferenciada do poema, uma vez que supõe um distanciamento e uma colocação em perspectiva, deslocamento chamado de expressivo em oposição à margem clássica, mais simétrica. Em *Calligrammes*, o poeta introduz outras novidades, como o tamanho das letras de acordo com as variações da intensidade da voz, a mudança na direção das linhas, cujo exemplo mais conhecido é "Il pleut" (Chove) (Apollinaire, 1925, p. 64). Ao se esforçar em "rivalizar com a pintura", Apollinaire desenvolve e aprofunda uma reflexão sobre a disposição da escrita na página e, utilizando os meios técnicos de sua época, dá origem a caligramas figurativos de uma "potência plástica" (Butor *in* Apollinaire, 1925, p. 16) considerável, que vão do poema-pintura ao poema-natureza-morta e que anunciam a poesia de um Francis Ponge.

> Mas se já vimos alguns dos brotos de seu livro desabrochar anos mais tarde em impressionantes ramos, muitas mudas desse buquê ainda dormem à espera de um jardineiro. Na curva dessas páginas-pétalas, tesouros de grãos virulentos, inúmeras chaves para 'o tempo da Razão ardente' esperam suas mãos e seus olhos. (Butor *in* Apollinaire, 1925, p. 17)

A conclusão do prefácio aos *Calligrammes* em poéticas imagens botânicas, acima citada, figura, dessa forma, como um convite a continuar as aventuras tipográficas de Apollinaire; convite aceito pelo próprio Butor, que faz florescer em "impressionantes ramificações" a poética mallarmeana tanto quanto apollinairiana. A "potencialidade figural da linguagem escrita" (Sirvent, 2012, p. 284) não se manifesta necessariamente, em Butor, pela figuração, como em certos caligramas, mas pela figurabilidade produzida pelo jogo da tipografia na superfície da página.

O segundo aspecto a ser discutido neste capítulo diz respeito à colagem. É preciso retomar algumas considerações sobre isso, antes de passarmos adiante. Termo proveniente da pintura, a colagem designa os procedimentos que consistem em colar materiais heterogêneos sobre as telas e, por extensão, torna-se sinônimo de citação e intertexto, remetendo a qualquer fragmento (seja verbal ou não) integrado em um novo conjunto (Piégay-Gros, 1996, p. 180). Na literatura, o exemplo de Apollinaire é com frequência citado como pioneiro. Em *Calligrammes*, há poemas compostos de anúncios, títulos de jornais, pedaços de envelopes de cartas ("Lettre-Océan") ou que parecem inteiramente fabricados de frases e de pedaços de conversas captadas ao acaso e coladas umas às outras ("Lundi rue Christine"). Mas Lautréamont já o havia explorado, de modo menos visível, embora tanto quanto subversivo, em *Les Chants de Maldoror*, assim como tantos outros.[6] Piégay-Gros (1996, p. 143-146) observa que não é surpreendente que a intertextualidade encontre na prática pictural das colagens um reflexo fiel de sua própria maneira de proceder, pois o escritor, ao convocar o texto dos outros para o seu próprio e incluir ali uma peça heterogênea, também faz do texto um espaço de invenção.

---

[6] A partir de Lautréamont, os surrealistas e dadaístas desenvolveram uma teoria e uma prática da colagem. Aragon discorre sobre o plágio em *Traité du style*, Tzara destaca o papel da tesoura na escrita do "Poema dadaísta", assim como Breton, no *Manifesto do surrealismo*. Discutimos o procedimento da colagem em alguns artigos (Cf. Arbex, 1998, 2002).

Consideramos a colagem como um procedimento que vai além da técnica do recortar-colar, tanto nas artes quanto na literatura: trata-se de um procedimento poético que implica a questão da propriedade autoral e dá a ver a estética ou poética do artista/autor, as "técnicas compositivas do texto", como diz Augusto de Campos (1989, p. 27) a respeito de *Mobile*. A afirmação de uma poética da colagem decorre de leituras de Louis Aragon a respeito de Max Ernst, sobretudo. Aragon considera a colagem mais semelhante às operações de magia do que à pintura; ele chama a atenção tanto para seu lado malicioso-divertido – ilusão, truque, mágica –, quanto malicioso-crítico – recriação, nova realidade, reaproveitamento de material vulgar e "pobre". Benjamin (2006, p. 502) vai ao encontro de Aragon ao dizer que se interessa pelos restos, no livro das *Passagens*: "Não surrupiei coisas valiosas, nem me apropriei de formulações espirituosas. Porém os farrapos, os resíduos: não quero inventariá-los, e sim fazer-lhes justiça da única maneira possível: utilizando-os". A colagem é capaz de produzir um efeito de conhecimento visual capaz de "despertar para uma nova realidade" (Aragon, 1981, p. 13-14). Desde as experiências surrealistas, a colagem é vista em sua qualidade de contestação da realidade tanto pela mudança de valor quanto ao sentido das imagens.

Para Jean-Yves Bosseur, cujo pensamento sobre o assunto resumiremos em seguida, é preciso distinguir a colagem da citação e da montagem, termos comumente usados para designar tal procedimento de empréstimo. O emprego da citação traduziria uma certa preocupação com o "reconhecimento", com uma atitude crítica, no sentido de o autor buscar inserir seu pensamento num campo historicamente mais extenso que poderá ser identificado por seus leitores. A colagem pertenceria a um campo mais amplo de investigação; não se limita aos elementos já elaborados e pode recorrer a fenômenos brutos, retirados do ambiente imediato, às vezes apresentados como "objetos encontrados" (*objets trouvés*). Cria-se, assim, um efeito de surpresa, de choque entre os elementos colados que nem sempre respondem a uma organização estruturada, como na citação. No que diz respeito à montagem, ela se caracterizaria, primeiro, pela heterogeneidade do material e/ou do estilo, pois a presença de rupturas mais ou menos aparentes impede a sensação de continuidade; segundo, pelo intercâmbio entre as partes ou pelo novo modo de relação entre as partes e o todo; enfim, a abolição da ideia de fechamento em favor da fragmentação e da abertura.

Como se percebe, as fronteiras entre os três termos são bastante tênues (Bosseur, 2002, p. 8-9). O que se diz sobre a descontinuidade da montagem também caracteriza muitas vezes a colagem que, por sua vez, pode ser utilizada como sinônimo de citação, principalmente a partir dos estudos da intertextualidade. Compagnon (1996, p. 41) chega a afirmar que "a citação é um operador trivial de intertextualidade". Observamos que o uso de determinada terminologia decorre, muitas vezes, da área geográfica a partir da qual se observa o fato: na Alemanha, desde o início do século XX as colagens fotográficas foram intituladas de fotomontagens, enquanto na França os trabalhos que usavam essa técnica eram chamados de colagens, em particular no âmbito do surrealismo. Também os autores que se interessaram pelo procedimento adotam uma ou outra terminologia. Assim, do lado francês, André Breton, Louis Aragon, Max Ernst não hesitam em falar em colagem; do lado alemão, Walter Benjamin, Theodor Adorno, Ernst Bloch preferem o termo montagem. A montagem, do ponto de vista técnico, estaria mais associada às artes cujo desenvolvimento se efetua no tempo, como o cinema, mas sua acepção foi alargada e, assim, como a colagem, passou a designar um gesto de ruptura com a obra de arte considerada como coerência de sentido.

Olivier Quintyn (2007, p. 20) também nota essa indeterminação terminológica provocada, sem dúvida, pela disparidade das formas plásticas (colagem, assemblagem, *ready-made*, *cut-up*, poemas-colagem, romance-colagem) e procura um princípio comum a todas elas. O termo colagem, para ele, designa as práticas baseadas na heterogeneidade formal de seus constituintes e na introdução, no campo artístico, de objetos ou fragmentos não especificamente considerados artísticos. Resulta de uma estética do "choque": entre superfícies, objetos, entre um objeto e um contexto de exposição. Trata-se, ainda, de uma técnica ou estratégia de composição que resulta da copresença crítica de formas, de simultaneidades de apresentação. Sua proposta se situa, portanto, na esteira de Aragon no sentido da valorização da colagem como procedimento, ou dispositivo,[7] como ele prefere dizer, crítico, e por isso adquire uma maior amplitude, abarcando diversas práticas, das vanguardas às mais contemporâneas.

Para estudar o caso de *Mobile*, *Réseau aérien* e *Le Génie du lieu*, adotamos o termo de "colagem de citações", no sentido amplo mais comumente utilizado pela crítica francesa, mas não hesitaremos em fazer uso do termo "montagem"

---

7 O autor define o "dispositivo" a partir de uma base comum a mais de um campo do saber (teoria literária, sociologia): "le dispositif serait une construction à partir d'entités ontologiquement distinctes, et où cette distinction même devient un principe de fonctionnement et d'articulation de la différence pour produire un effet réel et/ou symbolique" (Quintyn, 2007, p. 26-27).

no sentido que lhe atribui Didi-Huberman ao estudar a imagem dialética. Primeiro, pelo fato de se tratar de citações textuais e que implicam certo "reconhecimento" e inserção num determinado meio cultural para que seu alcance seja pleno. Trata-se, nesse caso, de citar um autor "como se fosse juridicamente, como testemunha" (Butor, 2003, p. 34). Segundo, essas citações são colagens na medida em que são empréstimos de materiais brutos, retirados do ambiente imediato, se seguirmos o que diz Bosseur, ou "inscrições diretas de um sistema simbólico", e não réplicas ou cópias, de acordo com Quintyn (2007, p. 31), como acontece no caso de Apollinaire, por exemplo.

Contudo, as citações coletadas não são inseridas no texto como se faz convencionalmente, para legitimar um discurso ou ilustrar um pensamento com as palavras de outro. Butor pratica, como Benjamim (2006, p. 502), a "arte de citar sem aspas" em correlação estreita com a montagem: "Não tenho nada a dizer. Somente a mostrar." Elas são "coladas" umas às outras, o que confere ao conjunto a heterogeneidade própria à montagem, com rupturas e aberturas – choques – ainda que o escritor tenha articulado o todo de acordo com princípios bem claros, conforme veremos adiante.

A citação constitui, ainda, segundo Quintyn (2007, p. 31), o "primeiro modo disponível de articulação do *mesmo* e do *outro* em um discurso", e por isso pode ser um *mediador* da colagem. Podemos dizer que a colagem se refere ao gesto inicial de coletar, extrair uma amostra, "dissecar" um objeto – lembrando da célebre frase de Lautréamont "Belo como o encontro ocasional sobre uma mesa de dissecação de uma máquina de costura e de um guarda-chuva" – inserindo-os ao lado de outros, heterogêneos, e a montagem seria um segundo momento do procedimento, aquele que se refere ao seu modo de organização, de reinscrição de um elemento na *mesa*, prancha, página.

MESA 1:
Aventuras tipográficas: "pequenas invenções discretas"

Revelar o branco do suporte livro, a visualidade e a materialidade escritural era, certamente, o projeto do poeta de *Um lance de dados* (1897) ao qual Michel Butor parece aderir. Na esteira desse "livro-partitura", ele consolida sua teoria sobre as qualidades plásticas da página, a tipografia e o que chama de a "física do livro" e de "partitura generalizada". Essa teoria está intimamente relacionada às reflexões sobre a poesia e como ela ocupa o espaço da página. "A página nunca é branca", diz Butor (1992, p. 117), "em todos os casos, o branco nunca é nada. O branco da página já é o resultado de um longo trabalho".

No sentido de evidenciar esse papel do branco da página, Pierre Duplan (1977, p. 296), ao estudar a semiologia da letra, em particular a tipografia impressa, avança que a escrita propõe, antes mesmo de ser lida, uma primeira relação com o leitor, que é formulada, ainda que implicitamente, por meio do suporte, a escala e o meio técnico empregado. Logo, aquém da mensagem textual, há uma primeira apreensão visual da escrita que é um componente fundamental da comunicação.

Em "A literatura, o ouvido e o olho", um dos textos ensaísticos de *Repertório*, ao tratar das insuficiências da escrita em transcrever os silêncios e a entonação próprios à voz, o autor discorre sobre o papel que os sinais de pontuação exercem nesses casos e como os escritores encontraram meios para supri-las. Relata, por exemplo, o caso de Balzac, que teria sido o primeiro, na esteira dos ingleses, em especial Laurence Sterne,[8] a introduzir o travessão no interior de uma frase para exprimir "certos acidentes do diálogo", as "pequenas finezas de conversa" que a pontuação convencional não permitia. Assim, o travessão viria "a pintar essas hesitações, esses gestos, essas pausas que acrescentam alguma fidelidade a uma conversa que o leitor então acentua muito melhor e a seu bel-prazer" (Balzac *apud* Butor, 1974, p. 234). O deslocamento da função das reticências também é assinalado: se antes elas designavam a incompletude de uma frase, atualmente podem significar a introdução de prolongamentos, "silêncios de expectativa", como em Nathalie Sarraute cujas páginas são "devoradas" pelas reticências (*ibid*., p. 234).

A colocação em prática dessa reflexão sobre as propriedades físicas do livro e os recursos tipográficos antecede a teorização. Embora de aspecto convencional, os primeiros romances publicados pelas Éditions de Minuit – *L'Emploi du temps*, *Passage de Milan*, *La Modification* e *Degrés* – já apresentavam essas "pequenas invenções discretas" (Butor, 1992, p. 34), uma vez que se tratava de obter resultados eficientes com uma extrema simplicidade de meios. "Não há nesses livros absolutamente nada daquilo que se poderia chamar tipografia 'de choque', uma tipografia de cartaz ou uma tipografia de

---

[8] Entre os escritores de língua inglesa, o nome de Sterne é com frequência citado pelo uso dos "laços" e "travessões", em *Tristan Shandy* (1759). Para Hoek (2006, p. 179-183), são casos de discurso sincrético, signos heterogêneos que dizem respeito ao texto e à imagem ao mesmo tempo.

estilo publicitário. Ao contrário. O pouco que há, foi necessário obtê-lo por ardil" (Butor, 2013, p. 17).

Em *L'Emploi du temps*, por exemplo, no último capítulo, as alíneas são colocadas no interior dos parágrafos e as frases não terminam com o ponto final, dando a impressão de que os parágrafos começam propositalmente com letras minúsculas.[9] Ao dividir desse modo o bloco do parágrafo, obtêm-se também efeitos tipográficos pelo foco dado a certos trechos, que ganham visibilidade. Assim, as sete repetições em início de frase do nome da personagem Ann, com a formulação "cette Ann (...)", visa talvez evidenciar a obsessão do narrador pela personagem – sua Ariadne, como vimos no Quadro 2 das GALERIAS –, criar jogos de palavras (*cette année, sept ans*), mas, sobretudo, criar um efeito visual pela dupla repetição das consoantes tanto no pronome demonstrativo quanto no nome próprio:

> où, cette Ann qui va se fiancer avec James [...],
> cette Ann dont bien évidemment je ne puis pas écrire le nom sans jalousie [...],
> cette Ann qui ne sait pas encore que je suis averti de ma condamnation [...],
> cette Ann aimante, en pleine joie [...],
> cette Ann à qui je ne pourrai plus maintenant faire comprendre mon malheur [...],
> cette Ann qu'il me faudra présenter aux Burton [...],
> cette Ann dont les yeux gris qui me regardaient si bien cet hiver [...]. (Butor, 1956 [1995], p. 350-351)[10]

---

9 Butor (1996, p. 82) relata suas dificuldades ao colocar em prática essas inovações: "Ça n'a pas été facile! Étant donné qu'il y avait de nombreux paragraphes sans majuscules ni point final, l'imprimeur ne comprenait pas. Il fallait sans cesse expliquer. En septembre 1956, *L'emploi du temps* a eu un premier tirage de 500 exemplaires, c'était rempli d'erreurs! Mais comme on a un peu parlé du livre, un second tirage a été nécessaire et j'ai pu apporter quelques corrections."

10 Preferimos citar o original no corpo do texto, neste e no exemplo seguinte do mesmo livro, para que se possa verificar o efeito da repetição. Na tradução para o português, *Inventário do tempo*, as alíneas iniciando com minúsculas foram mantidas e obteve-se efeito visual semelhante com a repetição das consoantes em "essa Ann": "em que essa Ann, que vai noivar com James [...], essa Ann, cujo nome evidentemente não posso escrever sem ciúme [...], essa Ann, que não sabe ainda que estou avisado de minha condenação [...], essa Ann amante, cheia de alegria [...], essa Ann, a quem agora não poderei mais fazer compreender a minha desgraça [...], essa Ann, que terei que apresentar aos Burtons [...], essa Ann, cujos olhos cinzentos, que me olhavam tão bem neste inverno [...]" (Butor, 1988, p. 290-291).

O efeito visual obtido pela repetição das letras e a presença de minúsculas em início do parágrafo confirmam que não se "pode alterar impunemente" a figura de uma palavra já consagrada ou as convenções de determinada língua. Raymond Queneau é um exemplo disto: ao escrever de um modo fonético – *Skeutadittaleur* e *Singermindépré*, ou Kekefoikevocêdiss e Sãgermãdeprê, na tradução para o português (2009, p. 13; p. 37) –, ele "atrasa a compreensão", cria um "embaraço que nele se resolve por um valor satírico ou sarcástico, o riso superando o obstáculo" (Butor, 1974, p. 237-238). No exemplo acima citado, o efeito pretendido não é o riso, nem apenas o fonético, mas poético, ritmado pela repetição sonora e visual das consoantes.

Procedimento semelhante ao da repetição de "*cette Ann*" se encontra em páginas anteriores de *L'Emploi du temps*, com as alíneas iniciadas com o nome da personagem Rose, repetido doze vezes, ainda que o efeito visual seja menos evidente do que no precedente, devido aos trechos-frases bem mais longos, o que dificulta sua percepção (Butor, 1956 [1995], p. 272-274).[11]

A introdução da novidade – as alíneas no interior dos parágrafos – se deve, segundo a explicação do autor, ao fato de suas frases serem muito longas e de precisarem ser esclarecidas, o que não deixava de provocar certo conflito com os editores que sempre reagiam na defensiva:

> Então, para esclarecer estas frases longas, dado que não sou Proust e que, além do mais, minhas frases são feitas a partir de uma forma diferente, para esclarecer essas longas frases – esclarecê-las para mim mesmo – inseri brancos nas frases, alíneas na linha subsequente. Isto só surpreende no interior do gênero romance, atualmente tão forte e [que], apesar de todas as novidades que se tentou introduzir nele, [permanece] tão restritivo... Há outros gêneros literários para os quais isso é absolutamente normal. (Butor, 2013, p. 14)

Se o primeiro motivo apresentado, mais didático – esclarecer as frases –, nos parece insuficiente, é preciso ler nas entrelinhas dessa alusão a outros gêneros literários a presença da poesia. Ao introduzir essas alíneas lá onde não se espera, introduz-se um branco inesperado que altera a mancha gráfica habitual do romance, fragmenta-se o bloco de texto, acrescentando um elemento de poeticidade ao romance.

---

11 Na tradução para o português, as vírgulas foram dessa vez substituídas por ponto final, ou mesmo suprimidas, criando parágrafos em vez de frases longas e anulando, portanto, o efeito pretendido (Butor, 1988, p. 225-227).

O procedimento já havia sido utilizado em seu primeiro romance, *Passage de Milan*. O capítulo XI (Fig. 11) nos oferece um exemplo de narrativa arejada pelo espaçamento não convencional, as frases começando por minúsculas, terminando com vírgulas, às vezes comportando poucas palavras, como versos de um poema. Cria-se um contraste com a mancha gráfica da maioria das páginas, que, por sua vez, ocupa quase completamente o retângulo reservado ao texto e cujo aspecto "monótono" é próprio ao romance, como diz Mallarmé (*apud* Butor, 1964, p. 126), com sua "insuportável coluna que nos contentamos em distribuir (…) centenas de vezes".

Além do motivo acima apresentado, os editores pediam para se evitar alíneas no interior dos parágrafos porque isso "gera experimentação… experimentação literária. E naquele momento, o termo 'experimentação literária' estava ligado a coisas antiquadas – que agora voltaram à moda –, isto é, a obra de Apollinaire, os futuristas russos etc." (Butor, 2013, p. 15).[12] Embora devedor de Apollinaire e das vanguardas neste e em outros aspectos – a colagem, por exemplo –, Michel Butor vai além do simples caligrama ou da tipografia com fins de propaganda. No contexto dos anos de 1950, contudo, essas experimentações tipográficas não condiziam aos olhos dos editores com as propostas inovadoras no plano da narrativa trazidas por alguns nomes ligados ao *nouveau roman*.

Em *Passage de Milan*, uma outra dificuldade tipográfica havia sido criada. Lembremos que a narrativa descreve os acontecimentos de uma noite, em um edifício parisiense, onde vivem muitas personagens, noite que culminará no assassinato da jovem Angèle durante sua festa de aniversário, como vimos no Quadro 1 de GALERIAS. Prevendo a dificuldade do leitor em distinguir a fala de cada uma das personagens, uma vez que são intercaladas umas às outras sem nenhuma solução de continuidade, o escritor se inspirou na estrutura tipográfica das peças de teatro e colocou os nomes na margem dos parágrafos: "Algo que é simples e fácil de empreender, mas que não se fazia de costume", diz ele (Butor, 2013, p. 17). Os nomes em caixa alta de alguns

---

12 A respeito de *Passage de Milan*, Butor (2013, p. 49) observa: "Obter de um impressor, em um livro com o subtítulo 'romance', parágrafos terminados por uma vírgula é algo extremamente difícil! Durante a correção deste primeiro livro, fui obrigado a recolocar vírgulas quase todas as vezes que o empregara no manuscrito em fim de parágrafo, pois o linotipista conservava tão arraigado o vício de colocar seja um ponto, seja a rigor os dois pontos no fim de uma alínea que, mesmo se ele via uma vírgula, automaticamente, substituía por um ponto! Agora, depois de vinte anos, já não tenho a menor dificuldade. Nunca mais terei de fazer correções deste gênero".

personagens aparecem de fato nas margens do capítulo VI, situado no centro do livro que contém doze capítulos, em que há os monólogos de Bénédicte e de Henri, intercalados, em seguida de Vincent e Gérard, igualmente intercalados (Fig. 12).

Não se pode deixar de enfatizar que o interesse de Butor pelas técnicas de tipografia não é somente teórico. Na entrevista "Na fronteira das linguagens" (Butor, 1992, p. 35), o escritor relata como seus livros foram preparados por ele mesmo "página por página", quer dizer que cada página do manuscrito, batida à máquina, corresponde a uma página do livro, com um certo número de indicações para o tipógrafo que, aos poucos, passou a compreender melhor o que Butor queria, dispensando assim a função do paginador. Aos poucos o escritor consegue dos editores uma maior aceitação dessas novidades, mas é ele próprio quem abandona o romance para novas experimentações literárias. Em 1962, publica o livro que representa uma ruptura com a forma romanesca – *Mobile: étude pour une représentation des États-Unis* – e abre para os livros de diálogo que serão realizados a partir de então.

MESA 2:
Colagem e montagem em Mobile

> É um livro que escurece ao ser lavado, que provoca vertigem, num delírio orquestrado, a distribuição dos timbres bem-regulada. É feroz e terno, docemente profético, sua sombra estando poeticamente projetada. É também um livro que se olha, Mallarmé o teria abraçado [...]. (Perros *apud* Minssieux-Chamonard, 2006, p. 49)

É com esse comentário que Georges Perros, amigo, correspondente e o mais fiel leitor de Michel Butor, saúda *Mobile*. Pode-se prever a partir daí o desafio que o livro, paradoxal e contrastante, coloca tanto para o leitor e o editor quanto para a própria literatura. Foi uma das publicações que mais suscitou comentários da crítica no ano de sua publicação, grande parte deles contrários e negativos: além de ter sido acusado de ter despendido muito com sua fabricação e de ser ilegível, um crítico anônimo aproxima o uso do espaço tipográfico da técnica das vanguardas, o que, para ele, não consistiria em novidade (Butor, 2013, p. 18). Roland Barthes, Louis Aragon e Jean Roudaut foram os poucos a elogiar a ousadia.

No Brasil, *Mobile* incitou Augusto de Campos a escrever "A prosa é *Mobile*", apenas um ano após sua publicação na França. Nesse ensaio, Campos (1989,

p. 7) consagra *Mobile* como um "desvio arriscado" que "parece pôr em xeque a sobrevivência do romance, como tal, em nossos dias", uma experiência que segue a "tradição revolucionária" tanto da prosa quanto da poesia de vanguarda – Joyce, Mallarmé, Pound e Cummings. Isso o aproxima das experiências da poesia visual e da poesia concreta brasileira, de modo que, para o crítico: "Em *Mobile* (...) defrontamo-nos com uma experiência radical, no sentido de que também a estrutura formal do texto é envolvida na postulação implícita de uma nova prosa" (Campos, 1989, p. 23-24).

Para além das inovações tipográficas e o formato diferenciado, é toda uma reflexão sobre o objeto livro e uma concepção da escrita literária que estão em jogo, pela percepção espaço-temporal que coloca em cena e pela utilização da colagem, e que irão determinar também o texto radiofônico *Réseau aérien*, publicado no mesmo ano, e os textos seguintes.

Sabe-se que o livro surgiu de uma solicitação para escrever sobre os Estados Unidos, país que Butor conheceu no início dos anos de 1960 a convite da Bryn Mawr College, onde trabalhou como professor. Contudo, a forma narrativa convencional, seja ela um relato de viagem, seja um romance, não o satisfaz; daí a busca de uma forma inédita. Ele quis relatar a sua descoberta desse país restituindo o espaço mental e geográfico americano; "lançar uma rede de palavras sobre esse continente indomável" (Butor, 1996, p. 133) e lembrar que todo livro é, primeiro, um objeto.[13]

Organizado em ordem alfabética por nome dos estados norte-americanos, o texto é feito, em grande parte, de colagens de citações extraídas de todo um material coletado por ele: publicidades, cartazes, livros, letreiros luminosos, trechos de textos de Franklin, Jefferson, Carnegie, catálogos, crônicas históricas, documentos autênticos, que deveriam mostrar como os próprios norte-americanos se retratavam e no que pensavam. Comparando-se a uma costureira, Butor reuniu essas citações e empréstimos como peças díspares de um *patchwork*, um *quilt*. Augusto de Campos retoma a comparação do escritor para observar que a "imagem da colcha de retalhos" fornece "uma boa chave para a penetração das técnicas compositivas do texto e para a apreensão do seu tipo especial de comunicabilidade". A representação dos Estados Unidos, para Campos (1989,

---

13 Na contracapa, Butor faz sua descrição do livro sob a forma de uma paródia de textos publicitários e guias de viagens com suas descrições entusiastas: "Respirez l'air des 50 états !/ De ville en ville, de frontière en frontière, de la côte Atlantique à la côte Pacifique !/ Des centaines de fleuves, des centaines d'oiseaux, des centaines de voix !/ Les Européens, les Noirs, les Indiens ! [...]".

p. 27), configura-se como "uma imagem ideogrâmica desse prodígio-avatar do mundo capitalista e seu impacto sobre o escritor".

No ensaio "Littérature et discontinu", Barthes (1964, p. 179-180) destaca a subversão provocada pela "materialidade do Livro", a "infração voluntária" das regras tipográficas, dos valores retóricos, da continuidade poética, que acaba por tocar a própria ideia de literatura. A subversão da experiência butoriana se traduz ainda nas tentativas fracassadas de classificação de *Mobile*: "Poema-reportagem? Diário poético? Prosapoema? Poemaprosa?", pergunta-se Campos (1989, p. 34), respondendo, logo em seguida, que "Butor faz de sua prosa uma proeza". Barthes, por sua vez, afirma que o que *Mobile* "feriu", na realidade, foi a própria ideia do Livro:

> Uma coletânea – e ainda bem pior, pois a coletânea é um gênero menor, mas aceito –, uma sequência de frases, de citações, de trechos da imprensa, de alíneas, de palavras, de grandes letras maiúsculas dispersas na superfície da página que, com frequência está pouco preenchida, tudo isso se referindo a um objeto (a América) cujas partes são elas mesmas (os Estados da União) apresentadas na mais insípida das ordens, a ordem alfabética, aqui está uma técnica de exposição indigna da maneira que nossos ancestrais nos ensinaram a fazer um livro. (Barthes, 1964, p. 176)

Mobile, de fato, *expõe* sua matéria e sua técnica; o visível é disposto sobre uma "mesa de montagem" no sentido de "um *campo operatório do díspar e do móvel*, do heterogêneo e do aberto" (Didi-Huberman, 2013, p. 68) onde as inovações são levadas ao extremo. A "ferida" causada por *Mobile* é ainda mais grave se pensarmos que tal infração foi voluntária, continua Barthes, que se trata de uma composição consciente. Butor (1992, p. 34) explicou essa composição em mais de uma oportunidade: "(...) nesse livro pode-se dizer que tudo está no interior de uma imensa frase. Eu tive, então, de encontrar outros meios de organizar o texto e, aí, claro, o exemplo da pintura e da música, pois em *Mobile* cada página é um quadro feito com palavras, um quadro abstrato." O resultado dialoga tanto com a "partitura" de *Um lance de dados*, de Mallarmé, com os poetas americanos Ezra Pound e William Carlos Williams (Butor, 1996, p. 128), quanto com as artes plásticas: dedicado ao artista Jackson Pollock, *Mobile* faz ainda referência, desde o título, aos móbiles de Alexander Calder. Vejamos como os nomes desses artistas ressoam na prosa butoriana.

Conhecido por ter inventado o *dripping*, o gotejamento, Jackson Pollock (1912-1956) também se destaca pela posição diferenciada que tal procedimento exigia: Pollock pintava de pé, com a tela colocada no chão. Pode-se dizer, assim, que ele tinha uma visão aérea da superfície, que recorda a Butor as paisagens americanas, com o traçado de suas longas rodovias, que pode ver a partir da janela do avião ao atravessar o país de leste a oeste. O interesse pela autoestrada o leva, aliás, a consultar atlas rodoviários na construção de *Mobile* (Butor, 1996, p. 134-135). Logo, essa nova percepção fotográfica do espaço precisa de novos meios para se expressar e fazer "sentir como esse meio de transporte [o avião] transforma nosso espaço e nosso tempo" (Butor, 2003, p. 17). Além da experiência espaço-temporal, a visão aérea desencadeia um duplo movimento no nível da recepção. Para Krauss (1990, p. 98), a visão aérea adotada por Pollock significava "uma ruptura entre pintar o quadro (no chão) e vê-lo (na parede)", um duplo movimento que compreende a "experiência bruta no chão" e o "deciframento da parede".[14] Suas telas, por conseguinte, exigem uma decodificação que leve em conta esse duplo movimento, e não apenas a sensação visual imediata que as colocam do lado da abstração, mas também a ruptura com o modelo do quadro tradicional a ser fixado na parede.

O mergulho do olhar que demanda a "experiência do chão" é próximo ao solicitado pela mesa de montagem que constitui *Mobile*, cujas páginas são como paisagens ou territórios avistados de cima que favorecem a ambiguidade espacial e demandam uma leitura-deciframento próxima da exigida pelas telas de Pollock, para além do significado apenas linguístico, no caso do texto; para além da figuração, no caso da pintura.

Quanto a Calder (1898-1976), Butor lhe atribui a organização do livro em blocos de texto que são articulados entre si por "dobradiças", como peças suspensas dos móbiles. Cabe ao olhar do leitor circular entre esses blocos, assim como o ar circula entre os móbiles para que se movimentem. Para Campos (1989, p. 27), a evocação da obra de Calder indica a "rejeição de toda a fixidez ou rigidez narrativa em prol de uma ideia de 'moto-perpétuo', de obra aberta (...)". A referência a Calder diz respeito, de fato, à mobilidade, se pensarmos na suspensão das palavras, no "sentimento de agitação, de estremecimento perpétuo" que Butor identifica na montagem das frases, acrescida dos efeitos tipográficos herdados de Mallarmé. A abertura de *Mobile*, contudo, só pode

---

14 O deslocamento operado por Pollock é colocado por Didi-Huberman (1998, p. 31-32) em termos de uma "aporia dificilmente ultrapassável": de um lado a visão imediata do "*all over* que permitia instaurar a tela como um além de toda a experiência da projeção" e, de outro, a gestualidade visível da *action painting*, que envolve a projeção do corpo na tela.

ser pensada em contraponto à restrição imposta pelo formato conscientemente planejado, como apontado por Barthes.

Logo, o deslocamento operado deve ser entendido no sentido da imagem dialética, uma imagem estendida entre dois extremos, como diz Didi-Huberman (2001, p. 58) a respeito do trabalho *Delocazione*, de Parmiggiani: "Entre a restrição da fôrma onde a forma das coisas é retida prisioneira, em seguida restituída em negativo, e a liberdade do ar onde a forma das coisas se enriquece de um 'sopro' cujo traçado ninguém poderia prever." No caso de *Mobile*, entre os extremos que são os princípios definidos quanto à ordem alfabética, a diagramação e a tipografia e o movimento que parte de dentro, dessa mesma fôrma, fazendo com que o "ar" circule aleatoriamente e metaforicamente pelas páginas.

Esses princípios são explicados pelo autor, detalhadamente, em entrevista a André Clavel: para evitar a sucessão e espacializar o texto, ele partiu de algumas constatações para realizar, primeiro, uma maquete dos Estados Unidos. Observou que em cada estado americano encontram-se cidades com nomes idênticos, por exemplo: existe uma Manchester no estado de Nova Iorque, mas também no de Ohio, Pensilvânia, Indiana, entre outros. São esses topônimos, comparados ao contrabaixo em uma orquestra de jazz, ou a "estrelas de primeira grandeza" (Campos, 1989, p. 30), que comandam a organização ou justaposição dos blocos, por fazerem ecoar os nomes das cidades, que são semelhantes. O leitor pode localizá-los pela utilização da caixa alta e situá-los em relação aos estados, uma vez que cada "capítulo" se inicia com uma saudação, seguida do nome do estado, por ordem alfabética, e a indicação do horário: "BENVINDO A NOVA IORQUE/ é meio-dia em SALEM, tempo oriental" (Butor, 1962, p. 195).

No interior desses blocos, ou "células", foram colocados "brasões" que simbolizam cada um dos estados, com suas canções, suas flores, seus pássaros. Três grandes grupos foram então definidos: os nomes indígenas, únicos; os nomes importados da Europa; e os nomes ditos "utópicos", relacionados com frequência aos homens célebres, George Washington ou Abraham Lincoln, por exemplo. Esse estudo para a maquete permitiu a Michel Butor (1996, p. 134) "fazer uma análise espectral dos Estados Unidos, passear por sua história e sua mitologia".

A colagem ocupa, aqui, um lugar de destaque, uma vez que a fabulação romanesca e o narrador desaparecem completamente por detrás dos textos citados, únicos a constituírem o livro. O objetivo era fazer com que os próprios norte-americanos falassem, não apenas dar-lhes voz, mas fazer com que a crítica partisse deles próprios.

O livro se parece com um catálogo, um inventário de objetos comuns; traz tanto os nomes de uma famosa marca de sorvetes, cujos grandes painéis publicitários são vistos ao longo das estradas, quanto as marcas de carros que são listadas em profusão por ordem alfabética: Cadillac, Chevrolet, Dodge, Ford, etc., ou, ainda, os títulos de jornais: *New York Times, Herald Tribune, Time, Life, Reader's Digest* (Butor, 1962, p. 76-77; p. 203-205; p. 252; p. 258). Michel Butor confirma esse interesse pelo que ele chama de o "museu do cotidiano" que são as lojas de departamento, dizendo que utilizou catálogos de venda por correspondência da Sears e Ward para fazer descrições precisas da vida cotidiana americana (cf. Butor, 1962, p. 174), e que apontam para o pleno desenvolvimento americano da sociedade de consumo (Campos, 1989, p. 30).

Com a impressão de estar assistindo a uma espécie de "crise da humanidade", o autor quis fazer com que o leitor percebesse a violência racial que ele mesmo testemunhou. Inicialmente localizou os seus sintomas, como a separação dos toaletes para brancos e negros, a atração sexual reprimida por uma sociedade puritana e que se manifesta nos sonhos (Butor, 1996, p. 137), mas também introduziu citações referentes ao tema, como estas, de Thomas Jefferson, autor da Declaração de Independência, que insiste em demonstrar a diferença de raças, com diversos tipos de argumentos: "É provável que se perguntem por que não conservar os negros para incorporá-los ao Estado, evitando assim as despesas com a importação de colonos brancos? (...)". Ou, para enfatizar as diferenças físicas e morais, após afirmar que a cor negra "procede da cor do sangue, da cor da bile, ou de alguma outra secreção", pergunta-se se tal diferença é de pouca importância, se não seria o "fundamento do maior ou menor peso da beleza nas duas raças" (Butor, 1962, p. 43; p. 120)? Os trechos, extraídos de *Notes sur l'État de Virginie,* foram traduzidos o mais fielmente possível, de acordo com Gobenceaux (2007), para mostrar que T. Jefferson, considerado posteriormente o símbolo da igualdade das raças, era à época profundamente racista. Além disso, *Mobile* denuncia a exterminação dos índios, ao citar trechos que contam como inúmeras tribos, ao sul da Flórida, na época da descoberta, foram aos poucos desaparecendo: os Calusas, por exemplo, eram mais de 3 mil em 1650; em 1800, não passavam de algumas centenas; em 1835, sob o domínio dos Estados Unidos, os sobreviventes foram deportados para o Oklahoma, chamado então território indígena (*ibid.*, p. 18).

Nesse trabalho de colagem e montagem, aliado à tradução dos fragmentos, a intervenção do escritor é essencial para colocar em evidência certos aspectos da cultura americana e de seus personagens ilustres. É todo um saber sobre a América que Butor revela, não um saber formulado em termos intelectuais, diz Barthes (1964, p. 181), mas de acordo com um código de signos que precisa ser decifrado.

Não se deve negligenciar, portanto, o alcance da colagem de citações nesse livro, que vai bem além da técnica. Há um "trabalho da citação", no sentido explicitado por Compagnon (1996, p. 33), considerando "tudo o que ela põe em movimento na leitura e na escrita", sua "potência de ação". Se, de um lado, ela traduz um interesse de certa forma sociológico, ao coletar todo tipo de informação sobre os Estados Unidos, por outro, ela traduz uma visão política, ao denunciar em especial o racismo, como o autor pode constatar durante sua estada naquele país. "Como eu tinha críticas muito severas contra os Estados-Unidos, eu queria absolutamente fazer falar os americanos" (Butor, 2007, p. 297).

A questão social e racial não deixou de ser notada por Augusto de Campos, ao sintetizar o que ele denomina de "constelações de temas", em corpos menores, dividindo-as em quatro tipos:

> a) o passado: fragmentos da história norte-americana, com ênfase nos problemas raciais [...]; b) o presente: a atualidade norte-americana, vista através de 'flashes' imagísticos ou da retórica dos catálogos ou prospectos publicitários; c) monólogos interiores: do autor; de um casal norte-americano a respeito dos negros; dos racistas brancos do sul; d) momentos de superpoesia: o mar imemorial e intemporal. No plano gráfico, o tema *b* é apresentado em corpo comum; os demais, geralmente, em grifo. (Campos, 1989, p. 30)

Campos faz uma análise detalhada dos quatro tipos acima definidos, apoiando-se em exemplos extraídos de *Mobile*. Ressaltamos, para complementar sua análise da distribuição da tipografia, que a escolha da caixa alta (maiúscula) e do romano para os nomes de estados e cidades garantem o rigor, a ênfase e a estabilidade ao texto; enquanto a caixa baixa (minúscula) expressa certa noção de simplicidade, de igualdade, uma vez que seu uso é considerado universal e habitual. Associada ao itálico, a caixa baixa imprime flexibilidade plástica e denota certa sensibilidade e intimidade (pela semelhança com o *ductus* da escrita manuscrita), o que a torna com frequência a preferida da poesia (Duplan, 1977, p. 322-331). O trecho seguinte é exemplar do aspecto poético reservado ao itálico – "*La mer,/ la grande lessive de la mer,/ que la mer me frappe,/ que la mer me pénètre,/ que la mer me guérisse,/ que la mer m'ouvre les yeux*" ("O mar,/a grande limpeza do mar,/que o mar bata em mim,/que o mar me penetre,/que o mar me cure,/que o mar me abra os olhos") (Butor, 1962, p. 74) – colocado numa configuração espacial difícil de ser reproduzida aqui pela alternância das margens. Mas o itálico não é reservado unicamente para a poesia, ele aparece também em trechos em prosa, tais como este que denuncia a má-fé quanto à escravidão: "*Hipócrita Europa, não era ela que se beneficiava antes de tudo do tráfico dos escravos?*" (*ibid.*, p. 111).

A eficácia da composição do texto decorre justamente do contraste entre os diferentes tipos empregados, entre estabilidade e mobilidade, força e leveza. Entre o valor simbólico da "capital" – representante do ato constitutivo do indivíduo e do poder – e o valor expressivo do itálico minúsculo, que se caracteriza em relação à escrita cursiva, por sua obliquidade e seu desvio.

O efeito constelar de *Mobile* ou, como diz Alain Bosquet (*apud* Butor, 2009, p. 218-219), os "confetes verbais e os telegramas líricos – frequentemente interrompidos – lançados no espaço" são obtidos pelos jogos da tipografia na página, que se torna "um palco onde as palavras rodopiam, interpelam-se, respondem-se, repetem-se, retomam-se, repelem-se ou se equilibram", como o autor a define em "Escrever é um gesto" (Butor, 2011, p. 41).

Embora pareça ser de uma complexidade de realização para a época, Butor (2013, p. 18) sempre recorreu à economia de meios para que seus livros pudessem existir. Desse modo, a partir de *Mobile*, todos utilizam somente um caractere (Plantin), em um só tamanho (11), mas com suas variantes. A parceria com Massin, maquetista das Éditions Gallimard, que publicou o volume, foi essencial para a realização do livro tal como o autor o projetava. É ainda o caso do texto radiofônico *6.810.000 litres d'eau par seconde*, feito também com Massin, para o qual foi escolhido apenas um caractere que pudesse variar do normal ao negrito, sendo que os efeitos foram obtidos pelo tratamento dos brancos, "suficientemente eficaz para fazer crer que há diferenças de tamanhos". Além disso, para criar um efeito de variedade tipográfica, pode-se jogar com as margens: "Em um livro como *Mobile*, por exemplo, cinco margens diferentes foram utilizadas; em outro, sete, e noutro, três", o que "confere possibilidades de orquestração (e de contraste) completamente distintas" (Butor, 2013, p. 18, p. 20-21).

Essa orquestração das margens cria um efeito visual poético comparável ao efeito de partitura de *Um lance de dados*. A disposição dos espaçamentos às vezes cria zonas inteiras de ausência de texto, de brancos, fazendo com que correntes de ar "circulem" entre as palavras, aspecto que é facilitado pelo grande formato adotado. Em outros momentos, as margens são reduzidas de modo a formar colunas centralizadas que se assemelham a listas, ou que se rarefazem aos poucos até chegar a uma ou duas palavras (Fig. 13). As variações no tratamento dos brancos evidenciam um aspecto que é essencial, como diz Christin (1995, p. 116): o livro, a página, o espaço, seja ele literário ou escritural, não permite apenas ilustrar ou completar o sentido, mas ele é criador de sentido, em concorrência direta com a sintaxe.

Marie Chamonard observa, sem apresentar exemplos, que a cada aparição do tema dos pássaros, uma "figura tipográfica" imitando seu voo surge na página. De fato, nas páginas dedicadas ao estado da Flórida, pode-se observar essa alusão ao caligrama composto por uma revoada de nomes de pássaros distintos que se deslocam para a direita (Fig. 14). Ainda que o efeito seja diverso, essa figura nos remete a certos efeitos obtidos por Apollinaire (1925, p. 59-60), em especial em "Voyage", com os versos que mimam uma constelação ou aqueles que remetem ao pássaro-telégrafo: "*Télégraphe/oiseau qui laisse/ tomber/les ailes partout*" ("Telégrafo pássaro que deixa as asas caírem por todos os lados").

Assim, de uma reflexão sobre a escrita *do* espaço nos romances, passamos à reflexão sobre a escrita *no* espaço. A publicação de *Mobile* marcou essa nova orientação em sua obra, que se abre para novas experimentações, tipográficas e textuais.

MESA 3:
Escrita nômade

A questão do tempo na narrativa, um dos principais eixos da obra butoriana desde o primeiro romance, está sempre articulada à questão espacial. Em *Mobile* não poderia ser diferente, e o autor chega a dizer que a "anamorfose temporal" (Butor, 1996, p. 125-126) é um dos temas fundamentais do livro, pois a experiência da travessia do país visto do céu implica na mudança constante de fuso horário e a consequente perda da noção do tempo.

> *Mobile* é uma viagem de um pouco mais de dois dias através de cinquenta estados americanos. Da noite para o dia, do dia para a noite e, em seguida, novamente para a noite, cada estado é visitado em uma hora, de acordo com a ordem

alfabética; uma hora de um tempo múltiplo [...]. (Minssieux-Chamonard, 2006, p. 45)

Esse tempo múltiplo obtido pelo jogo com a diferença de horários dentro do território norte-americano faz com que a viagem pareça se desenrolar, como observa Campos (1989, p. 30), "sobre um mapa ou 'quilt' panorâmico, que os olhos pudessem percorrer, indiferentemente, a partir de qualquer ponto". Mas se *Mobile* está focalizado nessa travessia aérea de um país, ainda que de dimensões continentais, é em *Réseau aérien: texte radiophonique*, publicado no mesmo ano de 1962, que assistiremos ao progressivo "alargamento planetário da visão butoriana do mundo", retomando as palavras de Michel Collot (2008, p. 76), a partir, certamente das considerações do escritor, que diz: "À medida que o tempo passa, eu me esforço para abrir minha objetiva, alargar meu compasso nas dimensões do planeta" (Butor, 1996, p. 257). Collot vai além ao dizer que esse alargamento planetário antecipa a "virada espacial" (Collot, 2008, p. 76)[15] que se observa tanto na literatura (com Georges Perec e Le Clézio) quanto nas ciências humanas, e vai ao encontro do movimento de mundialização ao mesmo tempo em que se opõe a ele, colocando seu percurso planetário sob o signo da diferença cultural e sob a proteção do "gênio do lugar".

Primeiro texto de Butor escrito para o rádio, *Réseau aérien* foi ao ar pela primeira vez em 16 de junho de 1962. Embora seja um trabalho feito sob encomenda, o autor aproveita a oportunidade para explorar a situação especial do ouvinte que se torna quase um cego: "Estamos então inteiramente concentrados na audição que se torna muito mais fina e a partir da qual a imaginação se desdobra. As unidades de tempo e de lugar tornam-se consideravelmente flexíveis (...)" (Butor, 2003, p. 135; cf. Butor, 1974).

Michel Butor coloca em cena dois casais que, ao mesmo tempo, partem do aeroporto de Orly, em Paris, para Nouméa, Nova Caledônia, sendo que um casal toma o avião direto pelo leste, o outro segue pelo oeste com uma escala em Los Angeles. Para a realização do texto, Butor estudou a grade horária da Air France e constatou essa particularidade: o fato que de Paris a Nouméa pode-se tomar dois caminhos opostos e que isso tem aproximadamente a mesma duração. Os casais "chegarão quase ao mesmo tempo, mas um terá

---

15 O autor desenvolve, em seu artigo, a ideia de que a questão do "lugar" atravessa toda a obra de Butor e estaria até mesmo na origem de sua vocação de escritor. Nesse sentido, sua obra se inscreve nas pesquisas mais atuais em geocrítica, "geografia literária" ou *itérologie*, ciência dos deslocamentos humanos, das viagens, dos nomadismos, de acordo com a definição do próprio Butor (2003, p. 135).

encontrado duas vezes a noite e o outro apenas uma vez", explica no texto da contracapa. Ou seja, a composição de *Réseau aérien* repousa sobre um trajeto inteiramente real, com horários reais.

Durante esse sobrevoo de mares e continentes, os casais dialogam e forma-se uma rede de conexões espaço-temporais de caráter hipertextual tornada possível pela difusão radiofônica, cuja transmissão se opera por meio de uma mídia efêmera que é a voz. A experiência do rádio permite ainda testar a simultaneidade, a polifonia: "No rádio, poderemos ouvir um ator falar não somente com um fundo musical ou de ruídos, mas também com um fundo de falas mais longínquas, cujo sentido mudará por vezes o das palavras em primeiro plano, experiência que fazemos a cada vez que atravessamos uma multidão." *Réseau aérien*, como texto radiofônico, coloca em primeiro plano as "qualidades sonoras da linguagem" assumindo a função de uma partitura. E "para organizar essa partitura, diz Butor, é indispensável estudar, como os músicos, o aspecto visual da página, o modo como nela se distribuirão os diferentes elementos mais ou menos simultâneos" (Butor, 1974, p. 237). A página é, portanto, uma unidade fundadora de sentido (Christin, 1995, p. 114), como para Mallarmé.

Para a composição do texto, além dos já conhecidos recursos tipográficos utilizados em *Mobile* – alternância de tipos, e o jogo com as margens – *Réseau aérien* recorreu a outros elementos que contribuem para o efeito de visualidade. Uma nota técnica informa ao leitor, desde o início, que o texto foi concebido para ser realizado por dez atores: cinco homens são designados pelas letras em caixa alta de A a E, enquanto as cinco mulheres são identificadas pelas letras em itálico e caixa baixa de *f* a *j* (Fig. 15). Essas indicações equivalem aos nomes dos personagens em uma estrutura do texto teatral, em que os diálogos se intercalam, como ocorreu também em *Passage de Milan*. Foram incluídos, ainda, ícones que são encontrados nos guias turísticos, como numa linguagem telegráfica. Eles assumem uma presença visual, mas também auditiva: um pequeno avião (para indicar o seu ruído ao passar), um ícone com uma "carinha" (que mais se parece com um *emoticon*) para indicar um barulho da multidão, e um terceiro, circular, indicaria uma percussão surda (Fig. 16).

A visão aérea, traduzida por meios tipográficos, icônicos, auditivos, combinada ao texto e ao alargamento planetário já evocado, bem como a analogia da cartografia da superfície terrestre com a superfície paginal, ganha cada vez mais corpo, sobretudo nos textos escritos posteriormente em que se destaca a reflexão sobre as viagens e sua estreita relação com o espaço. É o que veremos com alguns exemplos da série intitulada *Le Génie du lieu*, composta por cinco volumes escritos de 1958 a 1996: *Le Génie du lieu* (1958), *Le Génie du lieu 2: Où* (1971), *Le Génie du lieu 3: Boomerang* (1978), *Le Génie du lieu 4: Transit A. Transit B* (1992) e *Le Génie du lieu 5: Gyroscope* (1996).

Os cinco volumes de *Le Génie du lieu* demonstram a importância da reflexão sobre o lugar e a estreita relação entre o espaço e o espírito humano que atravessa toda a obra de Butor. Não se trata de narrativas de viagem propriamente ditas, mas de textos de "crítica geográfica", assim como se diz crítica literária ou musical. O "espírito do lugar" é aquilo que distingue um lugar de todos os outros, "o que faz com que exerça sobre nós um domínio particular" (Butor, 2003, p. 69). Ele investiga com erudição como certos lugares, impregnados do *genius loci* romano – espírito bom ou mau que presidia o destino dos homens –, exercem um poder particular sobre seus habitantes ou visitantes (Minssieux-Chamonard, 2006, p. 33). Nesse conjunto, há também a noção de não-lugar. Na parte referente à Austrália, Butor se interessa pelo não-lugar, que não é unicamente o espaço anônimo dos supermercados ou centros comerciais que indicam certa "uniformização do planeta" (Gobenceaux, 2007, s/p), onde as pessoas encontram pontos de referência. Um não-lugar é, para ele, aquele onde não nos sentimos em casa ou quando uma pessoa não se encontra lá onde deveria estar, como acontece com Jacques Revel na cidade de Bleston, em *L'Emploi du temps*. "*Genius deloci*", dirá Didi-Huberman (2001, p. 126), para designar os fantasmas, as assombrações de certos lugares provisórios, como algumas salas de exposição artísticas.[16]

A partir do terceiro volume de *Le Génie du lieu*, a investigação de cidades, de países e de continentes dá lugar à reflexão mais aprofundada sobre o espaço da escrita, a materialidade gráfica do livro, a tipografia, que se acentuará no quarto e no quinto volumes, cujos subtítulos já indicam sua natureza itinerante e móvel. *Le Génie du lieu 4*, dedicado "aos inventores da América", por exemplo, tem duas entradas, duas capas: pode-se começar a leitura por uma, *Transit A*, ou outra, *Transit B*, pois não há frente nem verso; basta inverter a posição do livro colocado literalmente de cabeça para baixo.[17] *Le Génie du lieu 5: Gyroscope* é composto em quatro colunas que são comparadas a meridianos ou a "canais hertzianos" que convidam o leitor a *zapper* de um texto a outro e de uma região a outra. *Gyroscope* seria, ainda, o primeiro livro em

---

16 Lembramos que o autor se refere à obra de Claudio Parmeggiani, *Delocazione*, esse "teatro de silêncio" habitado por personagens assombrações.
17 Estamos nos referindo aqui à edição da Gallimard, uma vez que a retomada do texto nas *Œuvres complètes* não pode reproduzir o mesmo efeito de reversão do volume original.

que o escritor tenta de fato se afastar da terra. A mudança e o deslocamento provocados por Butor vão, portanto, além da escrita da viagem e da viagem da escrita. É a radicalidade do deslocamento que está em jogo, como nota Calle-Gruber (2008, p. 10)

Se, no primeiro volume de *Génie du lieu*, os lugares são desenvolvidos em unidades textuais autônomas, nos demais volumes a montagem combinatória se complexifica. De acordo com Collot, são séries de fragmentos que se misturam e cuja organização é variável, não obedecendo a nenhum princípio cronológico ou geográfico.

> O lugar não se impõe como unidade, nem como totalidade fechada sobre ela mesma; ele se abre para todos os outros, não em favor de um percurso que traçaria de um a outro [lugar] um itinerário, como nas narrativas de viagem clássicas, nem graças a um olhar panorâmico que os reuniria em uma superpaisagem, mas à custa de uma montagem, que não garante nenhuma visão do conjunto e constitui, antes, um tipo de quebra-cabeça cujas peças parecem intercambiáveis e permutáveis. (Collot, 2008, p. 80-81)

A ideia da mobilidade instaurada pela montagem, assim como em *Mobile*, é o eixo que determina a composição dos volumes. As montagens de textos são determinadas em função de cada volume. Em *Où*, segundo volume de *Génie du lieu*, o escritor quis introduzir o que ele chama de "estrutura folheada" (*structure feuilletée*) para insistir no gesto de passar as páginas e criar o efeito de *ruissellement*, escoamento de um texto sobre o outro. O livro contém cinco narrativas relacionadas à meteorologia. A preocupação com o leitor o leva a introduzir um "sistema de sinalização" para facilitar sua localização no conjunto: o vocabulário da meteorologia se encontra na parte superior à esquerda e, à direita, várias "citações-ecos" escoam umas sobre as outras. A escolha do título colocou um desafio tipográfico suplementar, o qual demandou a fabricação de um caractere especial por parte de Massin: tirando partido da ambiguidade sonora da palavra em francês, que pode ser tanto a conjunção alternativa *ou* quanto o pronome de lugar *où*, com acento grave, obtém-se um efeito visual bastante inédito ao barrar o acento grave e cria-se um neologismo para indicar que estamos sempre, simultaneamente, em mais de um lugar (Fig. 17). O "*ou*" alternativo se confunde e se superpõe ao "*où*" local. A notar que, com a superposição dos dois acentos, desenha-se sobre a palavra a figura de uma cruz, ou um avião, ou uma ave, já presente, aliás, em *Réseau aérien*, e também em *Passage de Milan*, no único momento em que o pássaro que dá nome ao título é referido no texto: "Voando nos ares, asas abertas, se não for um avião, é um milhafre" (Butor, 1954, p. 8).[18]

Do conjunto dos cinco volumes de *Le Génie du lieu*, destaca-se o terceiro volume. *Boomerang* "transborda sobre o hemisfério sul, desdobra-se no terceiro mundo, escorre em torno do planeta como essas grandes correntes migratórias que os arqueólogos estimam existir nos oceanos e os continentes" (ŒC VI, p. 419), afirma o escritor no texto de apresentação da obra. Em seu projeto geopoético alargado, o escritor estende seu olhar para além do Mediterrâneo e do velho mundo: Espanha, Itália, Grécia, Turquia, Egito, explorados no primeiro volume de *Génie du Lieu*; para além do Hemisfério Norte, do novo mundo: os Estados Unidos, o Novo México, visitados no segundo volume *Où*. Para *Boomerang, Le Génie du lieu 3*, o escritor afasta "para mais longe as fronteiras geográficas de sua exploração do mundo", com o cuidado de misturar "um número crescente de épocas e de memórias" (Collot, 2008, p. 75).

Nesse volume, o singular trabalho de montagem textual, acompanhado da disposição tipográfica atípica, faz do texto um caso inédito de escrita visual. Duas regras determinam sua composição: o jogo cromático e a diagramação. Impresso em três cores, a composição segue as indicações precisas do escritor, segundo o qual cada cor representa simbolicamente uma região do planeta: o preto é reservado ao texto "Jungle" (África); o azul a "Bicentenaire Kit" (Estados Unidos); o vermelho a "Courrier des Antipodes" (Austrália); o preto e o azul para "Archipel Shopping" (Cingapura e o Pacífico); o vermelho e o preto para "La fête en mon absence" (Vancouver, Canadá); o vermelho e o azul para "Nouvelles Indes Galantes", que não se refere a uma região geográfica real, mas se apresenta como um devaneio a partir da ópera de Rameau, *Les Indes galantes*. Em "Carnaval transatlantique", buscou-se ligar o Norte ao Sul, a França (Nice) e o Brasil, por meio de um ponto em comum: o carnaval. O aspecto mais lúdico e carnavalesco foi reservado a essa região, com a mistura das três cores. Com essas regras cromáticas, o escritor elabora uma "nova gramática" e uma "ciência da leitura e da viagem indissociavelmente", afirma Calle-Gruber (*in* Butor, 2007, p. 417).

O jogo cromático, bem como a disposição dos textos na página, exercem um efeito imediato na recepção: permitem ao leitor se localizar nessa montagem complexa para saber em que região ele se encontra. A faixa do título ou *bande--annonce*, em maiúsculas, que corre alternativamente no cabeçalho, no rodapé

---

18 Michel Collot (2008, p. 81), por sua vez, vê na figura cruciforme uma imagem da configuração do livro que repousa sobre o cruzamento ou a mistura dos lugares.

ou no meio da página, é indicadora da região geográfica a que se refere o texto; essa faixa também pode ocupar o centro, a parte superior ou inferior da página. Diferentes combinações são, então, possíveis: Em "Bicentenaire Kit", por se referir aos Estados Unidos, ou seja, ao Hemisfério Norte, a faixa de título se encontra no alto da página e o texto vem logo abaixo. Inversamente, em "Courrier des Antipodes", a faixa do título está na parte inferior por se referir à Austrália, ou seja, ao Hemisfério Sul. A diagramação e a tipografia participam intimamente da simbologia de *Boomerang*.

Em "Carnaval transatlantique", na parte superior e inferior, em caixa alta, nomes de certas cidades ou estados brasileiros (Piauí, Pernambuco, Amazonas), nomes de divindades do Candomblé (Xangô, Oxalá, Yansã), nomes de profetas (Ezequiel, Baruch, Jeremias), de partes do corpo (coxa, perna, pé), de objetos relacionados ao Carnaval (confete, bombom), entre outros, vêm dialogar com o texto e dar pontos de referência ao leitor. O texto propriamente dito ocupa o centro da página, como um bloco retangular (Fig. 18).

Na verdade, o texto não trata exclusivamente do Carnaval, mas de dois aspectos da cultura brasileira. De um lado, uma narrativa do século XVII que descreve uma procissão eucarística em Minas Gerais, com destaque para a figura do escultor Aleijadinho;[19] de outro, as cerimônias do Candomblé, como no trecho seguinte: "(…) a quem se sacrifica o bode preto, os brancos Nosso Senhor da boa morte Oxalá que é três a quem se sacrifica a cabra branca, mestre dos céus e do alumínio, as coralinas, azuis e verdes São Gerônimo Xangô que é 12 a quem se sacrifica o galo vermelho (…)" (ŒC VI, p. 456). Longe de formar um conjunto linear ou coerente, a composição do texto diz respeito, mais uma vez, à colagem de citações textuais de diversas fontes, mescladas às lembranças das viagens – "(…) Sobre uma colina vermelha dois bois se afrontam, Marie-Jo assustada cai e se machuca. MB se precipita para socorrê-la estendendo-lhe uma garrafa de azeite" (*ibid.*, p. 753) – ou mesmo pessoais: "(…) durante meses eu disse a mim mesmo: nesse verão irei a Roma, para verificar alguns detalhes (…), não poderei passar férias em outro lugar; mas durante todo o verão eu trabalhei na Modificação sem deixar Paris. (…)" (*ibid.*, p. 529).

São fragmentos de textos compostos por montagem de sequências intercaladas que vão e voltam, criando um efeito bumerangue, como nos trechos seguintes:

---

19 Examinei a presença de Aleijadinho em parte desse texto no ensaio intitulado "Michel Butor e Antônio Francisco Lisboa" (Arbex, 2015, p. 147-164) e em «Michel Butor et Aleijadinho, le "stropiat"» (Arbex, 2017, p.569-580).

[...] CARNAVAL TRANSATLÂNTICO (. : ;) *la doublure* buquês um manequim grotesco com um nariz vermelho representa um amolador sentado sobre um caminhão precedido por um motociclista que grita em seu alto-falante [...]. (ŒC VI, p. 520)

[...] CARNAVAL TRANSATLANTIQUE 1 (. : ;) *a ausência do Rio* dançarinos pergunta-se porque, nessa região de seu livro onde assistimos a uma procissão de elementos brasileiros, o autor não dedicou um de seus carros à cidade do Rio de Janeiro, afirma um professor universitário (ou do Collège de France) sentado em sua cátedra sobre um caminhão precedido por um motociclista que resmunga em um alto-falante: [...] o carnaval é claro, mas também as antigas relações dessa cidade com a França [...]. (*ibid.*, p. 755)

[...] CARNAVAL TRANSATLÂNTICO 1 (. : ;) *a peruca* confeti o adido cultural francês em São Paulo diz a MB que pode levá-lo para ver cataratas mais impressionantes do que as do Niágara sobre um caminhão precedido por um ciclista que murmura em um alto-falante [...]. (*ibid.*, p. 765)

Comparando os três trechos, vemos que a frase: "sobre um caminhão precedido por um motociclista que grita em seu alto-falante", do primeiro, é repetida, mas com alterações,[20] no segundo e no terceiro: "motociclista que resmunga" e "um ciclista que murmura em um alto-falante". Já a frase que diz "o adido cultural francês em São Paulo diz a MB que pode levá-lo para ver cataratas mais impressionantes do que as do Niágara" é, sem dúvida, um fragmento que se refere a uma lembrança pessoal de Michel Butor quando de sua estada em São Paulo. Sem grifo e mal "acomodada", para retomar o termo de Compagnon (1996, p. 18), a citação faz seu trabalho, uma vez que ela "não tem sentido em si", ela "só se realiza em um trabalho, que a desloca e que a faz agir" (*ibid.*, p. 35).

---

20 Nota-se, aqui, um procedimento caro a Raymond Roussel, relatado em *Comment j'ai écrit certains de mes livres*, e comentado por Butor no ensaio "Sobre os procedimentos de Raymond Roussel". Em resumo, trata-se de partir de duas palavras quase semelhantes (no caso, *billard* e *pillard*), acrescidas a outras sempre com sentidos diferentes, para formar frases quase idênticas e até mesmo toda uma narrativa, criando ecos, repetições "ativas", e trazendo à luz "paisagens imaginárias" (Butor, 1974, p. 113-125). Nos exemplos acima, a pequena variação nos verbos "resmunga", "grita" e "murmura" seria o equivalente do procedimento de Roussel, cujo nome aparece criptografado nos termos "*la doublure*", que é o título de um de seus livros.

Nesse livro "inclassificável e desconcertante", nas palavras de Clavel (*in* Butor, 1996, p. 226),[21] que folheamos como um atlas, vê-se ainda o uso dos sinais de pontuação com valor figurativo, como o asterisco para representar a estrela dos estados americanos em "Bicentenaire Kit" ou os parênteses contendo o ponto, dois pontos e o ponto e vírgula – (. : ;) – que se encontram em "Carnaval transatlantique". A pontuação é deslocada de sua função e assume o papel de um ícone que indica, para o leitor, sua localização geográfica no livro.

Lembrando a fórmula *génie du lien* (espírito dos laços), de Dällenbach, Collot (2008, p. 81) observa que os "laços" estabelecidos por Butor entre os lugares não anulam suas diferenças ou disparidades, pois ele os reúne sem jamais unificá-los. Em "Carnaval transatlântico", as evocações do Carnaval de Nice e do Brasil, das procissões religiosas, das cerimônias do Candomblé, dos profetas do Aleijadinho e da viagem a Foz do Iguaçu, por exemplo, são antes confrontadas e justapostas do que relacionadas ou subordinadas. Como já assinalado na escrita de *Mobile*, é a heterogeneidade, a diversidade e a multiplicidade que são privilegiadas pela colagem de citações. Isso nos permite compreender não apenas a natureza fragmentária das referências culturais nos textos, mas também o procedimento da colagem que ele utiliza, bem como seu efeito bumerangue. Para falar do Brasil, Butor chama para "testemunhar" seus predecessores, visitantes ou escritores, a quem ele passa a palavra, privilegiando, assim, a "experiência da hospitalidade" já evocada no primeiro capítulo, MOLDURA.

Boomerang ilustra o alargamento interplanetário da visão butoriana do mundo pela multiplicação das perspectivas espaciais, históricas e culturais. A maneira como os lugares são confrontados pela justaposição dos fragmentos, aproximados ou distanciados, encontra na colagem das citações seu processo mais eficaz, e a montagem textual configura a heterogeneidade da visão alargada do mundo que se opera a partir de *Mobile*.

---

21 André Clavel relata o testemunho de Massin, tipógrafo com o qual Butor trabalhava na Gallimard, a respeito de sua participação na elaboração dos livros: "Contrairement à ce qu'on croit généralement, je n'ai pas mis en forme des livres comme *Mobile*, *6810000 litres d'eau par seconde* ou *Boomerang*. Seul leur auteur est responsable de leur présentation, la maquette en ayant été conçue par lui au stade de la dactylographie, et ceci avec un soin extrême jusque dans les détails. Je n'ai donc fait que procéder à une transposition typographique de ce travail, ce qui n'est pas sans importance, certes. Mais n'exagérons rien. Aujourd'hui, devant ces mêmes ouvrages, mon rôle serait quasiment nul car Butor, grâce à l'outil informatique, en aurait assuré lui-même à la fois la composition et la mise en pages" (*in* Butor, 1996, p. 229).

No plano da página, a configuração tipográfica e a espacialização da escrita dão a ver essa diversidade, a quebra da linearidade narrativa acompanhando a quebra cronológica e a referencialidade espacial. A tipografia não é mais considerada um recurso técnico a serviço do texto, logo, secundária em relação a ele. Na verdade, ela suscita um modo de leitura novo em que a visibilidade precede a legibilidade.

A abertura do compasso de Michel Butor às dimensões planetárias, ao confronto de culturas bem distantes da sua e a visão constantemente *dépaysée*, deslocada, mostra o quanto ele se interessa pelos fluxos transatlânticos, pela mobilidade das paisagens, pelos transbordamentos geográficos e textuais. O procedimento da colagem de citações configura textualmente essa visão plural do mundo. Colagem e montagem são dois gestos que alteram a percepção temporal, uma vez que, ao colar um fragmento bruto proveniente da realidade, esse fragmento traz com ele o seu espaço-tempo preexistente (Bosseur, 2002, p. 10). Barthes (1964, p. 185) já o havia notado a respeito de *Mobile*: "[o] contínuo de *Mobile* repete, mas combina diferentemente aquilo que ele repete (...); o novo está ali sempre acompanhado pelo antigo." Montar seria "ordenar e redistribuir as cartas, desmontar e remontar a ordem das imagens sobre uma mesa para criar configurações heurísticas 'quase adivinhas', isto é, capazes de entrever o trabalho do tempo na obra do mundo visível", afirma Didi-Huberman (2013, p. 69-70). Podemos retomar os argumentos do autor sobre o *Atlas* de Warburg para dizer que Butor delega à "montagem a capacidade de produzir, pelo encontro de imagens, um conhecimento dialético da cultura ocidental", no caso de *Mobile*, a americana; e que "contra toda pureza estética", assim como Warburg, ele "introduz o múltiplo, o diverso, o hibridismo de toda montagem" (*ibid.*, p. 29; p. 19).

A utilização da colagem de citações, "unidade que permanece disjunta" (Quintyn, 2007, p. 27), corrobora o entrelaçamento espaço-temporal ao conjugar fragmentos textuais de diferentes épocas, fontes, lugares, e fazendo-os dialogar de forma transversal, e não linear, de modo anacrônico, e não cronológico, numa abertura para a confrontação constante para a diversidade de mundos e de vozes.

Vemos o quanto a dimensão inventiva está entrelaçada à reflexão crítica, senão política, que se manifesta para além dos "contrastes e de analogias", de acordo com Van Rossum-Guyon (1974, p. 24), criados pelas citações. Butor (1974, p. 203) já afirmava em "Crítica e invenção" que "toda obra é engajada, mesmo a mais rotineira, toda atividade do espírito sendo função numa sociedade; quanto mais ela é profundamente inventiva, mais ela obriga a uma mudança".

A colagem e a montagem, aliadas à tipografia, são subversivas por alterar a ordem do tempo, o sentido das coisas, por articular na escrita a palavra do outro. O elemento dialógico da colagem depreende-se, enfim, da "escrita hospitaleira" (Calle-Bruger *in* Butor, 2006, p. 9) do autor, como se lê neste parágrafo:

> Aproximo-me de um país que me coloca mil interrogações. Como descrevê-lo sem lhe dar a palavra, ou seja, sem dar a palavra a seus habitantes, escritores renomados ou outros, o que acarreta todo tipo de problema de seleção, recorte, tradução, adaptação, apresentação. Escrevo com palavras que já me foram dadas; até mesmo aquelas que eu invento são tomadas de um sistema já existente. Escrevo também com frases e até mesmo com páginas e com livros. Tudo, em meu texto, é citação em certo grau. O texto o revela, desfaz seu emaranhado, de certa forma. (Butor, 2003, p. 34)

É nesse sentido que compreendemos a colagem de citações quando Butor, esse "*chiffonnier-poète*", como o chama Calle-Gruber (2008, p. 10), comparável ao trapeiro-poeta benjaminiano, cede a palavra a outros, não se exprime diretamente e procede por reciclagem, arriscando o seu próprio apagamento.

4. CÂMARA ESCURA

INSTANTÂNEOS LITERÁRIOS: POR UMA POÉTICA DA FOTOGRAFIA

> *La vision du photographe est une fenêtre;*
> *son cadre est notre aveuglement. (...)*
> *Les rideaux de la vision, c'est la discrétion;*
> *sa vitre, c'est émerveillement. (...)*
> Butor, "Souvenirs photographiques".

Antes de começar a escrever sobre a fotografia ou para os fotógrafos, Michel Butor praticou ele mesmo a fotografia ao longo de doze anos, de 1951 a 1962, após o retorno de sua estada no Egito, como relata em suas "lembranças fotográficas".[1] As imagens obtidas foram posteriormente utilizadas, ou recicladas, como suporte epistolar, espécie de cartões postais que são enviados aos amigos desde então. Este é, aliás, o ponto de partida para a "arte postal" praticada pelo escritor a partir do recorte e da colagem de imagens de fontes diversas. Como fotógrafo, ele afirma:

> Eu não buscava fixar lembranças, mesmo se o exame de um desses clichés reabre sempre em mim válvulas da rememoração; eu queria inventar uma imagem. O visor da câmera fotográfica era um instrumento de exploração que me fazia ver o que eu não teria visto sem ele. Aliás, a noção de enquadramento, que já era fundamental em minha escrita, tornou-se ainda mais a partir desse exercício. Muito rapidamente adquiri um visor mental; mas a [câmera] reflex logo se transformou em filmadora. (ŒC X, p. 1.168)

O trecho acima citado abre, ao menos, três perspectivas: a relação da fotografia com a memória; sua capacidade mediadora de revelação de aspectos que nem sempre são vistos diretamente ou de coisas que passam despercebidas ao olho; os aspectos óticos do dispositivo fotográfico que reverberam na literatura. Sobre o último aspecto, outros ensaios confirmam o quanto a técnica

---
[1] As fotografias de Michel Butor (2002) foram reunidas em *Butor photographe*: archipel de lucarnes.

fotográfica influenciou, primeiro, seus romances, com a noção de enquadramento e a descrição de fotografias que imobilizam o gesto, transformando-o em um instantâneo.[2] As duas primeiras perspectivas, contudo, interessam-nos particularmente pela dimensão criativa: elas dizem respeito a uma experiência prática e pessoal da fotografia que se prolonga, como pretendemos mostrar no caso dos álbuns fotoliterários, na escrita. No ensaio "Poésie et photographie" (1984), afirma-se que, a partir do momento em que um fotógrafo se manifesta como um grande artista, pode-se utilizar o vocabulário da crítica literária para se referir a ele, em especial o vocabulário que se aplica à poesia (Butor, ŒC X, p. 1.164). Estendendo o paralelo, pode-se fazer uma leitura das imagens verbais de um poeta ou de um escritor com o vocabulário óptico da fotografia, ou, mais amplamente, da imagem. Assim, "inventar uma imagem", imagem verbal, é também escrever sobre, e a partir de, imagens feitas por outros fotógrafos.

O abandono da fotografia por parte de Butor abriu, com efeito, caminho para novas experiências poéticas que fizeram com que o laço com esse tipo de imagem permanecesse vivo. Cartier-Bresson, Gilles Ehrman, Jean-François Charbonnier, Edward Weston e Ansel Adams foram os primeiros com os quais colaborou. "As imagens me eram dadas; tratava-se para mim de diagramá-las (com a ajuda de um técnico, é claro), de colocá-las em frases. De compor uma espécie de encenação", afirma Butor (ŒC X, p. 1.168) sobre o processo de produção dos textos. Em seguida, inúmeras parcerias se sucederam. A lista é longa, de modo que citaremos apenas alguns nomes: André Villers (1930-2016), Denise Colomb (1902-2004), Pierre Cordier (1933-), Gérard Lüthi (1957-), Bernard Plossu (1945-), Édouard Boubat (1923-1999), Maxime Godard (1949-), Pierre Leloup (1955-2010), Bernard Larsson (1939-), Bill Brandt (1904-1983). Diversas gerações de fotógrafos dialogaram com Butor, seja por meio de textos para seus catálogos de exposição, seja por meio de poemas manuscritos ou impressos ou, ainda, de prosas poéticas justapostas à imagem como uma legenda; diálogos que se materializam em livros ou em estampas. "Assim as visões se enlaçam e as palavras nascem da coabitação" (Butor, ŒC X, p. 1.177).

Mais recentemente, esse tipo de coabitação ganhou o nome de fotoliteratura. A fotoliteratura não é um gênero, mas um "território", afirma

---

2 Um estudo sobre esse tema teria sua pertinência neste trabalho, assim como foi feito a respeito da obra de Robbe-Grillet, no capítulo "Quadros e enquadramentos em *Les Gommes* e *La Jalousie*", de *Alain Robbe-Grillet e a pintura: jogos especulares* (Arbex, 2013); mas preferimos nos deter, desta vez, nas produções fotoliterárias, com a presença material da fotografia.

Jean-Pierre Montier (2015, p. 20-21). Tampouco se trata de um território novo, mas de um conjunto de produções que, a partir de 1840, reúne o texto literário e a fotografia, bem como os processos de fabricação específicos que a caracterizam e os valores (semióticos, estéticos, etc.) que ela infere, uma vez que a invenção da fotografia introduziu na literatura novos parâmetros e, reciprocamente, os fotógrafos buscaram nela certos temas e procedimentos. Estão incluídas nesse território não apenas as produções editoriais ilustradas por fotos, mas também obras em que os procedimentos e o imaginário fotográfico (por exemplo, as ideias de revelação, positivo/negativo, branco/preto, enquadramento), ou a retórica que lhe é associada exercem um papel fundamental, estruturante. Considera-se que

> [...] a chegada da fotografia – como imagem com poderes singulares, como paradigma do fato de memória, como objeto poético e antipoético – sem dúvida orientou a constituição de obras essenciais da literatura dos dois últimos séculos. Além disso, ela esteve no cerne da questão da *Modernidade* ao propor um modelo de criação estética e de circulação do sentido essencialmente relacionada a sua natureza de objeto industrial e reprodutível. (Montier, 2015, p. 11)

Nesse prefácio a *Littérature et photographie*, Montier destaca que a crítica literária, de modo geral, até os anos de 1980, considerava que a literatura e a fotografia pertenciam a campos inteiramente distintos, sem interações ou influências mútuas. A partir dessa data, vários autores, revistas e instituições abriram espaço para a discussão do tema. Por isso a fotoliteratura é apresentada como uma nova "perspectiva de abordagem das relações texto-imagem (tão essenciais ao conjunto da literatura) que permitiria redefinir o próprio paradigma da Modernidade" (Montier, 2015, p. 11).[3] Esclarece, posteriormente, que moderno, para ele, significa "trabalhado pela fotografia, e, mais do que isso, precisamente, sobredeterminado pelos traços fundamentais que constituem a fotografia" (*ibid.*, p. 15). Embora não seja nosso propósito avaliar esse aspecto moderno da fotografia, importa destacar que os exemplos de Michel Butor, mas também de Alain Robbe-Grillet e de Marguerite Duras, vêm corroborar esse pensamento sobre uma escrita sobredeterminada pela imagem fotográfica.

---

3 Esclarece ainda que a Modernidade, no sentido utilizado por ele, pode ser definida como a "convergência de três fenômenos importantes: a dissociação das esferas do público e do privado, o achatamento da transcendência e o advento do reino do indivíduo", fenômenos cuja forma simbólica seria a fotografia. Por isso, torna-se um instrumento analítico capital do próprio fato da Modernidade (p. 13).

Estamos hoje bem distantes da relação conflituosa entre a literatura e a fotografia observada no século XIX, no prolongamento da discussão em torno do *ut pictura poesis*, a exemplo das reações contra aquilo que Baudelaire (1986, p. 288) chamou de "*industrie nouvelle*". O célebre texto de Baudelaire "Le Public moderne et la photographie" (1859) o atesta com virulência:

> A poesia e o progresso são dois ambiciosos que se odeiam de um ódio instintivo, e quando se encontram no mesmo caminho, um dos dois deve servir ao outro. Se for permitido à fotografia substituir a arte em algumas de suas funções, ela logo será totalmente suplantada ou corrompida, graças à aliança natural que encontrará na tolice da multidão. É preciso então que ela assuma seu verdadeiro dever, que é o de ser a serva das ciências e das artes, a mais humilde das servas, como a imprensa e a estenografia, que não criaram e nem suplantaram a literatura. (Baudelaire, 1986, p. 290)

Embora tenha circunscrito seu lugar subalterno em relação à literatura – "produto do belo" – e limitado o alcance da fotografia aos álbuns de viagem, à biblioteca do naturalista e à conservação de tudo aquilo que merece ser preservado – "as coisas preciosas cuja forma irá desaparecer e que pedem um lugar no arquivo de nossa memória" –, a reflexão de Baudelaire (1986, p. 290-291) foi determinante ao se colocar como uma contradição muito fecunda, segundo Montier. O fato evidenciou que a relação entre a literatura e a fotografia, pelo menos em seus primórdios, só poderia se estabelecer na base de um profundo conflito que recobre um extenso campo de questões sociais, históricas, políticas e estéticas, já discutidas por Walter Benjamin (1994, p. 91-107). Compreende-se, então, que literatura e fotografia alimentam uma relação de cumplicidade que nem sempre é pacífica e entretém uma complementaridade que não é natural. Essa perspectiva, que também é a nossa, marca, portanto, os estudos fotoliterários no sentido de não buscar "apaziguar" as tensões e fricções inerentes à interação entre o texto e a imagem (Montier, 2008, p. 11). A figura que passa a ser então mais apropriada seria a da "diagonal", no lugar da figura do "paralelo", característica do Renascimento, tradicionalmente utilizada para tratar das relações entre as artes. Considerando que a "fotografia introduziu um corte na tradição da imagem" e que a "antiga lógica do Paralelo conduziu seja a uma dissimetria, seja a uma aporia", a imagem da diagonal, para o autor, tem a vantagem de tornar visíveis as trocas recíprocas entre a imagem e o texto, e remete à ideia de uma "projeção espacial", uma "cartografia objetiva" (Montier, 2015, p. 16-17).

Importa ainda frisar que se trata de considerar a fotoliteratura como combinação de mídias em que o texto e a imagem são autônomos, mantêm cada um sua materialidade própria, ainda que participem de um projeto comum. Por mais heterogêneas que sejam essas mídias, leva-se em conta como são organizados e dispostos os elementos no suporte, como cada um participa, com suas particularidades, sem dúvida, para o efeito do conjunto. Embora autônomas, não se trata de fazer uma análise de cada fotografia, mas importa afirmar o princípio de que a imagem fotográfica é, segundo Philippe Dubois (2012, p. 53; p. 93-94), "inseparável de sua experiência referencial, do ato que a funda" e que, contudo, "por mais próxima que esteja do objeto que ela representa e do qual emana, ainda assim permanece absolutamente separada dele". A afirmação da "clivagem constitutiva" que abala a relação da imagem com seu objeto é importante na medida em que desloca também a relação do escritor com a imagem, que passa a jogar com ela no modo da distância e da proximidade.

Neste capítulo, privilegiaremos as produções fotoliterárias em que Michel Butor é autor dos textos que partilham com a fotografia um território. São publicações com características editoriais particulares, que, por seu turno, colocam em cena modalidades diversas de relação da escrita com a fotografia. Nessas produções, trata-se, sobretudo, de fotoliteratura "ilustrada" (voltaremos a este termo), e não do "imaginário fotográfico", exclusivamente textual, ainda que se observe nos textos a utilização de um vocabulário, de metáforas ("instantâneos literários" é um exemplo) ou procedimentos de escrita que veiculam procedimentos ópticos especificamente fotográficos, como os efeitos de zoom sobre um objeto ou os enquadramentos. Ou seja, em todas essas produções há a presença visível da imagem fotográfica, ponto que deve ser destacado em oposição às produções literárias em que a ausência da fotografia, justamente, produz potentes efeitos de "imagens fantasmas" (Montier, 2015, p. 23), constituindo até um *topos* fotoliterário recorrente. Este não é o caso dos três álbuns que examinaremos aqui, embora se possa observar esse efeito retroativo em alguns deles.

Os jogos de equilíbrio entre o texto e a imagem dependem tanto das condições de produção do texto quanto de suas funções diante da imagem. Michel Butor, ao refletir sobre a poética da fotografia, define duas funções: a ilustração e a legenda. Primeiro, pode-se falar em ilustração pela fotografia quando o foco é colocado sobre o texto; mas o autor alerta que não se deve entender essa relação como submissão, pois a partir dela as "tarefas são compartilhadas" e pode nascer "um novo exercício", tautológico, que é a "descrição pelo escritor daquilo que, justamente, ele tem diante dos olhos" (ŒC X, p. 1.164). Segundo, o texto se torna uma legenda quando o foco está na fotografia. Comumente, essa relação nos passa despercebida, a exemplo do texto que designa uma pessoa nos retratos, um fato nos jornais. Assim como na ilustração, a legenda pode ir além dessa primeira função e transformar nossa percepção da imagem. Nesse sentido, embora Butor utilize termos usados frequentemente para classificar essa relação texto-imagem – ilustração e legenda –, vê-se que se trata de um deslocamento das funções do texto e de "ilustrações transgressoras", retomando a expressão de Christin. De fato, os criadores de imagens e de textos deslocam, de certo modo, determinadas modalidades genéricas, espelhando a natureza mesma da relação escrita-imagem, que se caracteriza pela "transgressão". Uma delas é a ilustração, termo que coloca um problema conceitual.

Anne-Marie Christin (2009) parte de uma comparação entre a "ilustração", tal como é concebida na China, com a ilustração no Ocidente. No caso da China, reunidas num mesmo suporte, a caligrafia e o desenho têm uma relação de "contaminação" que é o prolongamento de seu sistema de escrita ideográfico. No Ocidente, cujo sistema rompeu os laços com a origem icônica da escrita, fazendo desta um código abstrato, a reunião do texto e da imagem não é natural; coube aos criadores recuperar e reinventar essa escrita de natureza mista, mestiça. Ainda segundo a autora, o termo "ilustração", até o início do século XIX (em seguida, ele foi substituído, na França, pelo de estampa, gravura ou prancha, para designar a imagem de um livro), indicava o papel funcional, e não decorativo, da imagem em relação ao texto, incluindo os valores de explicação, de esclarecimento ou de comentário; ou seja, a imagem estava subordinada à palavra e não tinha autonomia própria. Essa não é a posição dos escritores e artistas, que buscavam uma "dinâmica" entre as duas artes "igualmente senhoras da página", mas que haviam se tornado dificilmente compatíveis. Christin cita Matisse, para quem "o livro não deve precisar de ser completado por uma ilustração imitativa. O pintor e o escritor devem agir em conjunto, sem confusão, mas paralelamente" (*ibidem*, p. 10-11). E pode-se dizer que, ainda hoje, a ilustração mantém essa conotação negativa, pois percebe-se certa recusa dos artistas contemporâneos em usar o termo, de modo a validar a interrogação de Évelyne Rogniat (*in* Montier, 2008, p. 327) sobre o modo como os "autores de imagens e de textos inventaram uma poética do 'entre-dois' que não é nem ilustração na dependência, nem autonomização de obras paralelas".

Exemplos de "ilustração transgressiva" surgiram desde o fim do século XIX, reatando com uma prática que já existia nos manuscritos medievais. O "mecanismo" da ilustração consiste na reunião das informações verbal e visual sobre um mesmo suporte, que são "oferecidas a um único modo de apreensão, a visão, a qual deve intervir, de um lado, sob a forma de leitura e, de outro, da contemplação" (Christin, 2009, p. 3). Ainda que submetida a um único sentido, que é o da visão, a apreensão do conjunto se dá pelo "efeito de *diferença* entre as duas mídias" e, em seguida, da "transgressão dessa diferença" que faz surgir similitudes parciais entre elas. Por exemplo,

> são o grau de iconicidade do texto, assim como as modalidades gráficas tanto quanto espaciais por meio das quais ele se expressa, que tornarão possível ou não, criativas ou estéreis, essas contaminações transgressivas que, engajadas inicialmente de um elemento a outro de uma imagem ou do visível ao invisível, devem passar então de um texto a uma imagem. (Christin, 2009, p. 3)

Assim, embora ainda se utilize com frequência o termo de ilustração, como é o caso de Butor, deve-se pensar nessa ilustração como transgressão, ainda que em diferentes graus, como veremos em seguida.

A partir dessas considerações, e projetando-as na relação texto e fotografia nos álbuns fotoliterários, definimos três modalidades: a "ilustração transgressiva", a "legenda poética" e o "cruzamento de olhares". As duas primeiras decorrem daquelas enumeradas pelo próprio Butor. A terceira modalidade, que chamamos de "cruzamento de olhares" não foi proposta por ele, mas suscitada pelos dois polos acima definidos: "entre ilustração e legenda, podemos imaginar todo tipo de equilíbrios diferentes" (ŒC X, p. 1.165). De fato, nessa última modalidade o texto e a imagem encontram-se numa relação mais equilibrada, a começar pelo aspecto gráfico e espacial por meio do qual o texto se expressa, de modo que o foco é dirigido tanto para um quanto para outro.

Nos exemplos que serão apresentados em seguida, outro elemento deve ser levado em conta: o lugar ocupado pelo escritor junto ao fotógrafo nesse processo. Através de sua experiência, relatada em "Souvenirs photographiques", Butor pode distinguir duas maneiras diferentes, basicamente, de participar ao lado do fotógrafo: uma relação indireta, quando se trata de lugares ou de pessoas que ele conhece apenas por meio da imagem; e uma relação "direta anterior", quando o assunto ou sujeito fotografado é conhecido:

> Na fotografia, o assunto ou motivo é, com frequência, extremamente presente. Às vezes, somente a imagem é que me faz conhecê-lo; são lugares onde nunca

estive, pessoas que nunca vi. Eu os descubro por intermédio dessa janela; só posso falar deles a partir daquilo que o fotógrafo me mostra. Mas com bastante frequência trata-se de um país que já percorri, de um amigo que sempre vejo, de um escritor já lido, de um pintor que admiro. Estabeleço então uma relação direta anterior. (Butor, ŒC X, p. 1.177)

No primeiro caso, a relação indireta, a escrita é desencadeada por meio dessa "janela" que constitui a imagem, mostrada do ponto de vista do fotógrafo. No segundo, forma-se uma relação triangular de caráter nitidamente afetivo:

> Escrevo sobre o motivo, ao mesmo tempo, por meio do fotógrafo e ao lado dele; posso distinguir entre aquilo que ele me mostra e a maneira como o faz. É porque posso falar de modo distinto do dele sobre aquilo que ele me mostra, é justamente por isso que eu posso falar dele de verdade. (Butor, ŒC X, p. 1.177)

São esses "instantâneos literários" que passaremos a examinar em seguida, em três álbuns fotoliterários: *Dialogue avec Arthur Rimbaud sur l'itinéraire d'Addis-Abeba à Harar* (2001), *Universos paralelos* (2011) e *L'Atelier de Man Ray* (2005).

INSTANTÂNEO 1:
No rastro de Arthur Rimbaud: a ilustração transgressiva

"Ele se tornou como um irmão mais velho, companheiro de miséria mental e de errância", confessa Michel Butor (ŒC X, p. 517) se referindo a Arthur Rimbaud, cujos passos, na poesia, procurou seguir. Admiração e companheirismo que se manifestaram em diversos textos que buscam elucidar o enigma de "um dos maiores poetas de nossa língua" (ŒC X, p. 395): "Vagabonds", "La Poésie de Rimbaud", "Rimbaud vu d'Extrême-Orient", "Trois années de révolution poétique", *Hallucinations simples* e, sobretudo, *Improvisations sur Rimbaud*. Aliás, segui-lo não apenas na poesia, na alquimia da linguagem, mas também indo ao seu encontro fantasmático na Etiópia. É essa aventura que nos é contada em *Dialogue avec Arthur Rimbaud sur l'itinéraire d'Addis-Abeba à Harar*.

Butor se interessará pela trajetória de Rimbaud já em território africano, após ter deixado a França em 20 de outubro de 1878, aos 24 anos. Os documentos que apresenta revelam ser fruto de intensa pesquisa para entender o mistério, para muitos, do que ficou conhecido como o "abandono" por Rimbaud da poesia, seu "adeus ao mundo" (Butor, ŒC X, p. 396):

> [...] os textos que nos chegaram desse último período [da vida de Rimbaud], em sua aridez e por meio de um vocabulário comercial frequentemente difícil, apesar dos progressos dos eruditos, estão dentre os mais surpreendentes, os mais perturbadores que ele escreveu [...]. Trata-se de compreender em que essa existência de 'comerciante apaixonado' [...] pôde ser uma resposta às descobertas poéticas e espirituais, às iluminações sentidas. (Butor, ŒC X, p. 492)

O que aconteceu entre Adis-Abeba e Harar? O que Rimbaud *viu* durante seu trajeto? Esta parece ser a proposta da viagem relatada em *Dialogue avec Arthur Rimbaud*: compreender, encontrar uma resposta, no local mesmo onde esteve Rimbaud, refazer seus passos. Butor (ŒC X, p. 518) acrescenta que o livro lhe deu a oportunidade de aprofundar o episódio da entrega de fuzis belgas que ele abordou apenas superficialmente em seu livro anterior, *Hallucinations simples*. Para entender melhor a situação de Rimbaud à época, é bom lembrar, resumidamente (pois são complexos a cronologia e os diversos deslocamentos), que ele trabalhava na triagem de café para a empresa marselhesa de Alfred Bardey em Harar. Uma vez que Bardey entra em falência, Rimbaud encontra no comerciante suíço Alfred Ilg, que o encoraja a trabalhar com ele, uma ocasião de retomar os negócios. Retorna então a Harar por um novo caminho, a oeste, trajeto feito em caravana em duas semanas e que será refeito por Butor em dois dias no ano de 2000. O trajeto de Adis-Abeba a Harar é retraçado a partir do diário que o próprio Rimbaud enviou, do Cairo, a Alfred Bardey, em 25 de agosto de 1888. A aventura da expedição é assim sintetizada na contracapa do livro:

> Em 26 de agosto de 1887, da cidade do Cairo para onde foi se refrescar do calor de Aden, Arthur Rimbaud escreve a seu antigo diretor Alfred Bardey uma longa carta na qual conta suas aventuras desde que o havia deixado dois anos antes. Ele lhe transmite, em particular, o diário que havia escrito do itinerário de Entotto a Harar, trajeto percorrido uma única vez em sua vida. [...] Nós pudemos percorrer de certa forma esse itinerário mais de um século depois, em um 4x4; nossas lembranças e fotografias são como um acompanhamento discreto ao texto do poeta. (Butor; Butor, 2001, contracapa)

Utilizamos, para esta análise, a edição da coleção *Carnets*, das edições L'Amourier, que se distingue pelo formato diferenciado, *à l'italienne*, de 20 x 28 cm, e pela presença de imagens, o que o caracteriza como álbum fotoliterário feito pela combinação de mídias. O livro justapõe o texto de Butor (composto com trechos extraídos de cartas e do diário de Arthur Rimbaud) a fotografias feitas por sua esposa, Marie-Jo,[4] com as quais o escritor dialoga nessa viagem não apenas turística, mas, sobretudo, literária e visual. Mapas dos trajetos empreendidos, desenhados sumariamente pelo escritor, também compõem a parte visual do livro. Pode-se dizer que se trata de uma "relação direta anterior" no tocante à fotografia, como indicado acima, pois Rimbaud é sem dúvida o grande "mestre" de Butor (ŒC X, p. 397): "Pouco a pouco dei-me conta de que esse jovem sem idade poderia verdadeiramente ser meu mestre. Passei, então, a estudá-lo apaixonadamente, tentando arrancar dele alguns de seus segredos para fazer algo bem diferente."

O livro segue o programa indicado acima, com uma divisão em três partes: "Préliminaires", "Itinéraire double" e "Postliminaires". Na parte preliminar, há uma tentativa de reconstituição, histórica e geográfica, da viagem do poeta de *Illuminations* (1886) a partir de cartas escritas por ele a Alfred Bardey, a Alfred Ilg, entre outras correspondências e documentos que são citados, informando o leitor sobre as condições dos diversos deslocamentos na Etiópia. Por exemplo, no que se refere à expedição de Tadjoura a Ankober, para a entrega das armas ao rei Menelik II (1844-1913):

> [...] Minha caravana era formada por alguns milhares de fuzis e de uma encomenda de instrumentos e suprimentos diversos para o rei Menelik. Ela ficou retida um ano inteiro em Tadjoura pelos Dankalis, que agem da mesma maneira com todos os viajantes, liberando a estrada somente depois de tê-los despojado de tudo o que for possível... [...]. A seis curtas etapas de Tadjoura, ou seja, a aproximadamente 60 quilômetros, as caravanas descem do lago Salé pelas péssimas estradas que lembram o horror presumido das regiões lunares. (Butor; Butor, 2001, p. 12)

O leitor tem acesso a toda uma parte obscura, e controversa, da existência de Rimbaud, mesmo com lacunas de documentação, que provavelmente somente os especialistas da obra do poeta detêm. É surpreendente como Butor desembaraça os fatos, extraindo-os das cartas e, ao mesmo tempo, expondo essas mesmas cartas pela citação, que são como biografemas (Barthes, 1971, p. 13) sobreviventes de Rimbaud. O escritor, em recuo, acompanha discretamente, como ele diz, o texto do poeta.

---

4 Marie-Jo Butor (1932-2010) começou a fotografar nos anos de 1980, quando amigos lhe ofereceram uma câmera. Diferentemente de Michel Butor, ela faz fotos coloridas que retratam sobretudo paisagens e pessoas dos diferentes locais por onde o casal viajou: Israel, Etiópia, Brasil, Índia.

Na parte intitulada "Itinerário duplo", dividida em duas jornadas, são retraçados paralelamente o itinerário de Rimbaud, em 18 etapas, a partir das anotações de seu diário, e o itinerário do casal Butor. Mais de um século depois, ele refaz as etapas do itinerário do poeta convocado várias vezes por meio de citações extraídas de sua obra e reconhecíveis pelo uso do itálico. É no início dessa parte que o leitor é informado das circunstâncias pessoais e familiares da viagem empreendida pelo escritor e a fotógrafa, acompanhados do compositor Henri Pousseur, que havia composto *Leçons d'enfer (théâtre musical)* por ocasião do centenário da morte de Rimbaud em 1991. Além das referências a Rimbaud e à sua poesia, Butor faz suas próprias observações sobre os animais e os pássaros no parque nacional de Awash, dá suas impressões sobre as paisagens e os vilarejos por onde passam, e compartilha suas informações sobre a cultura local e sobre a história do país.

A terceira e última parte, "Pósliminares", corresponde à chegada a Harar, onde se fecha também o diário de Rimbaud. Butor reúne ali trechos da correspondência do poeta e recapitula os diferentes momentos em que Rimbaud esteve nessa cidade. É nessa parte que encontramos referências sobre a intenção de Rimbaud de escrever um livro sobre o Harar e os Gallas, para submetê-lo à Sociedade de Geografia francesa; por isso encomendou um aparelho fotográfico: "Acabo de encomendar em Lyon uma máquina fotográfica que me permitirá intercalar nessa obra vistas dessas estranhas regiões..." (Rimbaud *apud* Butor; Butor, 2001, p. 34). O episódio da máquina fotográfica é considerado uma verdadeira "odisseia" por Butor, que não se estende sobre o assunto, citando apenas um trecho de uma carta de Rimbaud enviada à sua família em que fala de dois ou três autorretratos. É possível imaginar que o projeto de *Dialogue avec Arthur Rimbaud* inclui esse desejo expresso por Rimbaud de escrever e fotografar o país por onde passou e as pessoas que ali vivem.

Uma visão ampla do livro sugere que o texto ocupa o primeiro plano e que a fotografia viria ilustrá-lo. De fato, de um lado, o volume de texto é superior ao número de imagens, e a distribuição das imagens ao longo do livro vem corroborar essa primeira impressão: grandes fotografias panorâmicas precedem o início de cada uma das três partes e são seguidas dos mapas referentes às diferentes etapas do trajeto; fotos de pequeno formato fecham cada parte. São poucas as imagens que escapam a esse formato geral de diagramação. De outro lado, essas fotografias em preto e branco, de diferentes formatos e legendadas, que vêm pontuar o texto como tantas imagens de um *carnet de voyage*, um diário de viagem, parecem pertencer ao campo do *studium*, seja por seu caráter cultural, informativo ou histórico. O *studium*, como se sabe, é para Barthes (1984, p. 44) "uma vastidão", ele tem a "extensão de um campo, que percebo com bastante familiaridade em função de meu saber, de minha cultura", remetendo sempre a uma "informação clássica". Assim, o retrato do menino diante de sua loja de quinquilharias, que abre o livro, informa sobre o trabalho infantil de uma criança que, embora sorridente, parece ter mais do que sete anos, como diz a legenda. A imagem das "rações de carvão para a cerimônia do café" colocadas no chão e a da cabana dos Oromo apontam para os aspectos culturais em que se reconhece as "intenções do fotógrafo", com o qual se compartilha um saber. O mesmo se pode dizer da fotografia dos "vestígios de magníficas florestas", dos subúrbios e da chegada em Harar, imagens que correspondem cronologicamente às etapas da viagem, pois: "é pelo *studium* que me interesso por muitas fotografias, quer as receba como testemunhos políticos, quer as aprecie como bons quadros históricos: pois é culturalmente (...) que participo das figuras, das caras, dos gestos, dos cenários, das ações" (Barthes, 1984, p. 45-46).

Se, de início, a função da fotografia parece meramente ilustrativa, no sentido em que é o texto que ocupa grande parte do livro, a partir do momento em que ela intervém, essa função é extrapolada e as contaminações mútuas de que falava Christin começam a se manifestar. "A ilustração é olhar", afirma a crítica, e o olhar da ilustração nasce da presença da imagem na vizinhança do texto:

> Esse olhar da imagem não se deve apenas ao fato de a ilustração aproximar-se de um lado e de outro dessa fenda mediana que os oferece de modo espelhado, ou de uma distância regulada, ao mesmo tempo visível e invisível, de suas margens. Sua razão de ser é a de ocupar primeiro o espaço, de fazer com que o ver se sobreponha ao ler, de dominar de imediato essa dualidade do texto e da imagem na qual ela aparece como secundária. (Christin, 1995, p. 185)

Em *Dialogue avec Rimbaud*, quando a ilustração domina o espaço da página, no caso das panorâmicas, ela de fato sobrepõe o ver ao ler. A imagem, situada do outro lado dessa "fenda mediana", a "costura", em relação espelhada ao texto e formando com ele um díptico (Butor, 1974, p. 229), monopoliza um instante nossa visão. Quando ela divide o espaço com o texto, novas relações se instauram e o "olhar da ilustração" se altera. Como diz Michel Butor, "as tarefas são partilhadas" e "há uma série de coisas que são inúteis de serem ditas por palavras"; a imagem tem sua autonomia (ŒC X, p. 1.165).

Vejamos alguns exemplos: a fotografia legendada "Rations de charbon pour la cérémonie du café", que abre e fecha (em formato reduzido) a parte Preliminares, não parece ter relação direta com o relato da carta de Rimbaud a Alfred Bardey (de 26 de agosto de 1887, um ano após a publicação, em Paris, das *Illuminations*), seu antigo diretor, ao qual ele explica suas dificuldades e seus deslocamentos pela região africana ao mesmo tempo em que faz um retrato do país. Contudo, nos comentários de Butor há uma menção discreta à função de Rimbaud, junto a Bardey, de responsável pela triagem do café: "As memórias de Alfred Bardey mostram que ele não duvidou do passado literário de Rimbaud enquanto este trabalhava para ele como contramestre da triagem do café" (Butor; Butor, 2001, p. 11). A fotografia do carvão disposto no chão, um tanto enigmática para aquele que não conhece essa cultura, ganha sentido com a legenda, que, mais do que a imagem, esclarece o objeto e, de certo modo, serve de emblema para esse período que Rimbaud passou em Harar, fazendo o elo com o texto (Fig. 19).

A imagem de abertura da segunda parte, Itinerário duplo, mostra uma cabana Oromo, cuja fotografia foi tirada através do vidro da janela do veículo, como nos informa a legenda. Assim como no caso das rações de carvão, a imagem dispensa qualquer descrição. Sua presença se refere ao trecho que trata do vilarejo dos Abitchou, habitado pela etnia Oromo (chamados Gallas anteriormente), por onde havia passado Rimbaud: "esse vilarejo tornou-se uma cidade de mais de cem mil habitantes que os Oromos chamam, de fato, de Bishoftu, e os Amharas de Debré Zeit, o 'monte das oliveiras'" (Butor; Butor, 2001, p. 19). É, sobretudo, o contraste entre a solidão que envolve a cabana – diríamos uma imagem da época de Rimbaud, se não fosse pela presença dos postes elétricos – e a informação da transformação da cidade, dada pelo texto, que sobressai dessa justaposição de temporalidades conflitantes. Em relação ao projeto de Rimbaud de escrever um livro de etnografia sobre os Oromos (ŒC X, p. 397; Butor; Butor, 2001, p. 19), a fotografia adquire um suplemento de sentido, o da foto de uma foto ausente. A fotografia

> induz a esse movimento constante, do ponto de vista da foto, de passar do *aqui--agora* da imagem ao *alhures-anterior* do objeto, que não para de olhar intensamente essa imagem bem presente, de nela imergir, para melhor sentir seu efeito de ausência, a parcela de *intocável referencial* que ela oferece à nossa sublimação. (Dubois, 2012, p. 348)

Da mesma forma, o escritor julgou inútil usar palavras para acompanhar a fotografia de "L'Entrée de Harar" (Fig. 20), embora comente as grandes mudanças ocorridas nos intervalos em que lá esteve Rimbaud. O contraponto a essa imagem contemporânea é feito por meio de uma breve descrição do mesmo local por Rimbaud, em carta de 1887, posteriormente censurada,[5] a Alfred Bardey: "Em Harar, os Amara agem, como sabemos, confiscando, extorquindo, pilhando; é a ruína do país. A cidade tornou-se uma cloaca" (Butor; Butor, 2001, p. 43). Citação que cria um efeito bumerangue entre texto e imagem, que transforma nossa visão, mas também faz colidirem o passado de Rimbaud e o presente da foto do ano 2000.

É importante mencionar ainda o "grau de iconicidade do texto", assim como as "modalidades gráficas tanto quanto espaciais através das quais ele se expressa", como diz Christin, acima citada. Comparando com os textos estudados em MESA DE MONTAGEM, o *Dialogue avec Rimbaud* apresenta um grau de iconicidade inferior no que se refere às variações tipográficas, por exemplo. Alternam-se o itálico, reservado para as citações das cartas de Rimbaud e de seus correspondentes, e o caractere romano para os trechos de Butor, de modo que também a tipografia acusa o choque de temporalidades. Mas a presença visual dos mapas, feitos à mão, com a indicação das cidades também manuscritas em caixa alta, insere uma novidade gráfica (Fig. 21). A disposição do texto na página, em duas colunas, imprime um ritmo e permite a melhor acomodação, na vertical, das fotografias retangulares. Já as panorâmicas ocupam toda a página na horizontal, seguindo o formato italiano. Essa variedade gráfica contribui para a iconicidade como um todo, contaminando a escrita.

Os exemplos aqui apresentados visam mostrar que, nesse livro, não se trata de ilustração no sentido de uma subordinação da imagem à palavra, nem de espelho, em que a imagem imita, esclarece o que é dito pelo texto. Ao contrário, a imagem tem autonomia própria e tudo indica que a fotógrafa e o escritor agiram em parceria em torno de um projeto único. A escrita, por sua vez, com o vai e vem das citações, o uso das diversas vozes narrativas, entre as cartas do século XIX e os comentários do século XXI, a variação tipográfica, também produz uma certa forma de ubiquidade, a do "aqui-agora" do texto, ao "alhures-anterior" do objeto, para melhor sentir o efeito de ausência de Rimbaud, ou de sua presença sobrevivente. É o que parece dizer Butor, ao expressar seu sentimento de esperança:

---

5 A censura se refere à supressão do trecho do *Bulletin de la Société de Géographie*, devido à crítica à violência ali contida.

Inútil dizer que nós esperávamos encontrá-lo na esquina de cada rua, escondendo seu bom humor por detrás de sua 'terrível máscara de homem extremamente severo' de acordo com a expressão de Alfred Ilg. Que o fantasma da criança andeja que queria ser um dos primeiros poetas franceses, e que o conseguiu, quase sem se dar conta, nos guie um pouco em direção às pistas de uma estação, de uma razão melhores! (ŒC X, p. 518)

INSTANTÂNEO 2:
Uma viagem fotoliterária: a legenda poética

A cumplicidade com o fotógrafo, a dimensão inventiva – e afetiva – aí implicadas estão ainda presentes e de modo bem especial no álbum realizado a partir de fotografias feitas por Marie-Jo Butor, em parte reunidas em *Universos paralelos: uma viagem fotoliterária de Michel e Marie-Jo Butor* (2011).[6]

Esse álbum é graficamente e literariamente diferente do *Dialogue avec Arthur Rimbaud sur l'itinéraire d'Addis-Abeba à Harar* e de *L'Atelier de Man Ray*. Abordemos esse álbum pelas margens, pela perspectiva da recepção inicialmente. Considerando as diferentes relações de justaposição entre o texto e a imagem observadas por Butor (ŒC X, p. 1.164) – principalmente, o texto como legenda que acompanha a fotografia, em primeiro plano; e a fotografia ilustrativa, quando é o texto que domina a imagem –, pode-se concluir de imediato que a intervenção textual do escritor é da ordem da legenda – poética, certamente –, pois a imagem ocupa com efeito um lugar de destaque na página. Nesse caso, a legenda não se tornou "a parte mais essencial da fotografia", como intuiu Walter Benjamin (1994, p. 107), embora tampouco se limite a tornar menos "vaga e aproximativa" a construção fotográfica.

Como podemos ver nas figuras seguintes, colocada sob a fotografia, a escrita manuscrita se inscreve na margem e permanece a uma certa distância, ainda que esteja no interior do enquadramento, para que sejam vistas simultaneamente. Escritor das fronteiras, Michel Butor mostra o quanto é sensível a essa ocupação da margem como demonstra em "Ce que dit la femme 100

---

[6] O livro foi editado na ocasião da exposição *Michel e Marie-Jo Butor: universos paralelos*, que ocorreu no Centro de Cultura Belo Horizonte, de 4 a 28 de outubro de 2011, como parte das atividades do "Colóquio Internacional Universo Butor", realizado na UFMG. Cf. ainda o artigo "Les Récits-images de Michel Butor" (Arbex, 2015).

têtes" (1945), a respeito de Max Ernst, artista que também privilegiava as legendas poéticas ou títulos-poemas:

> É, primeiro, no título dos quadros ou colagens que a literatura de Max Ernst levanta voo, seguindo nesse aspecto o exemplo de Klee, títulos frequentemente integrados plasticamente à própria obra, não apenas impressionantes, e conservando uma parte de seu poder destacados da imagem que eles designam, mas às vezes surpreendentemente longos [...]. (Butor, ŒC III, p. 354-355)[7]

Em suas colagens, Max Ernst introduz com efeito títulos-poemas ou legendas poéticas manuscritas compostas, elas mesmas, pelo procedimento da colagem. O olhar se desloca entre o visível e o legível de modo intermitente. Acreditamos que Butor retoma esse formato em seus trabalhos com artistas e com fotógrafos, em especial naqueles realizados com sua esposa Marie-Jo. A moldura, como fronteira física e metafórica, é abolida:

> esse limite cujo hermetismo alguns gostariam de garantir, é poroso por todos os lados. [...] Acabou-se a separação que nossa cultura, por razões mitológicas, ideológicas e sobretudo institucionais sempre quis manter. No interior do retângulo sagrado, a palavra profanadora já maculou tudo. (Butor, ŒC XI, p. 1.140)

A intervenção manuscrita no espaço reservado, em princípio, à imagem, representa, assim, um duplo gesto de transgressão: de um lado, um gesto de invasão de um espaço consagrado ao artista e protegido por séculos de tradição; de outro lado, um gesto de valorização da iconicidade da escrita, que se torna um desenho (Butor, 1992, p. 32). Na medida em que a escrita manuscrita exige um esforço maior para ser decifrada, ela atrai o olhar, embora a fotografia ocupe o primeiro plano. O traçado da escrita manuscrita, ainda que enigmático, participa estreitamente da percepção da imagem: reunidas sobre um mesmo suporte, a legenda e a imagem são apreendidas pela visão, pelo modo da leitura e da contemplação, como diz Christin, acima citada.

Em 1969, ao se interrogar sobre a aparição de "palavras na pintura", Butor analisa a expansão do título em legenda. Constata que, cada vez mais, o título ultrapassa essa fronteira constituída pela moldura, a obra passa a comportar "duas partes que se dirigem ao olho simultaneamente (...), envolvidas pelo mesmo retângulo soberano" (Butor, 1969, p. 30). A partir do exemplo de Paul Klee, Butor (*ibid.*, p. 31) nota a potência desse vetor que é a linha manuscrita do texto, conduzindo o olhar e obrigando-o a ir da esquerda para a direita:

---

[7] A respeito da colagem em Max Ernst, cf. Arbex (2002; 1998).

passeio do olhar durante o qual "nós seguimos o movimento da pena, todos os seus graciosos meandros, mas sobretudo o deslocamento da própria mão, de uma letra à outra, de uma palavra à outra". É o *ductus*, elemento capital da escrição (*scription*), como diz Barthes (2004, p. 235-236), ao mesmo tempo "um movimento e uma ordem, em suma, é uma temporalidade, o momento de uma fabricação; só pode ser captado quando se fixa mentalmente a escrita *em vias de fazer-se*, e não a escrita feita (...)".

A utilização das minúsculas implica a *curvisidade* da escrita, fenômeno que traduz uma aceleração da velocidade da escrição (Barthes, 2004, p. 66), e, por conseguinte, pede um deciframento meticuloso que não exclui o exame da imagem – pelo contrário. Os valores associados à escrita manuscrita estão ali presentes: intimidade das missivas, rapidez do traçado, gestualidade do *ductus* que traduz a franqueza e a energia (Duplan, 1977, p. 300).

Deslocada à direita com relação à moldura, um pouco *à l'écart*, logo, distanciada, a longa legenda se torna, não uma "barra", como em Klee, mas um bloco de texto – "o próprio retângulo do parágrafo sendo ele mesmo considerado como uma unidade expressiva" (Butor, 2013, p. 53) – sobre o qual a imagem não se apoia completamente. Solo instável cujo deslocamento marca sua dialética de texto sob e sobre a imagem.

Podemos nos interrogar sobre a maneira de proceder do escritor, sobre o lugar que ocupa ao lado da fotógrafa. Uma relação "direta anterior" se instaura a partir do momento em que ele conhece o lugar fotografado. Uma relação triangular também, pois o fotógrafo é o mediador entre o escritor e a imagem: "Eu falo do motivo, ao mesmo tempo, por meio do fotógrafo e ao lado dele (...)" (Butor, ŒC X, p. 1.177), como já indicado em citação anterior.

No caso das viagens realizadas com Marie-Jo Butor ao Brasil e à Índia, sabemos que é o escritor que organiza o itinerário e, às vezes, designa um objeto suscetível de ser fotografado, mas é sempre a fotógrafa que "tem o olho no visor e aperta o botão" (ŒC X, p. 1.178). Enquanto isso, o escritor faz apontamentos em sua caderneta. Duplo trabalho de escavação poética, visual e literária, como podemos ler nas primeiras estrofes dedicadas a "Marie-Jo photographe" (Butor, 2003, p. 170):

Quand nous voyageons ensemble à travers les continents changeant de fuseaux horaires comme de slip ou chemise	Quando viajamos juntos atravessando continentes mudando de fuso horário, como de calça ou camisa
Alors que je vais devant portant les vestes et sacs entraîné par ma passion de chercher dans les recoins	Enquanto eu vou na frente carregando os casacos e bolsas levado por minha paixão de procurar nos cantos
Toujours fouillant dans les nues les murailles ou les gravats pour la phrase qui manquait aux prochaines conférences	Sempre vasculhando nas nuvens nas muralhas ou nos entulhos a frase que faltava às próximas conferências
Tu retardes mon allure pour cadrer quelque aventure pour capter quelque figure dans ton piège à souvenir	Você atrasa meu passo para enquadrar alguma aventura para captar alguma figura em sua armadilha de lembranças
Quand nous sommes de retour dans notre écart savoyard toute ta moisson d'images nous défile entre les doigts	Quando estamos de volta em nosso *écart* saboiano toda a sua colheita de imagens desfila entre nossos dedos
Les paupières du déclic conservent dans leur sourire la fraîcheur que la fatigue nous avait fait oublier Et c'est un nouveau voyage avec tes yeux cette fois le temps tel qu'il s'écoulait dans ton cœur et dans tes pas	As pálpebras do declique conservam em seu sorriso o frescor que a fadiga nos fez esquecer E é uma nova viagem com seus olhos desta vez o tempo tal como transcorria no seu coração e nos seus passos

No caso das fotos feitas na Índia, Michel Butor revela que os textos foram escritos a partir das imagens, que ele tentou colocar ali a presença do casal, as circunstâncias, aquilo que mais o atraiu naquele momento ou, ainda, aquilo que o surpreendeu ao ver a fotografia, mas que não havia chamado sua atenção no momento em que foi feita. Seu testemunho a respeito do trabalho de *escavação* das imagens, *a posteriori* – "Quando as revejo [as fotos], é sempre um momento de nossas vidas que volta", ou "analisando essas fotos, tudo aquilo que nós vivemos retornava" (Butor; Butor, 2011, p. 65) – mostra que seu olhar é retrospectivo e indica a propensão da fotografia ao traço. Nesse sentido também caminham as reflexões de Didi-Huberman (2015, p. 121-122) a respeito do fenômeno aurático definido por Walter Benjamin: "O fato de uma coisa ser *passada* não significa apenas que ela está longe de nós no tempo. Ela permanece distante, certamente, mas seu próprio distanciamento pode aproximar-se de nós (...) tal um fantasma não redimido, tal um *espectro*."[8]

No que se refere aos textos de Butor, Lucien Giraudo (2006, p. 20) observa sua simplicidade descritiva e narrativa com relação à fotografia e enumera suas funções: restituir o contexto da fotografia, acrescentar informações históricas e geográficas, ou, ainda, revelar um detalhe que passou despercebido. Roger-Michel Allemand (*in* Butor; Butor, 2011, p. 11), por sua vez, menciona a reconstituição de três níveis: o nível "óptico (pela escolha do enquadramento ou das cores), descritivo (pelos motivos e detalhes comentados), narrativo (pelos germes de tinta que o autor espalha)", ao tratar em especial do álbum *Universos paralelos*. Nos álbuns fotoliterários que analisamos, a articulação do visível e do legível nos parece, de um lado, mais complexa do que afirma Giraudo. Os níveis identificados acima, de outro lado, podem ser utilizados como método de análise, pois são encontrados em outras publicações fotoliterárias, além daquela estudada pelo crítico. Além disso, notamos que essas obras realizadas em colaboração indicam a presença de referências intermidiáticas (Moser, 2006, p. 42-65), em especial à pintura, o que dá lugar, em alguns casos, à aparição de iconotextos (Louvel, 2006). Elas apresentam, ainda, procedimentos de geração do texto pela imagem, o que supõe a anterioridade da imagem sobre o texto: "Gerado pela imagem, o texto (de ficção) não fala sobre/a respeito da imagem. Ele fala a partir, logo, à distância da imagem" (Mourier-Casile; Moncond'huy, 1996, p. 4).

Vejamos, inicialmente, os aspectos ópticos e os iconotextos revelados pelas legendas poéticas. Em uma das viagens do casal ao Brasil, em 2005, Marie-Jo Butor fotografou determinados lugares do Rio de Janeiro, cujas reproduções foram publicadas em *Michel Butor: dialogue avec les arts*, de Lucien Giraudo. A primeira, intitulada "A l'extrémité sud de la plage de Copacabana", vem acompanhada do seguinte texto:

---

8 O caráter "espectral" da fotografia também é sinalizado por Barthes (1984, p. 20), ao definir o *operador* (o fotógrafo), o *spectator* (todos os que olham fotos) e o *spectrum* (aquele ou aquela que é fotografado, o alvo, o referente).

No extremo sul da praia de Copacabana com seu famoso calçadão de mosaicos ondulados, o poeta Carlos Drummond de Andrade, sentado em bronze no banco de cimento, o cotovelo sobre um dos tomos de suas obras completas, com uma calça comprida do belo verde oxidado, mas com os ombros polidos pelas carícias, olha através das lentes de seus óculos a animação de uma tarde de domingo, toda a avenida da beira-mar entregue aos pedestres. As mães de família gostam de vir sentar-se sob sua proteção, voltadas para o oceano com suas banhistas para além de uma faixa de guarda-sóis azuis e brancos. A criança dorme invisível à sombra de seu carrinho concha, com o ursinho e a mamadeira para tranquilizá-la assim que acordar. (Butor *apud* Giraudo, 2006, p. 20) (Fig. 22)

Percebe-se que, além de reconstituir brevemente o contexto da fotografia – a praia de Copacabana com seu famoso calçadão de mosaicos ondulados –, a legenda evidencia, no nível óptico, as grandes linhas captadas pelo olhar da fotógrafa, que partilha com o escritor o domínio do enquadramento. O banco de cimento, onde se reúnem a senhora e a estátua de bronze do poeta Carlos Drummond de Andrade, visto lateralmente, divide dois espaços: à direita, a rua e o calçadão; à esquerda, a praia, formando uma linha de fuga que se termina na vegetação ao fundo, atrás da qual se encontra o Forte de Copacabana. O texto também nos faz ver essa linha divisória, acusando o jogo de olhares dos personagens, como uma *mise en abyme* da relação entre aquele que escreve e aquela que apoia no botão da máquina – "Não é apenas olhar a obra que me interessa, mas olhar o artista ao olhá-la" – diz Butor (ŒC X, p. 1.151) em "Les relations de la voyante". O texto passa a revelar, em seguida, esse jogo de simetrias invertidas: sentados cada um de um lado do banco, o poeta brasileiro olha em direção à rua, a mãe anônima olha para a praia, logo, em direções opostas; cada um, perdido em seus pensamentos, carrega um tipo de atributo: o poeta, seus livros; a mãe, seu filho que só vemos porque o texto nos faz ver, designando-o metonimicamente pela mamadeira e pelo ursinho. Algumas notas coloridas também são acrescentadas, de cada um dos lados: o verde do bronze oxidado, o branco e o azul dos guarda-sóis, o que reforça a qualidade pictural da fotografia.

É, igualmente, o olhar do poeta que adivinhamos por detrás da legenda que acompanha a fotografia desse outro lugar turístico, para não dizer, mítico, que faz parte da paisagem da cidade do Rio de Janeiro. Na foto intitulada "Les pinces du crabe mécanique" (Fig. 23), as "pinças" são as portas da plataforma por onde sai o teleférico levando os turistas ao Pão de Açúcar. Certamente bem posicionada na parte da frente da cabine, a fotógrafa privilegia, mais uma vez, pelo enquadramento, as linhas formadas pelos cabos suspensos, as horizontais das portas, elas também recortadas em losangos apontando em direção ao fundo, onde se encontra a montanha. No centro, a abertura vertical que dá a ver a floresta escalando a pedra, assim como a própria pedra que, por sua forma, prolonga essa verticalidade em direção ao céu. A legenda diz o seguinte:

> As pinças do caranguejo mecânico se entreabrem para deixar passar a cabine cheia de olhos ávidos que vão até o Pão de Açúcar para ver a cidade se espalhar no crepúsculo com suas avenidas e edifícios que se iluminam entre as montanhas que nos fazem nos perguntar se não seriam imagens, e as passagens do mar onde desfilam grandes barcos, ou ainda que dali retornam, tontos do balanço e da vertigem, a cabeça atravessada por voos de pássaros, de florestas escalando as rochas que aprofundam suas cores desde o rosa até o púrpura. E será preciso ainda um outro teleférico para descer até o nível das praias, dos ônibus, dos engarrafamentos e do samba. (Butor *apud* Giraudo, 2006, p. 21)

Dessa vez, o olhar se desloca para fora da moldura da cena, ao evocar o que acontece embaixo, na rua; além disso, Michel Butor (ŒC X, p. 1.165) dá provas de seu trabalho e de sua reflexão sobre o que chama de aspectos ópticos da literatura. A legenda, com justificação à esquerda, começa precisamente no ponto em que a imagem do Pão de Açúcar termina; ou seja, em seu eixo vertical, deixando uma margem mais importante que de costume. O texto prolonga a verticalidade da montanha, fazendo ver, pelas palavras, o que a imagem deixa fora do enquadramento: a cidade com seus edifícios, o mar com seus barcos, o trânsito dos veículos e a festa do samba. Esse efeito criado pelo texto poderia ser resumido pelo verso citado em epígrafe a este capítulo: "A visão do fotógrafo é uma janela; sua moldura é nossa cegueira" (*ibid.*, p. 1.176).

Decifrador dos segredos da fotografia monocromática, Butor (ŒC X, p. 1.125) não é menos sensível à cor, muito pelo contrário. O exemplo do Pão de Açúcar chama a atenção pelo contraste que se cria entre o verde e os tons de vermelho das "florestas escalando as rochas que aprofundam suas cores desde o rosa até o púrpura". Esse olhar de um conhecedor, e amador, da pintura nos faz ver, mesmo em uma fotografia colorida como é no caso das de Marie-Jo, os próprios limites da cor, as tonalidades que apenas o olho vê e que as palavras do poeta tentam tornar visíveis.

Essa interrogação sobre a cor reaparece nas legendas da série de trabalhos decorrentes da viagem à Índia, publicados em *Universos paralelos*, cujas fotografias são também de autoria de Marie-Jo Butor. Na foto intitulada "Sur la route", a cena dá lugar a um jogo especular de cores realçadas pela escrita e remete à pintura pela evocação do gênero da natureza morta:

> Acima da pequena família vermelha com a cabra preta, é como um armário ao ar livre no qual se deixam objetos diversos dispostos em natureza morta, que não interessariam o mais desprovido, o mais desprezado dos incontáveis errantes. Acima, um respiradouro areja a minúscula habitação apoiada contra as muralhas; a sombra das toalhas que secam devolve o azul ao índigo desbotado, proclamado pela tintura sob o alpendre de toldo ondulado, cheio de poeira da estrada, que a chuva lavará como todos os anos. Um raio de sol bem-vindo, refletido por algum espelho, despertava a cor no interior do carro, que normalmente pareceria preto pelo contraste com a reverberação externa. (Butor; Butor, 2011, p. 56-57)

A legenda transforma-se em iconotexto ao evidenciar o contraste entre a sombra e a luz, o vermelho das roupas, o preto do animal, o azul desbotado do toldo projetando seu reflexo colorido sobre as toalhas, a cor da poeira iluminada pelo sol, assim como a tonalidade metálica do interior do carro. Com esse texto que reverbera plasticamente, Butor (ŒC X, p. 1.179) nos confirma que "é evidentemente a própria luz que é colorida, que extrai pigmentos de determinada nuança de acordo com os lugares e os momentos", o que o conduz a falar em "fotografia impressionista".

É também ao impressionismo que nos remetem as legendas que acompanham as duas fotografias do parque de Keoladeo Ghana, situado longe do "tumulto da cidade e da estrada" onde reina "um silêncio fremente de ruídos naturais". Na primeira, os pequenos lagos envoltos na vegetação lembram ao escritor as *Ninfeias* de Claude Monet, mas, como ele diz, "com outras nuanças, mais sombria, mais metálica e mais habitada" (Butor; Butor, 2011, p. 24-35).

O nome de Monet coloca em evidência a referência subjacente à percepção da fotografia, por um procedimento de interposição intermidiática. A escrita faz então ressurgir, pela revelação dos substratos arqueológicos das mídias, um lugar comum à fotografia e à pintura. Ela revela como uma arte – a fotografia, neste caso – retoma ou repete uma outra – a pintura –, por meio de diversos procedimentos e com diferentes objetivos, entre eles o de espelho ou de reflexão metacrítica,[9] que estão mais próximos de nossos exemplos.

---

[9] Walter Moser (2006, p. 55) evoca esses dois modos de interação ao tratar do cinema e da pintura. Segundo ele, "os filmes gostam muito de interagir e de dialogar com seu ancestral, a pintura, seja em uma relação de espelho intermidiático, seja na encenação de um *paragone* não isento de rivalidade, seja ainda em uma reflexão metacrítica sobre sua própria midialidade visual".

Na legenda que acompanha a segunda fotografia de Keoladeo Ghana (Fig. 24), não se faz referência direta a Monet, mas o "efeito-quadro" (Louvel, 2012, p. 50) é bastante acentuado pela escrita:

> A imagem está invertida. A verdadeira espátula está embaixo. A outra é seu reflexo. O azul da parte de cima não é o do céu, mas sim o da água. De fato, ainda assim é o do céu, invertido. As massas verdes do primeiro plano não são algas ondulantes, mas ramos suspensos de árvores. As de cima, cor de outono – na verdade estamos no inverno –, que parecem cair, de fato elevam-se diante do rio. Poderíamos também interpretar o azul como uma imensa superfície de água que subiria até um horizonte invisível muito distante, o verde, não como uma árvore, mas como o reflexo de ainda outra árvore que estaria numa ilha, para além do cavalo. Do outro lado do espelho, as perspectivas se ramificam e a luz do anoitecer nos leva em sua valsa lenta. (Butor; Butor, 2011, p. 22-23)

Primeiro, o texto revela, desde o início, a manipulação realizada na apresentação da fotografia, que talvez não fosse observada pelo espectador se o texto não fizesse menção a isso. A inversão da imagem remete indiretamente a Monet, mas também a Marcel Proust. No ensaio "Claude Monet ou le monde renversé", Butor analisa com minúcia diversos quadros do artista que busca pintar o "momento fugidio", de modo que a "fidelidade à natureza" torna-se impossível e constitui o principal argumento impressionista contra a Academia ou o Salão. A única maneira de verificar essa relação de semelhança que restaria ao espectador seria, diz Butor (ŒC II, p. 911-912), "o encontro na natureza, durante um passeio, de um *efeito* do mesmo tipo, tendo a mesma espécie de diferença em relação à visão habitual. O instantaneísmo de Monet, longe de ser passivo, exige ao contrário uma potência de generalização, de abstração extraordinária".[10] Ora, este parece ter sido o caso em Keoladeo Ghana, o efeito-quadro Monet repercutindo na visão do escritor e tendo sido remediado pela fotografia.

A questão do "mundo invertido" é central na estética de Monet. No exame de *La Rivière* (Chigaco Art Institute), Butor mostra como a pintura "se anima" por meio do procedimento de duplicação. O reflexo na água nos informa sobre o que acontece em outra parte da tela, algo que está escondido ou

---

10 O autor explica que a paisagem realista do século XIX dizia: "Aqui está a natureza não tal como os pintores a representam de costume, mas tal como você mesmo a vê". Monet, por sua vez, declara: "Aqui está a natureza tal como você não a vê de costume, tal como eu mesmo não a vejo de costume, mas tal como você poderá vê-la, não exatamente esse efeito em particular, mas, em minha sequência, outros que se assemelham a ele."

momentaneamente interrompido, como as casas por detrás das folhagens. O movimento da água é restituído pelo espectador e a superfície se anima em ondas. O efeito – criar uma "superfície através da qual se produz uma revelação" (ŒC II, p. 922) – é observado ainda em *Impression, soleil levant* (1872) e em *Les Nymphéas*, pintura na qual nós "caímos docemente no céu, e as águas do céu escoam sobre nós" (*ibid.*, p. 924).

Quanto a Proust e seu personagem, o artista Elstir, seus nomes estão diretamente ligados ao de Monet: "Proust se torna capaz de inventar a obra de Elstir, ao compreender que a de Monet ultrapassa a antinomia entre o que se vê e o que não se vê (...)." Ou melhor, que a arte consiste em "pintar que não vemos aquilo que vemos". A pintura inventada de Elstir irá revelar as analogias, as metáforas recíprocas, pela utilização de um vocabulário permutável, fazendo equivaler os termos terrestres e os marítimos, por exemplo na descrição do "Port de Carquethuit" (Butor, ŒC II, p. 590).[11]

É interessante notar que ao inverter a posição da fotografia de Keoladeo Ghana, busca-se restituir o efeito de reversão identificado em Monet. Cada coisa é recolocada em seu lugar, de modo a revelar o próprio mecanismo da reversão. As duas fotografias de Keoladeo Ghana e suas legendas devem, portanto, ser vistas em conjunto, uma fazendo ecoar o nome de Monet na outra, que, por sua vez, deixa sua impressão na primeira.

Nas legendas poéticas, não se trata apenas de descrever a imagem ou de rivalizar com a fotografia, segundo o modelo clássico da écfrase, numa tentativa de imobilização pelas palavras do instantâneo fotográfico. O efeito do texto sobre a foto é potente; ele introduz movimento ou, antes, ritmos, na relação texto-imagem. Um último exemplo da série da Índia, "Samode", ilustra esse aspecto temporal:

> Sobre o *patchwork* acolchoado, um fumante esqueceu um maço de cigarros ao sair às pressas. A pequena cabra que lhe sucedeu não procura repouso, mas apenas se aproximar da menina que está no chão, da qual espera um carinho na cabeça. Mas, por enquanto, ela está distraída pela fotógrafa, que a deixa um pouco ressabiada, sem manifestar, contudo, medo ou hostilidade, pois a mãe não está muito longe e o animal a tranquiliza. A cama ao lado é nitidamente mais confortável, pois no lugar de cordas, seu estrado é trançado com tiras de lona. O guidom da

---

11 Sobre a presença da arte em Proust, cf. o livro de Nancy Maria Mendes (2002), *Uma galeria de pintores holandeses no romance proustiano*.

moto ergue o retrovisor como uma flor luminosa acima do buquê de metal. (Butor; Butor, 2011, p. 40-41)

Vários aspectos da interação entre o texto e a imagem podem ser depreendidos do fragmento acima. Essa "cena de gênero" coloca em primeiro plano uma cama coberta por uma colcha em *patchwork* onde se encontra um maço de cigarros – pouco visível, aliás –, que algum fumante teria esquecido ao sair dali de forma precipitada, observação que insere a cena em uma *duração*. Antecipando o futuro, indica-se ainda uma sequência em que "a pequena cabra (…) procura (…) se aproximar da menina que está no chão (…)".

"Samode" ilustra ainda um determinado aspecto da legenda que consiste em revelar um detalhe, ou *punctum*, que surge "no campo da coisa fotografada como um suplemento ao mesmo tempo inevitável e gracioso" (Barthes, 1984, p. 76). O *punctum*, segundo Barthes, não seria intencional; ele diz apenas que o fotógrafo estava lá, que não podia não fotografá-lo; mas, para o *spectator* que o viu, ele é tocante. É dessa forma que compreendemos a frase final da legenda – "O guidom da moto ergue o retrovisor como uma flor luminosa acima do buquê de metal" – que mostra que esse objeto "parte da cena, como uma flecha", nas palavras de Barthes (1984, p. 46), a ponto de o retrovisor se transfigurar em uma "flor luminosa acima do buquê de metal". Por fim, observa-se a referência à presença da fotógrafa no entorno da imagem e, portanto, a inserção de um "fora do quadro" que aponta o dispositivo fotográfico, "como imagem e como ato, como ato-imagem", nas palavras de Dubois em seu ensaio sobre o fotógrafo Denis Roche (2012, p. 343).

Dessa rica série de fotografias da viagem à Índia, destacam-se ainda aquelas em que se detecta, na nossa opinião, a participação do escritor na escolha do motivo: são as fotos que mostram cartazes ou inscrições no espaço urbano, mas também rural. Nossa hipótese parte dos inúmeros textos em que o escritor manifesta a acuidade de seu olhar para esse tipo de escrita, cuja visualidade e iconicidade reatam com suas origens mestiças. Já mencionamos o livro *Les Mots dans la peinture*, mas também em "Poésie et photographie" dedica-se um fragmento ao tema das "palavras na rua": "As palavras estão lá, visíveis por todos os lados. Elas invadem cada vez mais nosso entorno. Já nas obras do século XVIII nós assistimos a essa invasão" (ŒC X, p. 1.165). São os anúncios, nomes de ruas sobre as placas, livros nas vitrines de livrarias, jornais nos quiosques, entre outras inscrições urbanas.

Em "Kesroli", o texto evidencia que "a deteriorização faz vibrar a pintura publicitária da qual não se pode mais decifrar a mensagem" (Butor; Butor, 2011,

p. 36-37) e, assim, indica na imagem as marcas coloridas das letras vermelhas sobre o fundo amarelo que já se apagaram sobre a parede branca (Fig. 25). Em "Sur la route", é a conversa entre duas palavras que é ressaltada: "Na mochila verde da jovem de vermelho, uma dobra torna um pouco mais difícil o deciframento da palavra 'focus', que à primeira vista parece vir de outro planeta, mas a palavra 'compact' nos faz lembrar que a Índia é também campeã em eletrônica" (Butor; Butor, 2011, p. 46-47) (Fig. 26). De fato, o texto descreve aquilo que não vemos – a palavra "*focus*" –, que dialoga com a outra palavra no painel publicitário, bem visível no alto da imagem – "*compact*" –, ambas conotando esse aspecto cultural indiano que é o desenvolvimento da indústria eletrônica. O fato de esses textos ou inscrições estarem lá, no espaço urbano, faz com que sejam lidos diferentemente, uma vez que o suporte não é o mesmo do que o de um livro. O espaço, o suporte, transforma sua leitura. Na esteira dos pintores do século XIX, e mesmo do século XX, os fotógrafos se interessam por essa escrita como "matéria":

> O fotógrafo pode se esforçar para eliminar esse texto ou captá-lo, privilegiando nele certas partes, certos encontros de palavras particularmente interessantes. [...] Ele dispõe de uma imensa gama de fenômenos óticos textuais para lhe servir de matéria prima a partir da qual ele pode operar suas transmutações. (Butor, ŒC X, p. 1.166)

Em "Mandawa" (Fig. 27), é toda uma parede que se apresenta como "tela", suporte de uma escrita a ser decifrada:

> A grande porta antiga sobre a qual os moleques do bairro rabiscaram seus ideogramas acaba de se entreabrir, e pode-se entrever, no pátio, marionetes e tapeçarias, provavelmente destinadas aos raros turistas que vêm passear por esses lados. Mas ainda não é a hora; o cão branco vigia do alto da subida de pedras cinzas. O cimento que substitui desastrosamente o reboco dá livre curso à sua imaginação de superfícies de outros planetas. O ocre e o preto conjugam-se em inscrições pelo menos bilíngues abaixo de alguns vestígios de afrescos protegidos pela sacada. Nos andares superiores os detalhes estão bem mais bem conservados. À esquerda, um medidor de luz dá seu toque azul. (Butor; Butor, 2011, p. 38-39)

Ideogramas e inscrições dividem o suporte com os vestígios de afrescos; letras desenhadas em ocre e preto avizinham imagens e superfícies mal rebocadas que evocam as cavernas rochosas. Como se essa aproximação da superfície "de outro planeta", senão de outro tempo, das figuras e ideogramas, mantendo, contudo, seus intervalos, fosse como uma superfície privilegiada para o surgimento da escrita.

INSTANTÂNEO 3:
Conversando com Man Ray: olhares cruzados

A terceira modalidade de relação entre a escrita e a imagem se caracteriza pelo que chamamos de cruzamento de olhares e se apoia em *L'Atelier de Man Ray* (2005), editado por Bernard Dumerchez, na coleção Regard. Nesta publicação, os textos de Michel Butor dialogam com as fotografias de Maxime Godard feitas entre 1984 e 1985 no ateliê de outro fotógrafo, o artista norte-americano Man Ray (1890-1976), em Paris, onde havia se instalado em 1951. Pela nota escrita por Maxime Godard, sabemos que a esposa do artista, Juliet, conservou o ateliê até o ano de 1990, ou seja, mesmo após a morte de Man Ray em 1976. Portanto, *L'Atelier de Man Ray* manifesta não apenas a "cumplicidade do trabalho e o encontro compartilhado" (Butor; Godard, 2005, s/p) entre o escritor Butor e Maxime Godard, mas também um profundo respeito e uma dupla homenagem ao fotógrafo norte-americano e a Juliet.

Segundo o depoimento de Maxime Godard (2013, p. 221), foi ele quem fez descobrir a Butor o estúdio situado no nº 2 bis da rua Férou, que deu origem à publicação. Entretanto, essa parceria com Maxime Godard é antiga e a longa lista de publicações em conjunto o atesta.[12]

Em seu livro de memórias, *Autoportrait*, Man Ray (1964, p. 323) descreve brevemente esse ateliê dizendo que era um imenso cômodo pintado de branco, inundado de luz, que passava pelas janelas situadas a seis metros de altura em três de suas paredes. Foi ali que ele se instalou com Juliet ao retornar dos Estados Unidos, em 1951, o local tendo se tornado também sua casa. A partir desse momento Man Ray (1964, p. 326) dá início a um período intenso dedicado à pintura e abandona a fotografia profissional: "A fotografia era apenas uma questão de cálculo: tratava-se de atingir um objetivo previamente fixado. Mas a pintura era uma aventura; forças desconhecidas podiam de repente mudar totalmente o aspecto das coisas."

---

12 De acordo o fotógrafo, ele começou a se corresponder com o escritor em 1983; o primeiro livro em colaboração data de 1985. Ao longo dos anos, acumularam-se os retratos do escritor feitos por Godard, num total de 12 mil fotos até 2013 (data da publicação do artigo). O retrato de Butor que figura na capa de *Universo Butor* é de autoria de Maxime Godard. Cf. a lista de publicações conjuntas em http://henri.desoubeaux.pagesperso-orange.fr/.

São vinte e três fotos acompanhadas de breves narrativas poéticas, cada uma precedida de um título. As fotografias mostram, desde a porta de entrada do estúdio e o *zoom* no interruptor até o "retrato com vassoura" de Juliet que fecha o volume, fotografia tirada na ocasião de sua última visita ao local em 1990, um ano antes de falecer. Por isso, o livro é dedicado à memória de Juliet, e sua presença, tanto quanto a de Man Ray, está por toda parte.

As fotos dão a ver, menos o laboratório de um fotógrafo de vanguarda, o inventor da técnica da raiografia e da solarização que foi Man Ray, amigo de Duchamp, do que os rastros do trabalho de um artesão, de um *bricoleur*, de um pintor em meio a suas tintas, suas lembranças e seus objetos pessoais. No interior do cômodo, descobrem-se alguns móveis, caixas de bricolagem, objetos heteróclitos, bibelôs e pequenas estatuetas, fios, cabos, bilhetes, tubos e, sobretudo, inúmeros porta-retratos – de Juliet, de Man Ray, de grupos de amigos – em contínuo jogo especular com a própria fotografia. Jogo que é retomado na atitude do fotógrafo Maxime Godard, se seguimos a reflexão de Butor no ensaio "L'Atelier, la chambre":

> Pintar seu próprio ateliê, não há nada mais normal para um pintor! Mas pintar o ateliê de um outro, que intrusão! Sobretudo quando se trata de uma reconstituição simbólica, de uma transformação em emblema. Pois é como se insinuar na máquina de seu teatro, nos segredos de fabricação. É colocar-se em seu lugar [...]. É ver com seus olhos, pintar com sua mão, dormir em seu sono. (ŒC X, p. 869)

Aqui, é o fotógrafo Godard que se insinua nos segredos de fabricação de outro fotógrafo, Man Ray, buscando, com seu visor, colocar-se em seu lugar, ver com seus olhos e mostrar ao espectador-leitor não suas obras, mas o seu entorno, os rastros de sua presença. De fato, não se observa no estúdio a presença de telas ou fotografias mais conhecidas de Man Ray, mas seu laboratório de criação, sua bancada de artesão, seus objetos pessoais.

Do ponto de vista gráfico, diferentemente dos álbuns anteriores, texto e imagem estão face a face: o texto impresso na página da esquerda e a foto em preto e branco na página da direita (exceto nas páginas 40-41 e 42-43, onde as imagens estão à esquerda), ocupando aproximadamente a mesma superfície, a mesma mancha gráfica, retangular ou quadrada. Do ponto de vista da recepção, essa diagramação da dupla página, por justaposição texto-imagem, anula todas as hierarquias, perceptíveis ainda nos exemplos precedentes, considerando que o olhar oscila entre um e outro, colocados no mesmo nível de horizontalidade. A reflexão de Christin sobre a "ilustração transgressora" ganha ainda mais pertinência nesse caso. É na diferença entre o que se lê, no texto, e o que se vê, na imagem, no percurso do olhar entre as mídias que as "contaminações transgressivas" dão a ver sua inventividade e sua poesia. A vizinhança da escrita e da imagem, habilmente calculada pela diagramação, faz com que a "fenda mediana que os oferece de modo espelhado" (Christin, 1995, p. 185) se torne transparente e que a superfície, unificada como um díptico, ganhe maior dimensão.

Do ponto de vista da interação com a fotografia, ora o texto se constitui diante da imagem como um desenvolvimento poético, mais do que como reconstituição dos níveis óptico ou unicamente descritivo; ora esse prolongamento narrativo alterna-se com a descrição, e em alguns fragmentos textuais o texto vem confirmar a imagem. Em "Intensités", a descrição é mais objetiva, como se se buscasse desembaraçar, pelas palavras, o complicado emaranhado de fios elétricos que mal se percebe na fotografia:

> O fio elétrico duplo sai da prancha de madeira, passa por cima de uma enorme presilha parisiense branca suspensa por um barbante esfiapado, em seguida de um cabo recoberto, vaza sobre a reimpressão elegante de uma obra de teoria estética do início do século passado, iniciando uma larga curva que o faz subir ao longo da prancha onde ele fica preso por detrás de um anel ou cabeçote, depois separa seus dois elementos para girar em torno do instrumento que medirá a intensidade da corrente que passará por ali. (Butor; Godard, 2005, p. 18)

Conduzido pelo texto, esse passeio que o olhar efetua pela imagem, des-inscrevendo seu confuso desenho, repete-se no fragmento descritivo "Le Miroir à trois faces" (Fig. 28), onde predominam três retratos de Juliet, em diferentes idades, com a diferença de que a imagem, nesse caso, suscita aproximações e analogias, criando às vezes breves ficções: "Alguns seixos selecionados oferecidos numa taça à tripla Diana. A do centro é bem capaz de metamorfoseá-lo em cervo, bramando como Acteão se a surpreendem em seu banho sem antes ter suficientemente celebrado suas virtudes. (...)" (Butor; Godard, 2005, p. 38). O olhar de Juliet, na foto central, de fato impressiona por sua fixidez e expressão de máscara mortuária, devido ao efeito de solarização,[13] contrastando com as duas outras fotos, onde ela aparece mais sorridente.

---

13 De acordo com a Enciclopédia Itaú Cultural, "a solarização consiste na inversão dos valores tonais de algumas áreas da imagem fotográfica, que pode ser obtido basicamente através da rápida exposição à luz da imagem durante seu processamento. Foi o

Descrição e narração prolongam, assim, a imagem, quando esta desperta no autor a criação de pequenas cenas. Os objetos do ateliê são ressignificados em "Organisation non-gouvernementale":

> Vindos de todos os lados dos espelhos os objetos representantes se reuniram em sessão fragmentária para decidir de uma inação comum contagiosa. O presidente por ínterim agita os sinos cujos ecos se propagam nos subterrâneos de todos os metrôs, tanto em Paris quanto em Nova Iorque, Lisboa ou Bilbao, fazendo se voltarem os jovens que procuram onde eles encontraram esse sorriso que lhes aparece sobre os vidros estremecidos como uma lembrança lancinante. Ele aspira em sua garrafa um elixir de escada, que ele passa em seguida aos deputados de todos os arquipélagos para encher suas pequenas canecas e fazer um brinde aos inventores de abismos. (Butor; Godard, 2005, p. 14)

Os objetos-máscaras tornam-se personagens de uma reunião fictícia dessa "organização não governamental" que imprimem certa nota de humor ao ambiente do ateliê; humor que perpassa também o fragmento "Le Divan des Zéphyrs", no qual se cria uma encenação maliciosa entre os três bibelôs: "(...) O mannekin-pis transparente descobre novas sensações ao contemplar o sofá-banheira cujas rosas lhe lançarão pétalas perfumadas logo que a bela começará a se abanar (...)" (Butor; Godard, 2005, p. 22). De fato, uma pequena estatueta em material transparente, cópia do célebre *mannekin-pis* de Bruxelas, encontra-se ao fundo, sobre a bancada, como se olhasse para o par de pernas levantadas do bibelô que figura uma jovem dentro de uma banheira, segurando um leque, enquanto outro bibelô feminino estende-se, deitado à esquerda. Ainda que o visor da câmera fotográfica não tenha colocado certo elemento em primeiro plano, como o *mannekin-pis*, o "visor" do escritor explora a imagem e nos faz ver o que não teríamos visto sem ele.

O tema das "palavras na rua" já foi mencionado a respeito do álbum fotoliterário *Universos paralelos*. As legendas poéticas não deixaram de observar as inscrições presentes no espaço urbano, captadas pela objetiva. Também no ateliê, o fotógrafo Maxime Godard focalizou as diferentes inscrições deixadas por Man Ray que passam a fazer parte da imagem, que se tornam imagens. Essas inscrições apresentam-se desde a porta de entrada com seu pequeno

---

norte-americano radicado em Paris Man Ray (1890-1976) quem melhor empregou a solarização com finalidades artísticas durante a década de 1930, mas, posteriormente, esse processo esteve muito em voga entre os adeptos do movimento fotoclubista, persistindo pelo menos até a década de 1970". Disponível em: http://enciclopedia.itaucultural.org.br/termo3903/solarizacao.

aviso: "DANGER. haute tension" (p. 8); o bilhete manuscrito de "Le Justicier" (p. 41); o carimbo com um antigo endereço no verso de uma fotografia em "Une ancienne adresse" (p. 42); os nomes de marcas e de fabricantes, às vezes incompletos, dos tubos de tintas e outros objetos em "Les Dernières couleurs" (p. 50), até os números e letras para discagem de um antigo telefone, em "L'Encre de sympathie" (p. 48). Além dessas inscrições "em segundo grau", foram utilizados, nos fragmentos textuais, o itálico para os títulos e o normal para o texto. Todos esses tipos de escrita com suas variações instauram uma zona de contaminação mútua que corrobora para a iconicidade da escrita, no fragmento textual, e para a visualidade da letra, na imagem.

Um texto, em especial, chama a atenção: "À l'écart" (Fig. 29). Nele, coloca-se em evidência o detalhe dos pregadores de roupa, aqui deslocados e possivelmente invisíveis a um olhar desatento: "Os pregadores de roupa inscrevem como uma divisa acima dos frascos, potes e godês" (Butor; Godard, 2005, p. 28). Os pregadores formam como um ideograma, figuram traços de uma pré-escrita indecifrável, diríamos uma "escrição", no sentido que lhe atribui Barthes (2004, p. 206): de gesto manual que excede a função comunicativa da linguagem, quando "há signos, mas não sentido". Entre escrita e imagem, esses signos são assim vistos, certamente, pela sua vizinhança com outra escrita pintada: a grande letra A, no suporte à direita. O texto designa o objeto como a revelação do *punctum*, ponto sensível, marca do acaso que transpassa, ainda mais se lembrarmos que o título "À l'écart" é o mesmo nome da residência de Butor em Lucinges, como já foi dito, de forma que o *punctum* adquire o caráter de biografema (Barthes, 1984, p. 51).

O desenvolvimento poético gerado pela imagem, na maioria dos casos, faz com que o noema da fotografia – "isso-foi" – venha à tona. São vários os fragmentos textuais que colocam em cena esse *punctum* de intensidade que é o Tempo (Barthes, 1984, p. 141), nas imagens do ateliê já vazio há aproximadamente dez anos após a morte de Man Ray. O trecho de "L'Interrupteur" merece ser citado na íntegra:

> Quando se abaixava o botão, o curso do tempo se revertia aceleradamente. As escamas de pintura remontavam do piso, se recolavam; tudo voltava a ser pouco a pouco liso e novo. Depois descia-se uma camada; encontrava-se uma outra cor cada vez mais fresca, depois uma outra ainda até o momento distante da própria construção, depois de uma destruição anterior. Não se podia ir mais longe, pois o fenômeno se produzia apenas dentro do ateliê; ora, o espectador que estava contra a corrente, naturalmente era obrigado a sair, de tempos em tempos, para

fazer compras, visitas, viagens, logo, reencontrar o presente escoando mais ou menos lentamente em seu próprio sentido. Era então necessário e suficiente levantar o botão para recolocar tudo no lugar e no tempo. Hoje tudo está interrompido e os demolidores viram ali apenas poeira. (Butor; Godard, 2005, p. 11)

Ao entrar no ateliê, o curso do tempo se inverte. Os fantasmas retornam com os objetos. A fotografia lança o movimento da escrita: "Nada mudou, mas tudo mudou; é a ausência. Rolo, ardósia, barbantes, cachimbos, abajures, tudo está lá, até mesmo a fotografia com olhos duplos. O banco que se acabou de afastar para se levantar. (...)" (Butor; Godard, 2005, p. 30).

Em "À l'écart", acima citado, as marcas do tempo inscritas na imagem vêm à tona:

> Nada foi tocado. O papel continua lentamente se rasgando, simplesmente devido a seu peso. Exceto pelas moscas que vêm às vezes acrescentar manchas às mais antigas. Os pregadores de roupa inscrevem como uma divisa acima dos frascos, potes e godês. Ninguém sobe mais aqui, exceto algum visitante tentando captar a luz, dispondo suas armadilhas para o tempo que passa, sem tocar em nada, como se estivesse usando alpargatas, vestindo uma malha preta, como se fosse invisível, impalpável, como se fosse ele o fantasma, assombro à espreita. (Butor; Godard, 2005, p. 28)

O texto não restitui o contexto da fotografia ou faz sua descrição, ainda que certos objetos sejam enumerados como os frascos, potes e godês – instrumentos do trabalho de Man Ray que, não nos esqueçamos, praticava também a pintura. A dimensão temporal indicada na imagem é ainda mais ressaltada pela evidência dos indícios da passagem do tempo nos lugares e nos objetos: o papel que não acaba de se rasgar, a ausência de visitantes, exceto pela presença fantasmática do próprio Man Ray, que continua a assombrar seu espaço de criação, ou a de Maxime Godard, o fotógrafo francês que segue os passos do fotógrafo norte-americano. A referência às moscas que continuam a frequentar o ateliê inabitado – moscas que, aliás, parecem ausentes da imagem –, é um "detalhe" inventado que chama a atenção: ele reforça a conotação de *memento mori*[14] da cena, por simbolizar a corrupção das matérias,

---

14 *Memento mori* é uma locução latina que significa "lembre-se que você morrerá e que denomina os motivos, tais como uma caveira, uma ampulheta ou uma vela, usados de modo alegórico para realçar a mortalidade do homem, comumente encontrados na arte da Europa setentrional, especialmente da Alemanha, e que foram uma das fontes das quais derivou a natureza" (Marcondes, 1998, p. 188).

e, assim como na pintura, indica a qualidade de ilusão da representação, seu artifício, pois esse detalhe pode enganar o espectador, como um *trompe-l'œil* (cf. Arasse, 1996, p. 118).

Outros títulos dessas breves narrativas reforçam igualmente a inscrição do tempo nas fotografias: "Le Temps suspendu" (A suspensão do tempo), "Autrefois" (Outrora), "La Pyramide des âges" (A pirâmide das idades), "Les Dernières couleurs" (As últimas tintas) (Fig. 30). Este último se refere à foto que mostra alguns tubos de pintura acrílica colocados sobre uma mesa e em caixas:

> Durante anos apoiou-se sobre o tubo para que dele saísse uma lágrima de visibilidade a colocar sobre a paleta, a ser transportada pelo pincel ou pela espátula para a tela, para um pedaço de papel, uma lágrima, um concentrado de mimosa, de brasa ou de pradaria. A cada vez se isso tornava mais difícil; era preciso pressionar com um pedaço de madeira para extrair os últimos acentos, enrolar delicadamente o tubo achatado. Um dia, o branco, o preto não quiseram mais sair; eles se petrificaram em seus sarcófagos, guardando assim seus segredos. (Butor; Godard, 2005, p. 50)

Para inscrever o tempo na imagem, o texto lembra como os pintores, no momento em que os tubos de pintura se aproximam do fim, tentam extrair deles suas últimas cores, até o dia em que, não tendo sido utilizados, secam e não conseguem mais sair, já petrificados em seus tubos-sarcófagos. Espaço de criação, o ateliê se torna então um santuário da arte. A remediação da pintura pela fotografia entra aqui em jogo, assim como no detalhe das moscas, ao evocar uma natureza morta.

A *mise en abyme* da pintura na foto, no exemplo precedente, se repete em outras fotografias cujo objeto é, dessa vez, a própria fotografia. A presença de retratos é marcante: seja de Juliet – "Juliet" e "Le Miroir à trois faces", já citado –, seja de Man Ray. De Man Ray, Butor propõe ainda dois retratos literários, descrição das duas fotos na foto: o primeiro, Man Ray diante da porta de sua casa, em "La Palmeraie des regards" e, mais jovem, fumando seu cachimbo fazendo o retrato de uma mulher, "La Pyramide des âges".

O retrato literário de "Juliet", por sua vez, destaca-se pelo transbordamento de seu sorriso:

> Ela é toda sorriso; ela se inclina e se apoia na parede em seu sorriso que continua por debaixo de seu lenço, de sua blusa, que se esgueira na margem e sob o passe--partout, atravessa a moldura, se insinua até a ponta dos dedos, escorre sobre o peito e transborda sobre a mesa, brilha em cascatas, joelho e saias até o chão, jorra

en chafariz, raios de Sol e de Lua, fosforescências, incandescências, auroras boreais, arco-íris, perfumes de glicíneas, jasmins e alecrim. (Butor; Godard, 2005, p. 24)

Retrato que transborda também da página para dialogar com a última fotografia do livro: o retrato de Juliet aos 78 anos, foto tirada um ano antes de sua morte. Para essa foto Butor escreve o poema "Après moi la poussière" (Butor; Godard, 2005, p.52), rompendo com o modelo dos fragmentos narrativos das demais páginas:

Après moi la poussière	*Depois de mim, a poeira*
Sorcière soigneuse	Feiticeira cuidadosa
je dis mon adieu	eu digo meu adeus
à tous ces objets	a todos esses objetos
que j'époussetais	que desempoeirava
avec mon cheval	com meu cavalo
à crins de nylon	de crinas de náilon
sur lequel je vais	com o qual eu vou
m'envoler laver	voar lavar
les tours et les nuages	as torres e as nuvens
les rues et les ombres	as ruas e as sombras
les yeux et les ongles	os olhos e as unhas
les reins et les cœurs	os rins e os corações

Com efeito, é da encenação do tempo que se trata nesses instantâneos literários. Seus sinais são a poeira sobre os objetos e os tapetes, os papeis amassados, o silêncio, a "marcha delicadamente fúnebre" do cronômetro, a imagem do luto no lençol-nuvem (em "Autrefois" e "La Neige intime"), nas coisas fora de uso ou quebradas, nos "velhos lápis, velhos elásticos, velhas borrachas" e, sobretudo, "a sedimentação daquilo que se promete arrumar há muito tempo, mas que se acumula, forma pouco a pouco um entrelaçamento inextricável, um terreno de escavação onde cada golpe de enxada faz jorrar um enxame de centelhas de memória" (Butor; Godard, 2005, p. 43). Man Ray e Juliet estão ali como *genius loci*, impregnando os objetos e o espaço com sua presença.

O território fotoliterário aqui explorado com base nos três álbuns fotoliterários – *Dialogue avec Arthur Rimbaud sur l'itinéraire d'Addis-Abeba à Harar*, *Universos paralelos* e *L'Atelier de Man Ray* – mostram formas singulares de combinação de mídias e de articulação do visível e do legível. Nessas produções, trata-se menos de transposição das imagens em palavras do que da utilização do dispositivo fotográfico na criação poética. Trata-se menos de descrever ou de rivalizar com a imagem do que fazê-la *colaborar*, fazer com que o texto trabalhe a imagem e vice-versa.

O formato editorial e os jogos de equilíbrio entre o texto e a fotografia geram, a cada vez, uma encenação e uma interação diversas entre a escrita e a imagem, denominadas de ilustração transgressiva, legenda poética e cruzamento de olhares. Nas três modalidades, notou-se o jogo do ato fotográfico, "princípio de distância e de proximidade" (Dubois, 2012, p. 94), e observou-se em que medida ela intervém na maneira como a escrita se elabora e se constrói; em que medida ela é geradora do texto poético; em que medida ela contribui a "modelar de maneira subterrânea" (Méaux *in* Montier, 2008, p. 311), o que não significa servir de modelo, uma arte como a literatura. Observou-se ainda o grau de iconicidade do texto, bem como o modo como ele se expressa e contribui, graficamente e espacialmente, para as "contaminações transgressivas" (Christin, 2009, p.3) engajadas entre a escrita e a imagem.

Ao escrever a partir de, ou ao lado da fotografia, Michel Butor interroga sua superfície – e como numa escavação – coloca muitas vezes em cena a aparição da escrita, assim como o trabalho da memória. Ele faz emergir substratos midiáticos, picturais e escriturais, que permaneciam transparentes ou inexistentes, mas também as camadas temporais, os substratos da memória inscritos na imagem que remontam à superfície da escrita. Não se trata apenas de traduzir uma imagem visível em palavras, de descrever aquilo que "justamente, ele tem diante dos olhos" (Butor, ŒC X, p. 1.164-1.165), ou de dar-lhe um sentido, associando o "isso foi" ao "isso quer dizer" (Dubois, 2012, p. 85). Importa manter-se à distância da imagem para produzir, por sua vez, uma imagem poética, um "instantâneo literário" que já se encontra soterrado na primeira, à espera do momento de sua aparição.

O texto não está lá apenas para nos ensinar a ver o que está sob nossos olhos, ou o que vemos mal. Da descrição dos lugares à inscrição das palavras, à margem, oscilando entre o visível e o legível, é toda a poética da fotografia que se desvela: "O que a fotografia nos traz, é uma possibilidade bem nova de estudar a própria aparição da escrita com relação ao resto da realidade" (Butor, ŒC X, p. 1.165-1.166). O texto e a imagem se combinam para fixar lembranças, testemunhar de um passado, dar voz ao outro, certamente, mas vão além ao inventar novas narrativas-imagens. Em Butor, a memória do tempo passado se introduz no presente por um efeito de telescopagem: a fotografia sobrevivendo no texto e o texto ressurgindo na imagem.

5.
ATELIÊ

A POESIA NOS "LIVROS DE DIÁLOGO": DA ILUMINURA À ILUSTRAÇÃO

Dès que l'on reprend conscience de ces mouvements des doigts dans l'acte de tracer des lettres, on change d'"art", on débouche sur la calligraphie, la peinture, une brèche s'ouvre dans nos catégories.

Butor, "Éloge de la machine à écrire".

O ano de 1962 é particularmente marcante na produção de Michel Butor: ano da publicação de *Mobile*, momento da explosão da escrita na página; ano do abandono definitivo do romance; esse é também o ano no qual publica seu primeiro livro com um artista. Intitulado de modo significativo *Rencontre*, este livro reúne o texto de Butor e gravuras a água-forte do artista chileno Enrique Zañartu, inaugurando uma série produtiva de "livros de diálogo" – livros realizados em colaboração com artistas plásticos e fotógrafos.[1]

A articulação dialética do texto poético e da visualidade nessas obras intermidiáticas nos permitirá interrogar como se opera a transposição das imagens em palavras ou como a imagem se torna o motor da criação poética; como se efetua a passagem das fronteiras de uma mídia a outra e como ambas interagem com o suporte. Cabe lembrar que vamos nos restringir aos diálogos *in praesentia*, quando há "coexistência de duas substâncias sobre um único suporte, em um plano contínuo; mas em graus diferentes: o texto pode estar subordinado à imagem, a imagem pode estar subordinada ao texto, ou os dois são tratados de maneira homogênea" (Arbex, 2006, p. 52-53). Assim como nos álbuns fotoliterários, coloca-se ainda a questão da hierarquia e da primazia, ou, como preferimos dizer, dos jogos de equilíbrio entre escrita e imagem que se traduzem com frequência pelo uso do termo "ilustração", que, no caso das criações contemporâneas, só podem ser entendidas como "ilustrações transgressivas", no sentido exposto anteriormente em CÂMARA ESCURA.

---

[1] Para uma lista mais exaustiva desses livros, cf. *Dictionnaire Butor* (disponível em: http://henri.desoubeaux.pagesperso-orange.fr/).

A variedade de formas que esse tipo de livro adquire é tamanha que qualquer tentativa de classificação se revela insuficiente, embora traga a vantagem de esclarecer melhor as interações que ali se estabelecem entre a escrita a imagem. Assim, ao tratar da colaboração entre as artes plásticas e a literatura, o crítico Michel Butor distingue: primeiro, as publicações em que um texto de crítica de arte acompanha reproduções fotográficas de pinturas; segundo, os livros ilustrados ou o livro de artista, em que há uma relação mais estreita entre o texto e a imagem, que são vistos ao mesmo tempo – "o olho vai obrigatoriamente pegar alguma coisa da imagem e a imagem pega alguma coisa da palavra" (Butor, 1992, p. 32) –; por fim, os casos em que o texto intervém no interior da imagem, quando ele funciona como uma imagem:

> Fala-se frequentemente de imagens que estão dentro dos textos, mas isso é uma metáfora, enquanto que, quando se coloca um texto no interior mesmo do quadro da imagem, somos obrigados a admitir o fato de que o texto é um desenho. Isto é, as linhas do texto são linhas que atuam junto com as outras linhas da imagem. (Butor, 1992, p. 32)

As produções colaborativas do autor que nos interessam neste momento respondem principalmente às duas últimas categorias: o livro de artista, em que o texto e a imagem são vistos simultaneamente como uma obra multimídia, e as produções intermídia em que o texto se torna desenho, ou seja, em que há fusão ou discurso sincrético (Hoek, 2006). Essa revelação da iconicidade da escrita, retomando a expressão de Christin, será uma das marcas da intervenção de Michel Butor no campo da arte. Ela vem acompanhada, na maior parte das vezes, da escrita manuscrita e da retomada da poesia, que acontece nesse momento de aliança com a arte e os artistas, após o período dedicado ao romance.

Se a variedade de formatos desses livros coloca um problema de classificação, no caso de Michel Butor essa variedade é levada ao extremo devido ao grande número de artistas com os quais ele colabora, cada um com suas particularidades, naturalmente. Além dos livros cuja forma deriva do códice, destacam-se, em sua produção colaborativa, os livros-objeto, livros-esculturas, as colagens, de modo que a expressão "livros de diálogo", como os chama Yves Peyré, parece-nos mais apropriada e mais ampla para caracterizar essas produções onde se observa uma acentuada interação de mídias.

O livro de diálogo, de acordo com Yves Peyré, se define, "antes de tudo", como um "desejo compartilhado"; ele é o "tremular uníssono de duas criaturas ávidas de se encontrar. Entre esses dois homens – o poeta e o artista –, deve haver encontro, acordo, confronto, pode-se variar os termos infinitamente, o fato permanece". Peyré (2001, p. 59-61) insiste na presença determinante do texto e a "violência, a veemência da troca entre um pintor e um poeta, sobre a necessária participação de ambos no projeto comum". O autor identifica o nascimento da prática do livro de diálogo entre 1874 e 1876, com L'Après-midi d'un faune, de Mallarmé ilustrado por Manet, e afirma que, embora antiga, a natureza dessa prática dialógica pouco foi explorada. Na maioria das vezes, ao invés de considerar central o encontro do pintor e do poeta, "essa atração irrepreensível dos contrários" (*ibid.*, p. 6), as abordagens preferem tratar essa prática em termos de amálgama e de confusão. Peyré insiste na diferença essencial das práticas que, contudo, faz nascer a "fraternidade" e a "fascinação recíproca" (*ibid.*, p. 12). Diferentemente da apelação de "livro ilustrado", o livro de diálogo não denota uma hierarquia na relação entre o poeta e o pintor, que mantêm cada um em sua liberdade ao mesmo tempo em que estão à escuta um do outro.

O termo "livro de diálogo" também é empregado por Michel Butor (*apud* Laghouati *in* Weiand, 2013, p. 69), que o define como um livro no qual os elementos literários e plásticos estão lado a lado e se combinam. Essa prática resgata o espírito das vanguardas, por exemplo, no célebre *La Prose du Transsibérien et de la petite Jehanne de France* (1913), de Blaise Cendrars e Sonia Delaunay; *Répétitions*, de Paul Eluard e Max Ernst (1922); *Les mains libres*, de Man Ray e Paul Éluard (1937), ou ainda nos livros que Joan Miró realizou com Tristan Tzara, *Parler seul* (1948-50), e com Breton, *Constellations* (1959), entre muitos outros exemplos reunidos por Peyré em *Peinture et poésie: Le dialogue par le livre*. É, de fato, com o Surrealismo que a discussão sobre o objeto livro, no prolongamento da transgressão das noções de gênero literário e mesmo de literatura, ganha maior impulso.

No livro surrealista, segundo Renée Riese-Hubert, há a valorização do trabalho de equipe em detrimento do trabalho individual; idealmente, ele se "esforça para concretizar um objeto" e não se contenta com um texto acompanhado de uma série de imagens ou de imagens acompanhadas de uma série de textos. Com frequência tem caráter artesanal, adquirindo valor de contestação da industrialização e da fabricação em série; o uso de uma tipografia e diagramação inusitadas, a escolha por formatos que fogem à norma também caracterizam esses livros. Sobretudo, a relação entre o texto e a imagem torna-se dialética: ao paralelismo tradicional, à ilustração convencional, substitui-se uma "tensão, que se deve aos prolongamentos recíprocos e indefiníveis" entre o aspecto visual e textual. O artista, aquele que é responsável pela imagem, se torna um leitor cuja interpretação garante abertura e liberdade ao texto. A ilustração é, portanto, considerada a "interpretação de um texto por uma imagem", ou vice-versa. Transgressão, contestação e provocação são as marcas do livro surrealista que irão perdurar no livro de diálogo contemporâneo, pois, nos dois casos, trata-se de "uma mesma dialética entre o sonho e a realidade, onde os modelos são ultrapassados para se lançar em todas as explorações e todas as metamorfoses" (Riese-Hubert *in* Biro; Passeron, 1982, p. 248).

A poética e a estética dos livros de diálogo de Butor derivam em grande parte das experiências surrealistas. Reconhecemos neles a valorização do trabalho coletivo e do companheirismo, o aspecto artesanal de algumas produções, bem como a dialética do texto e da imagem, ou a "ilustração transgressiva". A realização do livro de diálogo implica necessariamente a tomada de consciência dos aspectos materiais da publicação, mas também editoriais. Como vimos anteriormente a respeito da produção coletiva de uma obra, a noção de diálogo se estende a todos aqueles que fabricam o livro: "Percebemos que o trabalho do escritor é uma intervenção pontual no interior de um imenso sistema que implica sempre centenas de colaboradores. Todo livro, qualquer que seja, é sempre uma colaboração," afirma o escritor em "Livros de artista" (Butor, 2011, p. 45). Isso se torna bem mais sensível no caso de editoras de pequeno porte, pois nas grandes editoras o acesso aos profissionais do livro é mais limitado. Em uma pequena editora, não apenas o artista dialoga com o poeta, mas também com os fabricantes de papel, com os encadernadores, com os grafistas, isto é, com todos aqueles que fazem do livro um objeto coletivo, e não mais individual. Nesse sentido, seja qual for sua modalidade, de acordo com Roger Chartier (2014, p. 18), o processo de publicação é sempre "um processo coletivo, que implica numerosos atores e que não separa a materialidade do texto da textualidade do livro ou da 'performance'", quando não se trata do editor-artista, produtor de sua própria obra, como em dois casos que veremos neste capítulo. Contudo, a vasta produção do escritor nesse campo engloba outros aspectos que vão além desses herdados do surrealismo, complexificando e desbordando suas fronteiras.

Yves Peyré cita alguns exemplos de colaboração com Michel Butor. Com Bernard Dufour, destaca *La Banlieue de l'aube à l'aurore* (1968), pela audácia em contradizer a propensão do livro de diálogo ao grande formato e ao luxo editorial, que caracterizou as publicações dos anos de 1960. Trabalhado com economia de meios, o livro se lê no eixo vertical, de cima para baixo de uma página dupla, onde os poemas dividem a página com desenhos de Dufour, e a tipografia não se distingue daquelas usadas em publicações comuns (Peyré, 2001, p. 182-183). Com Camille Bryen, realiza *Querelle des états* (1973), que se destaca pela forma do tríptico e, com Pierre Alechinsky, *Le Rêve de l'ammonite* (1975), "grande viagem geológica através do tempo", segundo Peyré (2001, p. 188-189), no qual o título desencadeia, inicialmente no artista, a realização de águas-fortes às quais o poeta responde, relançando a criação plástica proliferante.

Os livros realizados por Butor em colaboração com artistas assumem, de modo geral, duas formas: aquela derivada do códice, mais clássica em sua formatação, combinando imagem e texto, seja ele manuscrito ou impresso; e a forma do livro-objeto, muitas vezes com aparência de escultura e uso de matérias inusitadas, objetos de acesso mais difícil devido à tiragem muitas vezes restrita. Lucien Giraudo, um dos principais estudiosos do diálogo do escritor com as artes, reitera essa divisão tipológica ao considerar o livro-objeto como "um livro que chama a atenção para si mesmo por sua forma insólita ou pela matéria com a qual é realizado. A presença do texto confere ao livro-objeto seu estatuto de 'livro', mas o interesse está no fato de que não se percebe de imediato que se trata de um livro (...)". O livro de artista no formato códice, por sua vez, se distingue do livro-objeto pelo fato de se apresentar, "desde o início, como um livro manuscrito ou impresso, e será ilustrado ou decorado por um artista plástico com desenhos, aquarela ou pintura..." (Giraudo, 2006, p. 5). Adelaide Russo (2008, p. 153), por sua vez, acrescenta a essa tipologia os livros-colagens, com base nos trabalhos feitos com Bertrand Dorny, e reserva o termo livro-objeto para aqueles que se distinguem da forma convencional do livro. Já Jesús Camarero (2008, p. 174) utiliza o termo geral de "pictotexto" para designar as obras mistas e em colaboração com artistas plásticos.[2]

Devido à multiplicidade de suas formas, o conceito de livro-objeto é mais difícil de ser circunscrito, mas a crítica concorda em um ponto: o rompimento com o códice. De acordo com Vera Casa Nova (2008, p. 134; p. 137), trata-se de um "objeto que desconstrói de alguma forma esse fetiche das sociedades letradas" que teve sua "negatividade" já garantida nas artes, a exemplo de Marcel Duchamp, Blaise Cendrars e Sonia Delaunay. "O livro-objeto, produto que acompanha a poesia visual, rompe com uma forma de olhar as artes, centrada

---

[2] Em seu artigo, o autor estuda principalmente o livro de Butor, *L'Embarquement de la Reine de Saba* (1989), narrativa construída a partir de um quadro de Claude Lorrain.

no suporte, pois o desloca, na medida em que o objeto escultural é também um objeto escritural". De fato, o livro-objeto desconstrói a ideia tradicional de livro e, com ela, todos os seus valores e conotações. A própria palavra códice é reveladora, lembra Michel Melot (2012, p. 85), pois "dela procedem todos os nossos 'códigos', livros de referência jurídicos ou medicinais que correspondem, antes, às leis e às cartas".

O livro-objeto do qual participa Michel Butor rompe muitas vezes com os códigos e com as referências, deslocando o poeta e o leitor do espaço normatizado da página para um espaço expandido. Ao tentarmos identificar as características e elementos do livro-objeto, entretanto, esbarramos constantemente com dificuldades de classificação muito restritas. Por isso utilizaremos o termo mais amplo de "livro de diálogo" para todos os tipos de produções feitas em colaboração com artistas – ou mesmo fotógrafos, no caso da fotoliteratura –, reservando a denominação de "livro-objeto" para aqueles que rompem com o códice e, ainda assim, veremos que essa ruptura pode se efetuar em maior ou menor grau. Já o "livro de artista", que pode assumir a forma de um objeto ou do códice, embora seja empregado muitas vezes como sinônimo de livro de diálogo, apresenta uma ambiguidade uma vez que se refere tanto às produções de apenas um artista – responsável pelo texto e pela imagem, a exemplo de *Jazz* (1947), de Matisse – quanto às obras feitas em colaboração.

Pode-se considerar, ainda, com Flora Süssekind (2004, p. 443), que certos livros de diálogo, incluindo aí os livros-objetos, são "versões livrescas em negativo e (...) obras hiperconscientes da própria materialidade e do livro como objeto e técnica editorial". Assim, concordamos com a autora, citando Vogler, em assumir certas contradições implícitas na categoria:

> E o que se observa, de saída, no estudo de Vogler sobre os "livros que não são livros", é um esforço de delimitação propositadamente paradoxal, segundo o qual esses trabalhos, que classifica de livros-objetos, se, de um lado, como assinala, não podem, de fato, ser vistos como livros, teriam, no entanto, por outro lado, sua natureza determinada exatamente por sua relação com o livro, por um modo de existência marcado por esse seu caráter de não-livros. (Süssekind, 2004, p. 452-453)

É, de fato, nessa dialética da afirmação e da negação simultâneas do livro que Michel Butor vem realizando suas colaborações com os artistas, em escalas diferenciadas como veremos adiante, que vão do códice à bola de argila. Não se trata aqui de livros sem texto, matéria e visualidade sem intervenção verbal, pois o que permanece em todos os casos é o texto, tornado escrita no suporte.

Há quinze anos, foram repertoriados aproximadamente 300 livros manuscritos realizados por Butor que, no plano da história do livro ilustrado, inauguravam, segundo Marie Chamonard (2000), um tipo de livro próximo aos poemas-pinturas, cuja importância é particularmente significativa em sua produção, pois acompanham seu retorno progressivo à poesia, gênero literário que havia praticado no início de sua carreira. Hoje, seria difícil calcular esse número, uma vez que a cada ano o escritor nos surpreende com a descoberta de mais um trabalho de colaboração.

O que significa, para ele, trabalhar com os artistas? Algumas pistas podem ser identificadas em seus depoimentos:

> Cada um dos pintores com os quais trabalho me fornece uma matéria, um timbre, uma cor que eu não teria encontrado sem ele. Tenho, portanto, pouco a pouco, a minha disposição, uma espécie de teclado de órgão, uma paleta de tecidos, de estilos, de emoções nos quais posso entalhar, como um mosaísta de antigamente fazia com seus mármores, minha interminável marchetaria [...]. Destilo uma tintura ou um álcool de alguns de meus encontros, operação que pode levar anos. Onde quer que eu esteja, o que quer que eu faça, no meu mais profundo sono, transporto um laboratório cheio de alambiques em diversos estágios de atividade. (Butor *apud* Minssieux-Chamonard, 2006, p. 81)

Butor utiliza a metáfora da alquimia para se referir a esse tipo de colaboração com os artistas. As matérias, as cores e os timbres são de fato múltiplos, a marchetaria refinada. Citar os inúmeros artistas que tiveram a oportunidade de colaborar com Michel Butor, em diversos momentos de sua trajetória, somente fará vislumbrar essa paleta de estilos. Assim como no caso dos fotógrafos, a lista é bastante longa. Se tomarmos como base apenas o catálogo da exposição *Michel Butor et les artistes*, realizada no Musée des Beaux-Arts de Brest em 2011, encontraremos os nomes de Pierre Alechinsky, Bernard Dufour, Jacques Hérold, Camille Bryens, Frédéric Benrath, Olivier Debré, Guido Llínas, René Laubiès, Cesare Peverelli, Julius Baltazar, Arthur Aeschbacher, Bertrand Dorny, Anne Walker, Jirí Kolar, Pierre Leloup, Mylène Besson, André-Pierre Arnal, Anne Slacik, Grégory Masurovsky, Jean-Luc Parant, Nicolas Fédorenko, Michel Le Gentil. A esses nomes pode-se acrescentar os de Georges Badin, Jean-Marc Scanreigh, Dotremont, Jasper Johns,

Vieira da Silva, André Masson, Matta, Vasarely, dentre outros que participaram das exposições dedicadas ao tema.[3]

Alguns livros de diálogo chegaram até ao Brasil, com a exposição *Palavras e formas: colaborações artísticas de Michel Butor*, realizada no Museu de Arte Contemporânea de São Paulo em 1992, com curadoria de Marcos Ferreira Sampaio. A exposição reuniu trabalhos de fotógrafos (Villiers, Godard, Colignon), de alguns dos artistas acima citados (Alechinsky, Jirí Kolar, Masurovsky, Hérold, Bryens, Dorny, Baltazar), além de gravuras de Ania Staritsky e de Axel Cassel, obras de Henri Maccheroni, Send Ja Rhee, Jacques Monory, Patrick Pouperon. O curador chama a atenção para o interesse em mostrar essas obras "consideradas como registros do diálogo (jogo e confronto) entre dois artistas no momento mesmo da criação. Um diálogo de duas linguagens onde suas diferenças são exploradas ao extremo" (Sampaio, 1992, p. 1).

Para que haja alquimia, é preciso misturar as substâncias, os filtros e as essências, por natureza, diversos. Explorar as diferenças entre a escrita e a imagem, jogar e se confrontar tanto com a colagem de um Kolar quanto com os desenhos de um Alechinsky. O fato de trabalhar com artistas tão diversos, "que não se fecham num movimento ou uma tendência", não deixou de causar certo estranhamento por parte da crítica, à qual ele responde: "O que me interessa, justamente, é sua diferença. Eles me abrem uma nova janela, me obrigam a inventar algo diferente" (Butor, 2009b, p. 111). O alargamento do horizonte poético e a confiança que é concedida ao poeta por meio da colaboração com o artista, também é a tônica do seguinte depoimento, em "Livros de artista":

> A cada vez isso sempre se revelou uma aventura diferente. O essencial para mim sempre foi me perguntar como trabalhar com o artista, imaginar alguma coisa em conjunto, penetrar sua imaginação. Isso me permitiu abrir, em minha própria imaginação, espaços que, de outra forma, permaneceriam fechados. Os textos que escrevi nessas condições não teriam jamais existido sem a confiança que esses artistas me destinaram. Tudo isso representou relações apaixonantes, uma vida...
> (Butor, 2011, p. 45-47)

---

3 Os títulos dos catálogos de algumas exposições repertoriados enfatizam a multiplicidade das colaborações: *13 artistes avec Michel Butor* (1997), *22 Artistes avec Michel Butor* (1998), *32 Artistes avec Michel Butor* (2001), *37 Artistes avec Michel Butor* (2001), *43 Artistes avec Michel Butor* (2002). Cf. Giraudo (2006, p. 221).

A dimensão inventiva que lhe é oferecida se reforça com a afirmação de que essas colaborações lhe proporcionaram "novas regiões imaginativas, novas regiões estilísticas e (...) novas regiões oníricas. O trabalho com os pintores nos livros me deu um mundo literário novo" (Butor *apud* Minssieux-Chamonard, 2006, p. 61). Contudo, a mais expressiva manifestação da *necessidade* da colaboração, de sua condição de *sobrevivência*, possa ser encontrada em *Requête aux peintres, sculpteurs et cie.* (1986), traduzido no início deste livro.

É, portanto, na companhia dos "pintores, escultores e cia." que sua imaginação poética se expande, as janelas se abrem. Mireille Calle-Gruber (2013, p. 33) afirma que Butor fez desse "companheirismo sua chance de escritura e sua linha de vida. As artes e as letras dão à mão amplidão, aos olhos, clareza e visões". O que Michel Butor nos revela, em sua relação com a arte e os artistas, com sua obra experimental, exigente e generosa, que compartilha com o leitor a inteligência criativa de seu funcionamento, como diz Calle-Gruber (2009, p. 8) é, de fato, a importância do companheirismo para a escrita; revela que escrever não é um gesto isolado, mas "uma *força viva*, ou seja, flutuante, relativa, e mesmo versátil, que necessita das outras artes. O escrever precisa dos ateliês". Revela ainda que escrever significa deixar seu próprio território (Peyré, 2001, p. 14), que as musas-irmãs estão por toda parte, dialogando e colocando à prova sua irredutível diferença, ainda que apenas recentemente tenhamos atentado para isso. À irmandade das artes faz eco, portanto, a relação estreita que o escritor estabelece com os artistas, sejam eles pintores, fotógrafos, músicos ou grafistas.

Neste capítulo, pretende-se discutir essa modalidade de interação a partir de três experiências de "livros de diálogo" que tiveram a participação de Michel Butor: *Une nuit sur le Mont Chauve* (2012), publicação mais recente realizada com o artista espanhol Miquel Barceló; a série de livros-objetos realizados com Youl e os livros-cerâmica fabricados por Nicolas Fédorenko, Michel le Gentil e Jean-Luc Parant. Dentre o amplo universo de colaborações realizadas pelo poeta, selecionamos esses livros por fazerem parte de suas produções as mais contemporâneas; por apresentarem formatos e matérias diferenciadas e, por conseguinte, colocarem questões múltiplas sobre suas diferentes maneiras de articulação do verbal e do visual. O traço comum a todos eles, no que se refere à participação de Butor, é a escolha pelo poema. Portanto, quando falarmos de texto no que se refere aos livros de diálogo de Michel Butor, estaremos falando propriamente de poema, e não de crítica de arte ou de comentário erudito. Quando falarmos de imagem, contudo, estaremos nos referindo a algo bem mais difuso e amplo, a algo da ordem do visual, o que engloba tanto as figuras quanto as cores, manchas, pinceladas, traços; tanto as matérias utilizadas quanto o suporte, que contribuem com a textura, o grão, o formato. Nossa hipótese consiste em afirmar que o livro, quando tratado como objeto, é um suporte privilegiado para o surgimento da poesia; não apenas as figuras, mas a matéria utilizada e as texturas também podem ser "trampolins para o espírito", como diz André Breton (1924, p. 47); que as restrições impostas quanto a seu formato, que com frequência foge ao convencional, são pontos de partida para a imaginação; que o livro de diálogo, como uma obra coletiva e intermidial, traz à luz a natureza colaborativa do fazer poético.

ILUSTRAÇÃO 1:
Aparições na noite de Miquel Barceló

Uma das mais recentes publicações de Michel Butor no âmbito do livro de diálogo, *Une nuit sur le Mont Chauve* (2012), realizada com o artista espanhol Miquel Barceló (1957-), é um exemplo notável de interação da imagem e do texto, sob diferentes perspectivas.

Em formato de álbum, publicado pelas Éditions de la Différence, o livro foi realizado sobre papel canson preto, com uma série de 72 desenhos de Miquel Barceló feitos com água sanitária e gesso, que se alternam com o mesmo número de quadras escritas por Michel Butor. O título se refere ao poema sinfônico *Une nuit sur le Mont Chauve* (1867) escrito pelo compositor russo Modeste Moussorgski (1839-1881), que, por sua vez, se inspirou em um conto de Nicolas Gogol, "La Nuit de la Saint-Jean" (1830), cujo tema trágico gira em torno do sabá das feiticeiras, do pacto diabólico, tema de longa tradição e bastante recorrente não apenas na literatura, mas nas artes e na música. Trata-se, portanto, de uma tripla transposição e da sobrevivência do tema da dança macabra em mídias diversas: do conto de Gogol ao poema sinfônico de Moussorgski, do poema sinfônico aos desenhos de Barceló e dos desenhos aos poemas de Butor, que se apresentam como tantas variações sobre os motivos figurais.[4]

---

[4] Após a morte do compositor Modeste Moussorgski, é a versão reorquestrada dessa peça feita por Nikolaï Rimski-Korsakov que ficará mais conhecida na história da música. A obra foi retrabalhada várias vezes pelo compositor, com uma versão coral em 1872, em seguida como interlúdio orquestral de uma de suas óperas em 1873. Em 1908, Rimski-Korsakov faz uma reorquestração dessa terceira versão que será a mais tocada. Assim, o conto de Gogol frutificou até Hollywood, quando o poema sinfônico foi adaptado por Walt Disney em 1940,

A imagem, aqui, é geradora do poema e, nesse sentido, tem primazia sobre ele. Butor (2013b) relata em entrevista que o contato com o artista foi feito por intermédio das Éditions de la Découverte, que havia publicado as *Œuvres complètes* do autor. Ele esteve com Barceló, que lhe mostrou um caderno preto com seus desenhos feitos com pincel e obtidos pela diluição da água sanitária, procedimento inverso ao do lavis.[5] A partir daí, constatou que poderiam fazer algo em comum.

Esse livro de diálogo, na edição comercial indicada acima, apresenta um caráter intermidial bastante notável, pois é apenas uma das transposições da "obra original" cuja originalidade, justamente, é colocada à prova pela mesma ocasião. O caderno de croquis de Miquel Barceló que serviu de ponto de partida para Michel Butor compor suas quadras, deu também lugar a uma edição limitada de *Une nuit sur le Mont Chauve*, sob a forma de um conjunto de 8 rolos conservados no interior de uma caixa feita de madeira de tília.[6] A realização deste conjunto foi confiada ao Atelier d'Offard, especialista no ramo, o qual transpôs para o papel preto a técnica da despigmentação pela água sanitária, própria à obra original de Barceló. A caixa contendo os rolos e o códice são, portanto, como um símbolo, uma miniatura contemporânea dessas duas importantes etapas que marcaram a história do livro.

Os 72 desenhos evocam, com pinceladas e manchas aquareladas obtidas pela descoloração do papel, diversos tipos de esqueletos surgindo da escuridão que dão a impressão de movimento, como numa dança macabra. Nas primeiras páginas, surgem, sobretudo, os esqueletos humanos em diferentes poses, graciosas, dançantes ou assustadoras, ora bem visíveis, ora desarticuladas em

---

no desenho animado *Fantasia*, que utiliza uma versão diferente (com orquestração de Leopold Stokowski), em que o final se mistura à Ave Maria de Franz Schubert.
5 O lavis é um tipo de gravura que imita aguada ou aquarela, de acordo com o *Dicionário de termos artísticos* (Marcondes, 1998, p. 172).
6 A obra foi objeto de uma exposição na Bibliothèque Nationale de France. Pode-se ler na nota explicativa que se trata de um de "um livro de arte excepcional, cuja tiragem foi de 99 exemplares, que reúne um exemplar da edição corrente do livro e oito rolos, de 30 por 350 cm, contidos em uma caixa de tília fabricada pela manufatura Jacquemin, manualmente e diferentemente para cada exemplar, com ferros gravados por Jean-Sébastien Pagnier. Impresso sobre de cor preta, com água sanitária e gesso para as imagens, com tinta tipográfica para os textos, essa obra grandiosa se desenrola sobre 28 m de comprimento. A realização dos rolos foi confiada ao Atelier d'Offard, criado por François-Xavier Richard, o qual, graças a seu *savoir-faire*, conseguiu transpor a técnica do artista para a impressão tradicional na prancha. Uma inovação na história do livro. A reação da água sanitária sobre o papel produz um resultado tal que cada um dos exemplares assinados por Miquel Barceló e Michel Butor torna-se uma obra única". Disponível em: https://www.youtube.com/watch?v=8Je1_z9RoNs.

montes de ossos, ao ponto de se reduzirem a traços que se aproximam da abstração. Ao lado desse povo subterrâneo repentinamente acordado, outras formas vêm, pouco a pouco, dividir o espaço da página, vindas seja do universo marinho, do reino animal ou vegetal. Assim, animais pré-históricos (3 *Paléontologique*, 6 *Jurassique*), peixes (7 *Sous-marin*, 24 *Océanien*), mamíferos (41 *Bucolique*, 43 *Tranquille*, 51 *Exotique*), pássaros (71 *Migrateur*), plantas (47 *Horticole*, 52 *Voyageur*) ou legumes (57 *Parlementaire*, 64 *Enthousiaste*), sempre na forma esquemática do esqueleto, participam do sabá das bruxas e do "colloque de revenants" ("colóquio de fantasmas"), título do poema de número 5. Na maleabilidade de suas articulações, às vezes eles se tornam manchas informes que abrem para a imaginação e pode-se projetar ali diversos motivos.

Ao mencionar o "talento fora do comum" de Barceló, que sabe fazer ver um animal com apenas três pinceladas, o poeta faz uma breve descrição de sua visão do procedimento: "[Barceló] cria imagens duplas e simétricas, como no teste de Rorschach, ao fechar uma página sobre a outra. Em algumas, ele acrescentou um pouco de guache branco. Há espinhas de peixe, monstros, fósforos, tochas; toda uma população bem variada que se agita no interior das páginas" (Butor, 2013b). Quanto ao lugar que ocupa ao lado do artista e a função do texto com relação à imagem, afirma:

> Busquei fazer falar isso tudo, a fim de guiar um pouco a imaginação daquele que folheia o livro, dar-lhe pistas. Quero simplesmente ajudar aquele que olha. Trabalho muito a partir de livros pintados por artistas, onde insiro meu texto. Logo, trabalho de maneira inabitual, invertendo os papéis. Nos textos antigos, penso nos textos sagrados, parte-se do escrito para chegar à imagem. É a iluminura. De minha parte, eu escuto as imagens. (Butor, 2013b)

Do ponto de vista da produção, percebe-se que a imagem gera o poema que, por sua vez, vem se ancorar em determinadas figuras mais representativas. A partir do depoimento de Butor, podemos retomar aqui a discussão sobre a ilustração, invertendo, contudo, os termos: é o texto que vem "ilustrar", por vezes de modo transgressivo, a imagem. Ilustrar, no sentido etimológico de "esclarecer" (do latim *lustrare*), tem o sentido de evidenciar, elucidar e, em princípio, o ilustrador se coloca a serviço do texto que é considerado hierarquicamente e cronologicamente anterior à imagem (Bergez, 2011, p. 126). Em *Une nuit sur le Mont Chauve* ocorre o inverso: a imagem tem primazia sobre o texto do ponto de vista cronológico; é o texto que virá "elucidar" a imagem. Mas nem por isso ele se encontra numa posição de dependência em relação a ela, trata-se de uma verdadeira coabitação. Na relação dialética que se estabelece, as mídias têm autonomia e a hierarquia desaparece, pois o texto também pode se apresentar como transgressor em relação à imagem dando lugar ao trabalho da imaginação. O poeta "escuta" as imagens para ouvir o que dizem e, a seu turno, dar a ver a imagem transfigurada em poesia:

30 *Acoustique*	30 *Acústico*
La nuit s'étonne des oreilles Qui naissent pour mieux écouter Les incroyables bavardages Qui se multiplient alentour	A noite se espanta com as orelhas Que nascem para melhor ouvir As incríveis tagarelices Que se multiplicam ao redor

Embora tenha sido escolhido o formato do códice para a publicação, em edição clássica, formato *à l'italienne* (20 x 27 cm), a relação física entre o texto e a imagem é pouco comum: eles não são vistos simultaneamente, mas em páginas duplas alternadas, o que altera a percepção do conjunto texto-imagem. Ainda assim, a interação entre eles é bastante estreita, obrigando o olho a "pegar alguma coisa da imagem" e "a imagem da palavra" (Butor, 1992, p. 32), na curta duração do gesto de passar as páginas. É nesse intervalo que algo da imagem sobrevive no texto e algo da escrita sobrevive na imagem. O intervalo é gerador de sentido.

Os poemas ocupam uma posição central nas páginas e escolheu-se uma tipografia de cor semelhante à dos desenhos, criando um efeito de aparição do texto análogo ao das imagens. Seus títulos, numerados de 1 a 72, indicam o tema que será tratado na quadra; evidenciam um aspecto, dão um tom. Colocam a morte em seus diversos espaços, contextos, situações, humores. Michel Butor vai buscar esse motivo em um repertório poético alegre da dança e da música, mas também no sombrio do mundo subterrâneo ou submarino, nas metáforas constantes da noite e do dia, em consonância com as cores escolhidas para a impressão gráfica da obra.

Os poemas são como tantas variações sobre o tema da dança macabra cujo formato encontra-se no *Fausto*, de Goethe (1964, p. 159-165), em particular no interlúdio que precede o capítulo da *Walpurgisnachtstraum*. A informação havia sido dada pelo autor em entrevista:

> Após a grande cena da noite de Valburga do primeiro Fausto, há um interlúdio intitulado Sonho de uma noite de Valburga, composto de estrofes de quatro versos,

cada uma sendo atribuída a um personagem. Isso foi para mim uma fonte de inspiração. A cada página, eu escrevi uma estrofe. Valburga é o nome próprio de uma figura germânica. Não era nem uma bruxa nem uma santa. Festeja-se sua lembrança na noite do solstício de verão. Eu preferi dar à obra o título de *Une nuit sur le Mont Chauve* em referência à música de Moussorgski. (Butor, 2013b)

O interlúdio do Fausto,[7] cujo sentido enigmático não deixa de transparecer certo "divertimento" por parte de Goethe, foi interpretado como uma "fantasmagoria" apresentada por Mefistófeles a Fausto para afastar dele a visão trágica de Gretchen (Ancelet-Hustache, 1964, p. 25). De fato, o *intermède* era um momento de diversão intercalado entre dois atos de uma peça ou ópera, sob a forma de dança, coro, balé ou música. Butor encontrou em Goethe não apenas uma afinidade temática, mas o formato do diálogo entre os personagens expresso por meio das quadras; além disso, percebe-se certa aproximação na escolha dos títulos para cada estrofe que indicam as vozes. Em Goethe, ao lado da "jovem feiticeira", do "viajante curioso", da "grua", encontramos o "dançarino", o "dogmático", o "idealista", ou, ainda, a "estrela", que, por seu turno, poderão ser comparados aos qualificativos escolhidos por Butor como título: "endiabrado", "guerreiro", "nostálgico", "veneziano" ou "acústico", com uma diferença quantitativa uma vez que o segundo inventa o dobro de vozes do primeiro.

Não se trata, aqui, de proceder à análise detalhada dos 72 poemas de Butor em diálogo com as imagens, mas podemos analisar o conjunto do ponto de vista da recepção e da produção, destacando alguns dos principais aspectos envolvidos. Do primeiro ponto de vista, observa-se o quanto a ordem da disposição dos textos e das imagens é determinante para sua apreensão e o quanto a noção de *intervalo* é primordial para as interações que ali se tecem. A diagramação paginal escolhida privilegiou a alternância da escrita e da imagem, como dito acima; as páginas duplas com os poemas são seguidas de páginas duplas com imagens, numa relação de vizinhança "diferida", de certa maneira: ou o texto antecipa o desenho, ou ele retoma os elementos que o precedem. O formato alongado da publicação colabora para uma visão ampliada, panorâmica, da dupla página, decorrente do formato do rolo inicial. Vejamos alguns exemplos de ambos os casos. A primeira quadra que abre o livro (Fig. 31) teria um valor de prolepse, antecipando a imagem da dupla página seguinte:

---

[7] Em entrevista com o escritor em sua residência de Lucinges, em 23 de setembro de 2015, ele mencionou essa referência que se confirmou com a verificação no livro de Goethe. Posteriormente, encontramos a mesma indicação em entrevista dada por Michel Butor na ocasião da publicação de *Une nuit sur le mon Chauve*.

1 *Endiablé*	1 *Endiabrado*
Castagnettes et tambourins	Castanholas e tamborins
Les humérus et clavicules	Os úmeros e clavículas
Encouragent les entrechats	Encorajam os entrechats
Des désenterrés de l'année	Dos desenterrados do ano

A menção aos instrumentos de música – castanholas e tamborins – conduz de imediato a situar no universo musical as figuras dos esqueletos, designadas pelos ossos saídos da terra – os úmeros e clavículas –, mas, sobretudo, no da dança macabra, ainda que de uma forma deslocada, pelo balé. Os desenhos sobre a página dupla que vêm em seguida podem ser vistos como uma dança "endiabrada", sentido reiterado pela sugestão de movimento que se depreende das figuras, pelos traços sinuosos, pelo movimento dos quadris, um certo rebolado, pela posição das pernas e dos braços.

Esse efeito se repete em muitos outros momentos, como na décima-terceira quadra: *Céphalopode* (13) menciona os "polvos esticando seus tentáculos/ para fazer deles muletas/ onde se apoiar para melhor saltar/na atmosfera purulenta", versos que tornam visíveis ao leitor esses moluscos, "esclarecem" as formas, nas páginas seguintes. Ou ainda a enigmática figura semelhante a um peixe, ocupando sozinha a página, é precedida do poema *Spéculaire* (33) que a coloca em sintonia com o informe da mancha, ressignificada: "O peixe busca sua imagem/que se dissolve nos vapores/mas de repente é todo um bando/ de alevinos que vêm saudá-lo". O poema nomeia certos elementos e, por vezes, cria um pequeno cenário no qual os personagens irão atuar, como também em *Répressif* (49): "Infelizmente chegam os guardas/com suas bandeiras espanholas/para colocar ordem nisso tudo/ mas eles não conseguirão".

Em movimento inverso, analéptico, o poema *Ichtyophage* (Fig. 32) é antecipado pela imagem que, por sua vez, é ressignificada pelo texto:

12 *Ichtyophage*	12 *Ictiofágio*
Mangeurs de poissons dégustant	Comedores de peixes degustando
Les arêtes des grands requins	As espinhas dos grandes tubarões
Agitant leurs queues transparentes	Agitando suas caudas transparentes
Entre les récifs périlleux	Entre os recifes perigosos

Se, num primeiro momento, diante da imagem, as formas humanas podem se confundir com as dos peixes pelo traçado difuso, num segundo momento, instruídos pelo texto, voltamos a elas para ver ali peixes e tubarões na luta pela sobrevivência. Do ponto de vista da recepção, portanto, a interação do texto e da imagem se dá no intervalo situado no gesto de passar a página, em que se interpelam elementos da imagem e do texto num movimento anacrônico de prolepses e analepses, em que um ressignifica o outro constantemente.

A partir do efeito de vai e vem temporal, pode-se perceber que o processo de produção do texto se faz a partir de uma *leitura* particular das imagens ou de determinados elementos da imagem. O texto é, assim, gerado pela imagem, pela leitura individual que se faz dela. Nesse sentido, a dialética do texto e da imagem se complexifica na mesma medida em que a imagem se libera da figuração. Esse aspecto fica mais nítido nos casos em que as imagens tocam a abstração. É o caso de *Mythologique* (Fig. 33), que precede uma dupla página onde nenhuma figura pode ser identificada pela via representativa. A relação entre o poema e a imagem torna-se bem mais enigmática:

23 *Mythologique*	23 *Mitológico*
La toison d'or en taches d'encre	O velo de ouro em manchas de tinta
Touffes de ronces cris de nacre	Tufos silvestres gritos de nácar
Flocons de neige d'étincelles	Flocos de neve de faíscas
Semence épandue par le vent	Semente espalhada pelo vento

O entremeado informe se torna, sob a pluma do poeta, ora velocino de ouro, manchas de tinta, ora tufos silvestres, neve de faíscas, semente espalhada pelo vento, gritos de nácar, criando associações de palavras e imagens verbais próximas às do surrealismo. Nesse caso, não se trata, para o poeta, de fazer ver algo que não há, ou onde há somente o informe; ainda menos "esclarecer" ou "dar dicas", como ele disse, acima, mas abrir a imaginação e criar um diálogo poético. Em *Artificier* (21), os relâmpagos se tornam cabeleiras de Medusa, mas reconhecemos ali também raízes ou arames farpados.

De um lado, hesitando entre a figuração e o figural, metáforas da própria aparição são ilustradas pela escrita: fósforos para desencadear incêndios nos montes de detrito, em *Flambant* (10); tochas carregadas por mãos invisíveis em *Éclairagiste*; descargas elétricas em *Libérateur* (35); olhos de constelações entre as nuvens em *Aéré* (69), e iluminações invadindo o horizonte em *Pyrotechnique* (36). De outro lado, em contraponto, imagens da opacidade da visão, da escuridão da noite surgem nos vapores e na ebulição evocados em *Gustatif* (56); no nevoeiro de *Apaisé* (65); no turbilhão de neve e de fuligem de *Liminaire* (67); na tintura da lula em *Clandestin* (28); na "relva cor de carvão", em *Tranquille* (43); no emaranhado de corais de *Océanien* (24).

Ao fim dessa noite no Monte Calvo, tendo reunido todo o universo fantasmagórico numa dança endiabrada e festiva, volta-se ao silêncio, última quadra do livro:

72 *Silencieux*	72 *Silencioso*
Tout cela s'éloigne derrière les brouillards du petit matin la gelée noire devient blanche il ne reste qu'une migraine	Tudo isso se afasta atrás do nevoeiro da madrugada a geada escura se torna branca só resta uma enxaqueca

Une nuit sur le Mont Chauve é um livro de diálogo, embora esteja bem distante de um livro surrealista. O caráter artesanal ficou reservado à edição, luxuosa, diga-se de passagem, da versão em livro-objeto, no formato de caixa editado em 99 exemplares, como foi dito acima. A edição comercial a partir da qual trabalhamos, derivada do códice, mais clássica em sua formatação, se apresenta como um livro de artista e não poderia ser considerada como um "não-livro", mas, ainda assim, provoca o deslocamento do olhar ao inverter a posição do poeta com relação à do artista, fazendo da imagem o ponto de partida para o processo criativo. A iluminura visual reverte-se em iluminura verbal. A escrita abre para novas visões, senão para alucinações, dando a ver o não visto. "A pintura desencadeia em alguns, e nos poetas em particular, a ascensão balbuciante e certa das palavras", afirma Peyré (2001, p. 14). O que confere a esse livro sua qualidade de diálogo é, portanto, o fato de o poeta penetrar a imaginação do artista e abrir espaços em sua própria imaginação, *ilustrando*, ao mesmo tempo, o leitor-espectador.

ILUSTRAÇÃO 2:
Michel Butor com Youl: Lucidez

A colaboração de Michel Butor com Youl[8] é um contraponto significativo ao álbum realizado com Miquel Barceló desde o objeto livro. Se o primeiro se evidencia pelo esmero editorial, pela forma do códice e pela singularidade da experiência, o segundo se destaca pela natureza artesanal da produção, pela forma do "não-livro", bem como pela multiplicidade e pela constância da experiência colaborativa.

O nome de Youl está intimamente associado ao de Butor, mas pouco se sabe desse artista, exceto o que o seu próprio *site* nos apresenta e as informações obtidas por meio do *Dictionnaire Butor*. Nascido em 1947, Youl (*apud* Desoubeaux, 2018) se declara ilustrador, pintor, "técnico do livro" e "diretor de palavras". Em termos numéricos, o artista menciona mais de uma centena de trabalhos realizados com Michel Butor, dos quais 27 estão disponibilizados para visualização em seu *site*.[9] De acordo com a informação de Giraudo (2006, p. 37), em 2006 contava-se um conjunto de aproximadamente 40 obras, dentre os 400 livros de artista e livros-objetos produzidos por Youl com outros diversos artistas. São experiências em que o recurso à colagem e a matérias diversas, além do papel, são recorrentes. Segundo seu depoimento:

> Ao colocar em cena as palavras, acompanho os poetas sem ilustrá-los, da mesma forma que eles não comentam meu trabalho. Eu exploro o corpo do livro: papéis, vegetais, reciclados, a base de tecidos que eu às vezes fabrico, tipografias e formatação, encadernação, formas, formatos a serviço dos textos que me confiam ou que eu mesmo crio. (Youl)[10]

A recusa das modalidades clássicas de interação entre a palavra e a imagem – ilustração e comentário – fica clara nessa proposta. A exploração do "corpo do livro" toca os aspectos materiais da operação, a "física do livro", como diz Butor, o que aproxima essa experiência daquelas realizadas pelos surrealistas, marcadas pela transgressão dos modelos e contestação da máquina

---

8 A colaboração de Butor com Youl foi inicialmente abordada no texto "Butor-Youl: obras vaga-lumes" (Arbex, 2012). Desde então, realizamos uma pesquisa mais extensa sobre esses livros, a partir de consulta dos trabalhos na Bibliothèque Jacques Doucet, em Paris, que trazemos para discussão neste trabalho. Esta e as obras citadas em seguida foram consultadas no referido acervo.
9 Disponível em: <http://youl.livres.artiste.free.fr/>.
10 Disponível em: <http://youl.livres.artiste.free.fr/>.

editorial. Além disso, o artista assume várias funções no processo de fabricação, pois ele é, ao mesmo tempo, aquele que fabrica o papel, formata, encaderna, "ilustra", enfim, edita o livro. O que afirma Walter Benjamin (1994, p. 129) a respeito da técnica fotográfica pode ser transposto para essa experiência do "autor como produtor" do livro: a técnica da fabricação tem força revolucionária, a "superação daquelas esferas compartimentalizadas de competência no processo da produção intelectual (…) transforma essa produção em algo de politicamente válido".

A colaboração de Butor com Youl se restringe à realização de livros manuscritos, que se aproximam em grande parte dos livros-objeto no sentido do rompimento com o códice. Podem, contudo, ser entendidos como não-livros por manter essa relação dialética com o livro: se de um lado há transgressão com relação ao formato clássico, de outro essa transgressão se faz exatamente em referência ao livro, como dito no início deste capítulo. Como veremos nos exemplos abaixo, parte-se de alguns elementos do livro clássico – capa, cadernos, dobras, páginas, uso do papel e de um suporte em duas dimensões – para propor um objeto que questiona sua própria natureza livresca.

A confecção desses livros é artesanal, até mesmo rústica, contrastando com as produções editorias mais preocupadas com o luxo do acabamento e uma produção comercial, como foi o caso de *Une nuit sur le Mont Chauve*. O reduzido número de exemplares decorre, naturalmente, dessas condições de fabricação – são, em geral, fabricados dois, três ou quatro exemplares. O gesto manuscrito demanda, sem dúvida, tempo e uma grande concentração da parte do escritor, além da duração da própria confecção dos livros. O que diferencia esse diálogo dos demais é o fato de ser o artista que propõe o livro ao poeta, é ele quem "suscita os poetas",[11] que o "ilustrarão" a seu modo. O livro de Youl precede a escrita que ocupará os espaços deixados livres no papel, adaptar-se-á a suas texturas e se distribuirá de acordo com o suporte predefinido. Os poemas se inserem nos espaços, muitas vezes bem reduzidos, reservados pelo artista.

O poema dedicado ao artista, "Au coin du mur" (Butor, ŒC XII, p. 1.056),[12] é significativo do valor de sobrevivência que atribui o poeta ao procedimento

---

[11] Disponível em: <http://youl.livres.artiste.free.fr/>.
[12] No original: "Les papiers collés/les uns sur les autres/nous font dévaler/l'escalier du temps/ Avec des racloirs/on tanne ces peaux/dont les inscriptions/baignent dans l'oubli/Des regards s'échappent/entre deux des strates/ouvrant des paupières/couturées d'erreurs/Les enfants d'alors/appellent à l'aide/mais tout est noyé/par les détergents."

utilizado. Butor faz alusão à técnica da colagem utilizada nos trabalhos, comparando-a com escadas que permitem o retroceder no tempo: "Os papéis colados/ uns sobre os outros/nos fazem descer/as escadas do tempo", diz o primeiro verso. Das camadas superpostas e sedimentadas vão sendo reveladas as palavras: "Com espátulas/curte-se as peles/cujas inscrições/banham no esquecimento (...)". O processo da colagem de papéis é análogo ao da sedimentação dos tempos estratificados, ao qual se chega pela escavação, raspagem dessas camadas, pelo retroceder temporal, que faz aparecer as inscrições ressurgentes e o "ato reminiscente" (Didi-Huberman, 2015, p. 26).

A exploração do "corpo do livro" pelo artista durante a fase de produção se desdobra na recepção. É surpreendente a diversidade de tamanhos e de formas: livros retangulares, mais próximos do códice, mas também redondos e triangulares (*Le triangle des Bermudes*, 2006), em acordeom ou ondulados (*Ondulations*, 2005), ou ainda livros que chegam a 70 cm de comprimento (*La conquête de la lumière*). O leitor/espectador é solicitado pela visão, mas também pelo tato: o gesto de folhear substitui-se pelos de desamarrar, desmontar, remontar, reamarrar. A fragilidade das matérias, em particular o papel artesanal, apela para o cuidado no manuseio do objeto-livro. Além do papel, há o inusitado dos materiais: fita de couro para fechar *Le Jongleur d'espace* (2005); parafusos para prender dois pedaços de madeira em *Presse* (2006); cadarços para amarrar *Ondulations* (2005); caixa de ovos em *Ébulition*; barbantes e couro em *Œuf de Pâques* (2006).

Como Butor participa do livro? Qual a dinâmica de ocupação dos suportes tão diversos? Em *Œuf de Pâques* (2006), as seis quadras do poema encontram suporte nas seis tiras de papel retangulares, amarradas por barbantes que se enrolam para se alojar dentro do invólucro-ovo. A escrita manuscrita deve se ater a esse espaço restrito e se tornar minúscula, apelando para uma operação de deciframento. No ato da leitura, a escrita nômade surge à medida que as tiras de papel, progressivamente, se desenrolam, dando a ver linearmente o poema e contrariando, assim, o formato convencional de distribuição vertical das estrofes na página.

Já em *Le Papillon des marins* (2006), as duas quadras vão ocupar, cada uma, um dos espaços de forma arredondada, simétricos, que são, para o poeta, como as asas de uma borboleta que acaba de deixar sua crisálida. A analogia das formas apela para o desenvolvimento do motivo poético da borboleta. Na "asa" esquerda e na da direita, lê-se, respectivamente:

La chenille rampe et sinue	A lagarta rasteja sinuosa
Sur les quaisles ponts les cabines	Nos cais pontes cabines
Elle se love en chrysalide	Ela se enrola em crisálida
Ne bougeant plus pendant des mois	E não se mexe mais durante meses
Puis au plus fort de la manœuvre	Depois no auge da manobra
Des mains viennent la dégager	Mãos vêm libertá-la
Voici qu'elle déplie ses ailes	Eis que ela abre suas asas
Pour assurer voiles et vies.	Para assegurar velas e vidas.

A metáfora marinha que lhe é associada parece ter sido gerada pela presença da corda utilizada em torno dessas formas ovais, cujo nó reúne as duas partes da asa e nos remete aos nós utilizados pelos marinheiros. O poeta aproxima, assim, as *ailes* (asas) das borboletas das *voiles* (velas) e voo do inseto à partida do barco. Da mesma forma que um texto pode ser gerado por uma imagem, uma écfrase ou um iconotexto, por exemplo, como vimos em GALERIAS, a matéria e a forma podem igualmente fazer surgir um desenvolvimento poético, como em *Papillon des marins*.

Outro exemplo do modo como a escrita ocupa o suporte do não-livro é *Entre les nuages* (2006) (Figs. 34). A escrita cursiva de Butor se insinua pelos pedaços de papel pintados e colados, formando três conjuntos numerados e contidos entre duas pequenas pranchas de madeira presas por uma fita elástica verde escura. O poema, aqui reconstituído, é o seguinte:

[I] Soupirails donnant sur douves d'émail où plongent les anges venant délivrer les désespérés	[I] Respiradouros abrindo para fossos de esmalte onde mergulham os anjos vindo libertar os desesperados
[I verso] Île en profondeur creusant ses ravins dans les eaux du fleuve dont les berges brillent d'écailles en fleurs	[I verso] Ilha profunda cavando suas ravinas nas águas no rio cujas margens brilham com escamas em flor
[II] Grotte où les rayons tissent des saris nappes et moirures caressant les pièges de la profondeur	[II] Gruta onde os raios tecem saris manchas e brilhos acariciando as armadilhas da profundez
[II] Puits pour les savants grand laboratoire où les doigts du vent jouent sur les claviers des ordinateurs	[III] Poços para os eruditos grande laboratório onde os dedos do vento brincam com os teclados dos computadores
[II verso] Au balcon des âges l'enfance de l'art les toiles des fonds sur lesquels comètes [signent leurs paraphes	[II verso] Na sacada das eras a infância da arte as telas de fundo sobre as quais os cometas [assinam suas rubricas
[III] Pépins de figue au lait de sagesse grappes de la vigne au palais d'été lierre illimité	[III] Sementes de figo ao leite de sabedoria cachos de vinha no palácio de verão hera ilimitada
[III verso] Voile recouvrant le tableau d'abîme où la craie des astres inscrit les appels d'un passé noyé	[III verso] Véu recobrindo o quadro do abismo onde o giz dos astros inscreve os apelos de um passado naufragado
Œil à double entrée miroir de l'intime porche vers les orbes d'infinis voyages dans notre avenir	Olho com dupla entrada espelho do íntimo portal para as orbes de infinitas viagens em nosso futuro

Os papéis de formatos diversos – tiras, arredondados, alguns rasgados – são o suporte fragmentado para as palavras que vão procurando um caminho, frente e verso, uma superfície onde se apegar: às vezes pequenas ilhas textuais – "sementes do figo", "leite de sabedoria" –, outras vezes "grutas" ou "poços" que abrigam versos um pouco mais longos, como na última estrofe.

Embora os conjuntos sejam numerados e ordenados, não há indicação de direção de leitura, o olhar se dispersa e parte sem restrições passeando por todas as regiões da escrita. Algo da visualidade da matéria e dos traços feitos ali pelo artista serão retomados pelo poema, como "os respiradouros" aludindo às janelas criadas pelos recortes; "as sementes de figo" e "cachos da vinha" que ganham sentido com a vizinhança dos traçados de pequenos círculos. O título *Entre les nuages* participa da percepção do conjunto pela analogia de formas, mais uma vez. As sobreposições dos papéis fragmentados e as janelas que permitem ver através delas são como a visão entre as nuvens: ora "respiradouros que abrem/ para fossos de esmalte"; ora "ilhas profundas/cavando suas ravinas"; ora "véu recobrindo/o quadro de abismo". O informe, aqui, torna-se o ponto de partida para a imaginação.

Além do suporte, a própria matéria desencadeia a imaginação poética. Ao invés de utilizar superfícies lisas e sem rasuras, vê-se a trama do papel com todos os seus grãos, sua textura mais ou menos rugosa e sua espessura, obtida pela superposição das camadas. O diálogo com os materiais utilizados é notório em certos livros e, por vezes, ele só pode ser percebido a partir de certo deslocamento do objeto-livro da posição habitual na qual o consultamos. Vejamos o poema inédito *Lucidité* (2015) (Figs. 35),[13] pequeno livro em papel artesanal, cujo formato mais clássico, retangular, se distingue daqueles apresentados acima. Ele é composto de apenas um caderno (4 páginas), não costurado, cujas superfícies foram recortadas como se fossem "fissuras" e, em seguida, recobertas por outros papéis coloridos, mas translúcidos.

---

13 Reitero meus agradecimentos a Michel Butor, que me ofereceu esse livro *Lucidité* em nosso encontro de 23 de setembro de 2015, em Lucinges.

Que de fouillis dans ma mémoire que de brouillard dans mes idées que de chaos dans mes journées que de désordre dans mon bureau J'entendais mieux je voyais mieux je tapais mieux sur la machine je marchais mieux sur les sentiers je voyageais plus aisément A travers bois quelques rayons à travers murs quelques vitraux à travers blocs quelques fissures à travers bruit quelques silences Fin de parcours le crépuscule éclats de rouille parmi la fatigue un dernier chant l'ombre qui gagne bouquet de lueurs	Quanta confusão em minha memória quanto nevoeiro em minhas ideias quanto caos em meus dias quanta desordem em meu escritório Eu ouvia melhor eu via melhor eu batia melhor à máquina eu andava melhor pelas trilhas eu viajava mais facilmente Através do bosque alguns raios através das paredes alguns vitrais através dos blocos algumas fissuras através do barulho alguns silêncios Fim de percurso o crepúsculo lascas de ferrugem entre a fadiga um último canto a sombra que ganha o buquê de lampejos

    Aparentemente, o comovente poema sobre o lúcido crepúsculo da vida não se relaciona com o livro, seu formato ou suas matérias. Ao deslocarmos o objeto de sua posição horizontal para a vertical, contudo, os versos da terceira estrofe, com a repetição de "através" no início, bem como o título *Lucidité*, adquirem seu sentido pleno, pois, com esse gesto o leitor é surpreendido pela transparência colorida dos papéis que deixam passar a luz externa, produzindo um efeito próximo ao de um vitral, como também sugere o verso "através dos muros/ alguns vitrais".

O poema nasce da matéria, seja pela cor ou pela textura, senão dos poucos rabiscos deixados pelo artista no livro. Assim ocorre com *La Fonte des glaces* (Figs. 36) (2006), cujo papel artesanal branco, recortado irregularmente e colado sobre o suporte, aproximando-se mais da textura de um tecido, é o motivo predominante do poema:

[I] Ne disparaissez pas trop vite stalactites au bord du toit il paraît que le Groenland va bientôt justifier son nom de pays vert je m'en réjouis étant frileux depuis toujours mais laissez-moi encore un peu déguster votre transparence [II] Le soleil coule au long de vous on croirait que c'est une goutte de lumière qui se détache de votre fleuret moucheté pour résonner sur la cymbale de la citerne où se reflètent les nuages du petit matin en ondes qui les font trembler [III] Déjà les glaciers se rétractent on attend des inondations et une multiplication des cyclones sur la ceinture équatoriale ce sera très intéressant nonobstant les problèmes qui vont surgir dans la nostalgie de la neige.	[I] Não desapareçam tão rápido estalactites à beira do telhado parece que a Groenlândia logo irá justificar seu nome de país verde eu fico feliz por sempre temer o frio mas deixe-me um pouco mais degustar sua transparência [II] O sol escorre sobre você parece que é uma gota de luz que se destaca de seu florete mosqueado para ressoar sobre o címbalo da cisterna onde se refletem as nuvens da madrugada em ondas que as fazem tremer [III] As geleiras já se retractam espera-se as inundações e uma multiplicação dos ciclones na cintura equatorial isso será muito interessante apesar dos problemas que irão surgir na nostalgia da neve.

Algo da ordem do figural dá lugar às associações poéticas por analogia de formas e matérias. Assim ocorre com as referências aos glaciares: estalactites, Groenlândia, bem como a transparência, a gota de luz, o reflexo. Como no exemplo precedente, a cor branca do papel artesanal incide sobre a escrita e as imagens se desdobram nas "nuvens da madrugada", "em ondas que as fazem tremer", na "nostalgia da neve" e, claro, as geleiras. Para além desses aspectos intermidiáticos, o livro se torna um objeto de denúncia do progressivo desaparecimento das geleiras que "já se retractam", anunciando "as inundações/ e uma multiplicação/ dos ciclones na cintura equatorial (...)".

Quando o formato do livro-objeto foge um pouco mais da tradição, novas analogias são formuladas. A primeira apreensão do objeto pela visão é determinante em *Carrefour* (Figs. 37) (2005): em forma de cruz latina, o livro tem a capa presa por uma corda fina, de maneira a formar uma lombada. O tema do poema está intimamente relacionado com o formato escolhido, baseado no número quatro. A voz poética se coloca no centro dessa encruzilhada como um prisioneiro, que busca uma saída para "o outro lado do muro dos suplícios", mas que só encontra palavras de ordem afixadas nos cartazes em cada um dos quatro caminhos que se lhe apresentam:

[verso de la couverture]	[verso da capa]
Il nous faut choisir entre quatre impasses et les inspecteurs avec leurs matraques ne nous laissent pas le temps d'explorer parois et recoins pour y découvrir dans quelque fissure l'air annonciateur d'un couloir secret	É preciso escolher entre quatro impasses e os inspetores com seus cassetetes não nos dão tempo de explorar paredes e recantos para descobrir ali em alguma fissura o ar que anuncia um corredor secreto
Les quatre panneaux qui ferment les voies proclament devises gravées et dorées pour nous asservir et nous enrôler	Os quatro cartazes que fecham as vias proclamam divisas gravadas a ouro para nos sujeitar e nos alistar
[p. I] agenouillez-vous enrichissez-vous précipitez-vous exterminez-vous	[p. I] ajoelhem-se exterminem-se enriqueçam-se precipitem-se
[II] il est interdit de chercher plus loin de se rassembler de se retourner	[II] é proibido buscar mais longe reunir-se voltar-se
[III] de se réfugier ou de s'isoler dans un ermitage ou dans un silence	[III] refugiar-se ou isolar-se em um eremitério ou no silêncio

Essas palavras de ordem, isoladas, foram coladas em finas tiras de papel em forma de cruz, sobre as quais se escreveu: "ajoelhem-se", "exterminem-se", "enriqueçam-se", "precipitem-se"; "é proibido", "buscar mais longe", "reunir-se", "voltar-se", "refugiar-se", "ou isolar-se", "em um eremitério", "ou no silêncio". Se, de um lado, elas são ditas por uma voz autoritária e repressora, de outro, os trechos mais longos são possíveis respostas poéticas que fazem vislumbrar uma saída libertária desse impasse, seja ela pela morte:

[IV]	[IV]
Nous faisant semblant	Fazendo acreditar
de ne savoir lire	que não sabemos ler
guettons grondements	espreitemos os rugidos
du feu souterrain	do fogo subterrâneo
accordant nos cuivres	afinando nossos metais
pour nous annoncer	para anunciar
un vol d'oiseaux-rocs	um voo de pássaro-roca
venant nous saisir	vindo nos pegar
et nous transporter	e nos levar
de l'autre côté	do outro lado
du mur des supplices	do muro dos suplícios
[à gauche]	[à esquerda]
ou sans un sourire	ou sem um sorriso
ou dans un soupir	ou em um suspiro

O formato triangular também determina, de forma indireta, o tema explorado em *Triangle des Bermudes* (Figs. 38). Nesse caso, o poeta desenvolve uma pequena narrativa de caráter ficcional situada numa paisagem praiana, como em um instantâneo [I] que, pouco a pouco, se coloca em movimento tornando-se uma breve sequência fílmica [II e III]:

[I] Des pantalons abandonnés sur les palissages blanchies par l'écume de l'Atlantique on ne voit pas un être humain Pourtant c'est un embarcadère près d'une sorte de cabane où sèchent même des filets mais dont les vitres sont cassées Ce qui fut une habitation n'est plus qu'un abri provisoire pour touristes aventureux ou romanichels de la mer [II] Ils sont sans doute dans les flots ou dessus baigneurs ou pêcheurs ils sont cachés par les rochers heureux que nul ne les observe Dans le déferlement des vagues impossible de rien entendre à part les rires des oiseaux qui tournoient sur le promontoire Bois flottés morceaux de cordages paquets d'algues coquilles vides qui vont bientôt être emportées car la marée va remonter Un peu plus loin une fumée des traces de pas sur le sable une femme qui semble seule dormant sur un morceau de voile Sentant peut-être mon regard elle se lève brusquement elle court pour se rhabiller ses deux compagnons la rejoignent [III] L'un reste en costume de bain tenant à la main l'arbalète avec un mérou empalé ou un poisson équivalent L'autre s'essuie rapidement avec une serviette éponge qu'il retire d'un vaste sac ramené par dessus l'épaule Puis il en tire un vieux chapeau de paille tout dépenaillé dont il se sert pour ranimer les braises du foyer dormant Une pirogue se balance avec son ancre et se pagaies ils vont chercher dans la glacière une bouteille et quatre verres M'avaient-ils vu tandis que moi je profitais de leur absence pour contempler la solitude et la solitaire alanguie Tout reprend la normalité je puis sortir de ma cachette m'approche en n'ayant l'air de rien on m'invite pour déjeuner	[I] Calças abandonadas sobre as treliças caiadas pela espuma do Atlântico não se vê um só ser humano Contudo, é um cais perto de um tipo de cabana onde secam até as redes mas cujas vidraças estão quebradas Isso que foi uma moradia não passa de um abrigo provisório para turistas aventureiros ou ciganos do mar [II] Eles estão sem dúvida nas ondas ou sobre banhistas ou pescadores estão escondidos pelos rochedos felizes que ninguém os observa No rebentar das ondas impossível ouvir alguma coisa exceto os risos dos pássaros que giram sobre o promontório madeiras naufragadas pedaços de cordas montes de algas conchas vazias que logo serão levadas pois a maré vai subir Um pouco mais adiante uma fumaça rastros de passos na areia uma mulher que parece solitária dormindo sobre um pedaço de vela Sentindo talvez meu olhar ela se levanta bruscamente corre para se vestir seus dois companheiros se aproximam [III] Um permanece com traje de banho segurando um arpão com um mero empalado ou peixe equivalente O outro se seca rapidamente com uma toalha que tira de uma bolsa grande trazida nos ombros Depois ele tira um velho chapéu de palha todo depenado que usa para reanimar as brasas adormecidas da fogueira Uma canoa se balança com sua âncora e remos eles vão buscar no gelo uma garrafa e quatro copos Teriam eles me visto enquanto eu aproveitava de sua ausência para contemplar a solidão e a lânguida solitária Tudo volta ao normal posso sair de meu esconderijo aproximo-me como quem não quer nada convidam-me para almoçar.

Em *Presse* (Figs. 39), o título é um jogo de palavras – um pouco à maneira de Duchamp ao escolher os títulos de seus *ready-mades* tais como *Trébuchet* ou *Fresh Widow*. O objeto é composto por dois pequenos pedaços de madeira com parafuso que são como as capas do livro, contendo e pressionando as páginas. O título refere-se tanto à imprensa e ao universo do livro (*la presse*) quanto ao tema do poema. No Japão, entrar no metrô é uma aventura: a multidão, que está apressada (*pressé*), não somente é prensada (*pressée*), mas também sofre a "compressão" (*compression*) para entrar nos vagões. São, portanto, as matérias do objeto-livro que constituem o motor para a criação poética:

Dans les métros de Tokyo	Nos metrôs de Tóquio
lors des longs moments de pointe	nos longos horários de ponta
Comme on ne réussit pas	Como não se consegue fazer
à faire entrer tout le monde	com que todos entrem
À l'intérieur des wagons	no interior dos vagões
pourtant vastes et nombreux	ainda que vastos e numerosos
Il y a des employés	Há funcionários
spécialement affectés	especialmente designados
À la compression des gens	para comprimir as pessoas
pour pouvoir fermer les portes	e poder fechar as portas
Puis ils aident l'ouverture	Depois eles ajudam a abertura
et la désintrication	e a desintricação
Au moment de la descente	no momento da descida
où attend une autre foule	onde espera uma outra multidão
pour remplir les rares vides	para encher os raros vazios
qui ont pu être laissés	que foram deixados
Les bras rentrant dans les dos	Os braços entrando nas costas
les genoux entre les cuisses	os joelhos entre as coxas
Les vêtements se froissant	as roupas amassando
donc il faudrait inventer	assim é preciso inventar
un pressing pour y porter	uma lavanderia para ali levar
les humains et leurs tissus	os humanos e seus tecidos
À repasser rafraîchir	para passar refrescar
rajeunir et libérer	rejuvenescer e liberar.

Reivindicando o trabalho marginal ao mundo institucional do livro e de natureza essencialmente experimental, Youl e Butor usam esse suporte para fazer experiências sobre sua física. Os livros-objetos são "protótipos que dão a possibilidade de fazer coisas que um editor habitual hesitaria em fazer, que não poderia fazer". Por isso, a intervenção manuscrita no espaço reservado a princípio à imagem e ao artista representa um duplo gesto de transgressão, de desrazão (Christin, 1995): por um lado, gesto invasor de uma área espacial reservada ao artista e protegida por séculos de tradição, por outro lado, o resgate da iconicidade da escrita que se torna, então, desenho: "O que escrevo irá não apenas transformar a significação do que estou vendo, mas seu equilíbrio plástico, sua própria composição. (…) O escritor se descobre pintor" (Butor *apud* Giraudo, 2006, p. 10). Operando nessa zona fronteiriça que é o livro-objeto, a escrita dialoga com as matérias, com os formatos, com o suporte, e com as imagens – figuras, traços ou manchas – que porventura tenham sido feitas pelo artista, os quais, por sua vez, tornam-se suportes para os devaneios poéticos do poeta. Michel Butor se torna, ele também, artista ao penetrar no espaço do outro, momento que, para ele, é terrivelmente perturbador, pois é nesse momento que despertam todos os tipos de censuras ancestrais: "A primeira vez, eu tremia" (Butor, 2010, p. 1.143).

ILUSTRAÇÃO 3:
Escrição na argila

O livro códice impôs à nossa escrita, segundo Michel Melot (2012, p. 102), condições como ordenamento, simplificação e normalização das formas, ou seja, uma geometria determinante para tudo aquilo que entrará no livro. Para romper com esse código, o livro-objeto tem de romper, primeiro, com essa geometria, com o "império do quadro", e todo o resto seguirá esse gesto desarrazoado. O livro-objeto para Michel Butor é um suporte de experimentações: madeira, cera, metal, tecido, plástico, vidro, argila, placa, rolo, caixa, esfera, todos os suportes e matérias são susceptíveis de acolher a escrita. Ao explorar as possibilidades do suporte, a história e o papel do livro na cultura escrita e na literatura são interrogados, bem como o papel do editor no processo de fabricação, o que insere o escritor nas pesquisas mais contemporâneas em torno do livro-objeto e do livro de diálogo.

Ao contrário do livro convencional, muitas vezes o caráter escultural do livro-objeto, seu volume, demanda uma abordagem da ordem do performático:

> O olho considera a página isolada como uma pintura, mas quando o olho começa a vasculhar o objeto-livro em sua profundidade, seu espaço, esse objeto-livro surge para nós como uma escultura. […] O livro será para nós uma escultura que

exploramos de certa maneira e como uma arquitetura no interior da qual cada página será como um nicho. Dentro de cada um desses nichos, podemos ter uma inscrição ou um ícone. Assim, o livro será como uma obra de arte de um nível bem elevado, de uma grande complexidade. Nós giramos em torno do livro, logo, do texto. Nosso corpo todo entra na dança. (Butor *apud* Minssieux-Chamonard, 2006, p. 59)

De fato, a escrita é performativa para Butor (2010, p. 41): "escrever é um gesto", assim como "compor uma página é um gesto", "compor um volume é um gesto", "compor uma história é um gesto", "pensar é um gesto". Se o livro-objeto de Youl apresenta, em geral, pequenas dimensões e cabe entre as mãos, outros têm maiores proporções, corpos imponentes e, por conseguinte, pedem um maior investimento do corpo do escritor e do leitor-espectador. São livros-objetos que oferecem novas superfícies de inscrição ao poeta. Nesta seção, apresentaremos algumas dessas experiências que rompem dessa vez com o aspecto bidimensional do suporte e exigem da escrita um deslocamento ainda maior, pois envolvem não apenas o corpo, mas um percurso do olhar incomum. Mais uma vez, os exemplos se multiplicam. As matérias também.

Com Nicolas Fédorenko (1949-) e Michel le Gentil (1949-), Butor realizou *Fragilité* (2008) e *Le Poème en tuiles* (2010), primeiros trabalhos do autor com a cerâmica, reproduzidos no catálogo da exposição *Michel Butor et les artistes*. A interação entre os artistas é mais complexa do que nos exemplos anteriores, uma vez que a colaboração se faz por etapas, em um constante diálogo. Inicialmente, é o texto do poeta que precede e determina o formato do objeto. Os ceramistas relatam que, para *Fragilité* (Fig. 40), prepararam "folhas de argila estampadas, gravadas, em seguida esmaltadas" (Gentil, 2010, p. 119) para receber o poema inédito de Butor (2010, p. 114), "Fragilité", composto de sete estrofes de sete versos heptassílabos:

Au moment où les humains Commençaient à maîtriser Le feu dans leurs campements Tandis que du tronc des arbres Il ne restait que des cendres Que le moindre vent pouvait Disperser dans la clairière	No momento em que os humanos Começavam a dominar O fogo nos acampamentos Enquanto do tronco das árvores Só restava cinzas Que o menor vento podia dispersar na clareira
Ils virent que la poussière Au contraire durcissait Ils modelèrent l'argile Pour en fabriquer des jarres Qui pouvaient accumuler Des provisions pour l'hiver De la fraîcheur pour l'été	Eles viram que a poeira Ao contrário endurecia Eles modelaram a argila Para fabricar jarros Que podiam acumular Provisões para o inverno Frescor para o verão
Certes fêlures fractures Venaient compliquer les choses On s'efforça d'inventer Récipients les plus solides Et les plus imperméables Pour y faire la cuisine Et présenter les repas	Certamente fissuras fraturas Vinham complicar as coisas Esforçaram-se para inventar Recipientes mais sólidos E os mais impermeáveis Para usar na cozinha E apresentar as refeições
Mais une fois qu'on a su Multiplier les prouesses On eut envie d'imiter La finesse des pétales De composer des objets Qu'il faudrait manipuler Avec toutes précautions	Mas uma vez que se aprendeu a Multiplicar as proezas Teve-se vontade de imitar A finura das pétalas Compor objetos Que precisam manipular Com toda precaução
Cette coupe a traversé Des épreuves décisives Dont elle n'a triomphé Qu'avec la science et l'amour De tous ceux qui l'ont touchée Mais il suffit d'une erreur Et tout retombe en poussière	Essa taça enfrentou Provas decisivas das quais só triunfou pela ciência e o amor de todos os que a tocaram Mas basta um erro E tudo se torna pó
Avant c'était avec l'os Qu'on voulait rivaliser Et maintenant c'est la peau Mais avec un tel éclat Qu'elle finit par tinter Sous le moindre choc de l'ongle On boit avec un baiser	Antes era com o osso que quiseram rivalizar E agora é com a pele Mas com tal brilho Ela acaba por arranhar Com o menor choque de unha Bebe-se com um beijo
Dans notre brutalité La plus tendre porcelaine Est matérialisation Du respect que nous manquons Et nous enseigne les gestes Que nous devons adopter Dans notre fragilité.	Em nossa brutalidade A mais tenra porcelana É materialização De nossa falta de respeito E nos ensina os gestos que devemos adotar Em nossa fragilidade.

O poema aparece, como diz Serge Cabioch (2010, p. 115), como uma variação, pagã, sobre a Gênese: "Um tipo de história da civilização onde os homens dominam progressivamente os quatro elementos para forjar e afinar a matéria: passa-se da dureza conquistadora à fragilidade simbólica da condição humana." A estrutura do poema mimetiza e condensa os sete dias da criação do mundo. Aqui, é o homem que cria e se cria tornando-se o produto de suas obras. A análise detalhada do poema empreendida pelo crítico revela o "percurso iniciático" subjacente à aventura da criação, ao término do qual encontra-se a fragilidade humana, mas também as origens da arte e da cerâmica. Por esse viés, podemos, de nossa parte, avaliar o quanto a mídia escolhida para o trabalho – a argila – é determinante no processo de criação poética, pois é a partir da matéria, e sobre ela, que se concebe a escrita e é para ela que a escrita retornará. Se o texto precede o livro-cerâmica, não deixa de ser a partir da matéria desse objeto-livro por vir que o poeta escreve, reinvertendo novamente os papéis do "ilustrador" e do "escritor".

A fabricação da mídia cerâmica envolve uma série de procedimentos que nos são desconhecidos, sobretudo quando se prevê o acolhimento de um texto nesse suporte. O relato dos ceramistas é fundamental nesse momento, pois nos permite entender a técnica empregada, bem como a transposição do poema durante esse processo. A fabricação é marcada pela imprevisibilidade: as cores podem se alterar, as letras se deformar e até desaparecer devido ao contato da matéria com as altas temperaturas do forno, que pode atingir 1.300º C. Os textos são colocados à prova, as letras se deformam, os artistas experimentam a modificação do texto inicial. Isso responde à sua recusa em considerar o livro-cerâmica como um exercício de caligrafia, visando dar em espetáculo a elegância formal da escrita. O texto surge velado, a legibilidade fica obstruída.

Na análise de seu processo criativo coletivo, eles negam buscar ilustrar o texto, mas afirmam produzir comentários – visuais – do poema. Assim, a estrutura do poema ditou a escolha do número de peças de cerâmica: sete placas escritas, alternando com sete outras decoradas. Os motivos figurativos do cálice, do osso, bem como do homem, que se encontram no poema, foram integrados na cerâmica. A paleta de cores, contudo, constituída do azul de cobalto, escolhido por pertencer à "gramática universal da decoração em cerâmica" (Gentil, 2010, p. 121), e de outras como o óxido de ferro e o verde do óxido de cromo, não parecem se relacionar com o poema. Ao realizar as placas de argila propositalmente fissuradas ou quebradas, seguem-se os versos do poema que mencionam as fissuras e as fraturas que ocorrem inevitavelmente durante a fabricação dessas peças. Por fim, voltando à regra numérica de construção do poema, Michel Le Gentil decide extrapolá-la e, como um oulipiano ou um poeta letrista, compõe um texto de sete linhas a partir das sete primeiras letras do poema *Fragilité*, texto que será desenhado na placa de cerâmica chamada, então, de *Toulesh*. De acordo com Le Gentil (2010, p. 124), "*Toulesh* é a ilustração de uma perversão da regra pois ela prova que aquilo que permitiu construir o poema permite também desconstruí-lo e fazer dizer ao poema algo que ele não disse". Vê-se bem que o artista-ceramista se torna, por sua vez, poeta.

A partir do mesmo poema de Butor, o processo é reempregado na série de telhas recobertas de porcelana, *Le poème en tuiles* (2010) (Fig. 41). Os artesãos ceramistas se defrontaram, desta vez, com uma dificuldade suplementar: colocar de pé as telhas de superfícies retangulares, mas curvas. Essa posição das telhas coloca impasses para o escritor e uma nova forma de visibilidade para o leitor. Pervertendo mais uma vez a regra e modificando o texto inicial – condição para que o poema se torne um objeto plástico (Gentil, 2010, p. 133) –, os versos do poema foram fragmentados de modo que os diferentes trechos se inscrevem, cada um, sobre uma determinada telha, podendo se combinar para formar outros versos, dizer outra coisa, formar outras palavras. O texto aparece fragmentado e aleatório, a leitura se torna múltipla, aproximando-se, desta vez, como diz Le Gentil, de um poema surrealista cujos estilhaços abrem a imaginação.

Giraudo evoca esse aspecto da colaboração que é a revelação, nos artistas, de um potencial para a escrita. Ele apresenta o exemplo de Alechinsky ou Maccheroni, artistas que já praticavam "escritas imaginárias" que o texto de Butor viria, de certo modo, "traduzir" em linguagem poética (Giraudo, 2008, p. 237). Os traços de escrita imaginárias como as pintadas por Badin também permitiram à escrita de Butor entrar na sua pintura por meio dessa mídia, segundo Patrick Suter (2013, p. 47). Esse tipo de escrita pode ser chamado de "escrição", retomando o termo de Roland Barthes (2004, p. 200), uma escrita que "ultrapassa consideravelmente não só a linguagem oral, mas a própria linguagem"[14] e que excede suas funções; uma escrita e que revela, assim, sua vocação de desenho.

É certo que a experiência do ceramista Michel Le Gentil com o escritor despertou nele a vontade de jogar, por sua vez, com o poema, retomando o texto inicial e produzindo um novo texto a partir dele, como um processo

---

14 Sobre o tema, remeto ao meu artigo "Barthes e a escrição", publicado em *Roland Barthes plural* (2017).

intertextual e de reciclagem. De um lado, nenhum dos dois exemplos apresentados, contudo, se assemelham à operação em processo nos livros-cerâmica, uma vez que o ceramista não relata ter praticado esse tipo de "escrita imaginária" que o poema viria de certo modo traduzir. De outro lado, a escrição está presente no fato de se reconhecer ali uma escrita "conforme o traço, não conforme a letra" (Barthes, 1990, p. 139).

Nesses livros-cerâmica, o trabalho com a matéria, enfim, remete certamente às origens da escrita. O poema da história da argila tornada porcelana, uma vez transposto para a própria porcelana coloca também em cena essa gênese. No mesmo gesto, evidencia-se a midialidade da escrita tornada imagem. O texto se aproxima ainda mais das antigas escritas quando se utiliza o processo de impressão nas placas de argila, ao invés do uso do estilete para gravar as palavras, como foi feito em 2010 pelos ceramistas (Fig. 42) (Gentil, 2010, p. 134). Embora não se possa afirmar que a escrita, na região mesopotâmica, nasceu de fato da argila, uma vez que os primeiros signos talvez tenham sido traçados na madeira ou na pedra, as "escritas" mais antigas já identificadas foram encontradas em tabuinhas de argila do final do quarto milênio a.C. Assim, essa última experiência com *Fragilité* evoca com seus próprios meios essa escrita das origens. Resulta daí uma inscrição no limite da legibilidade, pois vemos ali signos cujo sentido é interrompido, fragmentado. Levando mais longe a referência com as origens da escrita, a placa acima descrita foi "selada" em um envelope de argila no qual se inscreveu o texto correspondente ao da placa não visível, assim como as tabuinhas antigas contendo contratos ou documentos só podiam ser lidos após a quebra de seu invólucro.

Matéria e suporte são significantes tanto quanto o texto. Não se pode isolá-los, o suporte não é um acessório neutro; tampouco a matéria escolhida pode ser substituída por outra, pois o texto é o objeto-livro considerado, como um todo e como um objeto único. Além do papel determinante do suporte, Barthes destaca o papel do instrumento utilizado, em *Variações sobre a escrita*:

> O suporte determina o tipo de escrita porque opõe resistências diferentes ao instrumento traçador, mas também, de modo mais sutil, porque a textura da matéria (lisura ou rugosidade, dureza ou maciez, a própria cor) obriga a mão a gestos de agressão ou de carícia. [...] A humanidade realmente escreveu sobre qualquer coisa, mas parece que no mais das vezes extraiu um *sentido* desse qualquer coisa: o sentido que implica toda relação entre a matéria e o corpo [...]. (Barthes, 2004, p. 245)

Essa experiência da relação da matéria com o corpo é vivenciada com o artista Jean-Luc Parant na realização das *Boules de terre* (2008).[15] Se no livro-cerâmica é o artista que grava o texto fornecido pelo poeta, na colaboração com Parant, Butor está em contato direto com a matéria. Isso faz com que o apelo à gestualidade seja ainda mais determinante no processo mesmo de escrita, que depende da manipulação da argila. Nessas bolas de terra se opera em definitivo a passagem de uma superfície de duas dimensões à tridimensionalidade.

A referência às origens da escrita se faz presente nesse gesto de *inscrição* – no sentido de "traçar no interior da matéria" (Barthes, 2004, p. 238) – com o uso de uma espécie de estilete fabricado para a ocasião: "Escrevo com uma ponta metálica presa a um cilindro de madeira, formando uma espécie de lápis" (Butor, 2010, p. 103). Uma narrativa se constrói sobre a gênese do texto que se escreve: *Écrire sur les boules*. Primeiro, descreve-se o contexto do ateliê, seu entorno, o tempo, o lugar e a data: "26 de janeiro de 1985" (*ibid.*, p. 103). Em seguida, a mesa de trabalho: "A bola ainda úmida é colocada sobre uma mesa de bistrô do fim do século passado com uma bancada de mármore branco leitoso com veios negros e também verde espinafre e com um leve rosa carmim como o de uma mancha de geleia de morango" (*ibid.*, p. 103). Passamos depois ao gesto e às etapas da escrita:

> Quando uma face da bola está inteiramente coberta, faço com que gire sobre a mesa e ataco a outra face até que não haja mais nenhum espaço vazio. Então, pego a bola entre as palmas das mãos, tendo o cuidado de não apagar o que acabei de escrever, levanto-a e coloco-a no chão. As irregularidades da argila criam algumas dificuldades. Meu estilete encontra às vezes uma falha, um oco ou uma pedrinha presa na massa. As letras se tornam, então, quase ou totalmente ilegíveis. Tento consertar as coisas, mas em geral elas ficam piores. É então a hora da rasura e da raspagem. Recopio o texto face por face sobre meu papel, pois quando sou obrigado a terminar uma palavra ou uma frase numa posição particularmente oblíqua, tenho dificuldades em me decifrar. Percebo que às vezes falta algo e então eu acrescento. (Butor, 2010, p. 104)

---

15 A colaboração de Michel Butor com Jean-Luc Parant data dos anos de 1970. Inúmeros trabalhos foram realizados em conjunto, como atesta a lista estabelecida no *Dictionnaire Butor* por Desoubeaux, entre eles a *Biblioteca ideal* (Biblioteca ideal) (2010) e, antes, *Escala dos olhos* (1998).

Inscrição, rasura, raspagem se sucedem no processo escritural, adaptando-se aos acidentes da matéria – falha, oco ou pedrinha – que determinam a cursividade, o ritmo e o *ductus* que, como diz Barthes (2004, p. 236-237), "é o gesto humano em sua amplidão antropológica: nele a letra manifesta sua natureza manual, artesanal, operatória e corporal". E o suporte retoma seu lugar: "É como escrever sobre a areia, é como escrever sobre o vapor, é como escrever sobre a neve, mas também como sobre a casca de uma árvore" (Butor, 2010, p. 105). A partir desse ponto, a descrição-inscrição deixa espaço para as analogias e metáforas: as letras são comparadas a "crianças que não conseguimos controlar, quando saem da escola"; a "boca do forno" tem beiços com enormes pedras; o espírito vagueia e rememora outros trabalhos, outros tempos e lugares: o frescor da argila lembra a neve e a bola se torna uma Lapônia; o aquecedor se torna uma palmeira; os textos "cozinham como pão, palavras que rolam como bolinhas de gude no campo, letras que sonham na relva como animais felizes" (*ibid.*, p. 105). Por fim, as bolas se tornam autônomas, ganham vida:

> Enquanto as luzes do vilarejo continuavam a piscar ao longe, de repente a nossa apagou-se e todas as bolas ficaram mudas; mas assim que a luz voltou, elas começaram todas a piar, balbuciar, até aquelas já endurecidas onde não posso mais gravar nada, ou que já passaram no forno, como se seu desejo de falar tivesse longamente sido despertado nessas trevas de um instante. (Butor, 2010b, p. 105)

A própria experiência de escrever sobre as bolas é contada na matéria argilosa, é seu processo criativo que o poeta partilha com o leitor. É a escrita "*em vias de fazer-se*, e não a escrita feita": escrição. Enquanto *ductus*, é "uma temporalidade, o momento de uma fabricação" (Barthes, 2004, p. 236). A reflexão sobre a fabricação do objeto, o processo, se abre aos poucos ao desenvolvimento poético, às comparações e às metáforas, à dimensão inventiva que lhe é indissociável. É a cena da aparição da escrita que é dada a ver.

Com os livros de diálogo, em especial os livros-objetos, estamos longe da civilização do livro ocidental, em que a imagem estava submetida ao texto, em que sua função era ilustrar certas passagens para torná-las mais claras ou auxiliar na leitura do texto, como nos manuscritos da Idade Média. A reflexão sobre o objeto-livro, ou seja, sobre o livro como mídia, deslocou essa hierarquia: muitas vezes é o texto que "ilustra" de modo transgressivo a imagem, como em *Une nuit sur le Mont Chauve*; outras vezes essa dicotomia não tem mais sentido, uma vez que já não se trata mais de imagem, e sim de matérias, como nas *Boules de terre*. A novidade está no fato de que há inversão na ordem do livro: o poeta escreve a partir das imagens, ele as *ilustra*. "Ele inscreve na margem do visível suas obsessões de contador de histórias, de viajante, de experimentador, (...) ele redescobre como nos primeiros tempos sua própria criação" (Peyré, 2001, p. 190).

A reflexão sobre o livro como objeto vai no sentido de um prognóstico sobre seu futuro. Ocupando ao mesmo tempo o universo institucional do livro e suas margens, entre tradição e experimentação, Michel Butor interroga a história do livro, seu papel na cultura escrita e na literatura, evidencia dimensões do livro tradicional que desapareceram e coloca questões sobre as mídias contemporâneas.

Nos livros de diálogo, surpreende, inicialmente, a grande diversidade de procedimentos e de matérias utilizadas na fabricação, cujos exemplos apresentados aqui nos dão apenas uma pequena amostra. De um lado, ela recobre meios artesanais tanto quanto meios editoriais sofisticados. Essa diversidade de mídias implica, ainda, na interação entre os artistas e outras profissões da edição, o ateliê se torna editora e a editora muitas vezes se transforma em ateliê. À interação dos artistas responde a dos espaços. De outro lado, o livro de diálogo não pode ser concebido como o trabalho de um único autor, embora cada livro seja um objeto singular, produzido na conjunção da singularidade de cada artista na amizade com o poeta. No vocabulário da pintura, a palavra amizade também designava "as cores que simpatizam entre si e cujos tons e nuanças produzem um belo efeito", diz a *Enciclopédia* de Diderot e Alembert.[16]

Enfim, a interação entre as artes desborda por vezes o cruzamento de fronteiras, pois não há propriamente *passagem* de uma mídia a outra, sobretudo quando a escrita se torna escrição. O suporte oferecido desde o início, sua matéria e sua forma, abole a "página branca". Conforme Giraudo (2008, p. 237) afirma, "são signos-presenças que são integrados na invenção da escrita, desde as origens da matéria até as técnicas utilizadas". A ilustração transgressiva tal como praticada por Michel Butor torna visível a midialidade da escrita[17] ao remontar às suas próprias origens, ou seja, ao remontar à cena de seu

---

16 "AMITIE, s. en Peinture, se disent des couleurs qui sympathisent entr'elles, et dont les tons et les nuances produisent un bel effet. Cette union ou sympathie s'appelle amitié; on dit des couleurs amies" (Diderot, *Encyclopédie*. Disponível em: http://encyclopedie.eu/index.php/beaux-arts/850302357-peinture).

17 Nossa afirmação retoma o ponto de vista de Walter Moser (2006, p. 63), que afirma: "o dispositivo de relação entre as artes, duplicando-se em um dispositivo intermidial, desenvolve uma função heurística na medida em que dá a ver e a conhecer a midialidade da arte."

surgimento. Nesse sentido, a poesia, bem mais do que a prosa, por não ser "indiferente a seu modo de aparição, a sua encarnação no papel que a fixa um instante e para sempre" (Peyré, 2001, p. 71), tem um papel importante na exposição da visualidade da escrita e encontra no livro de diálogo o lugar que lhe atribuiu Mallarmé desde que elegeu o livro como o espaço de encontro das dimensões do visível e do sonoro.

6.
MARGEM

> *Je continue ainsi à produire,*
> *émettre des milliers d'œuvrettes,*
> *en hommage à la peinture que je ne pratique*
> *pour de bon que dans l'écrit.*
>
> Michel Butor, *Michel Butor par Michel Butor.*

Michel Butor ocupa um lugar singular no universo literário. Ao lado dos artistas, permanece à deriva, em contínuo deslocamento. Pode-se imaginar que ocupar esse lugar fronteiriço nem sempre significou estar numa posição de conforto. Desde a época do *nouveau roman*, Butor esteve "à margem da margem", retomando o título da coletânea de artigos do poeta brasileiro; ao lado de Flaubert e Joyce, ele já fazia parte desses escritores que "buscaram caminhos não balizados, abriram sendas novas, estranhas ao território habitual da poesia ou da literatura" (Campos, 1989, p. 7), embora em algum momento eles tenham se consagrado no campo literário, como é o caso de Butor com *La Modification*. Augusto de Campos o inclui no rol das "vozes dissonantes", "minoritárias", "insólitas"; coloca em evidência o caráter revolucionário de *Mobile*, para além dos romances já conhecidos, atribuindo ao autor uma marginalidade positiva, se assim podemos dizer.

De sua parte, Butor considerou por vezes essa "marginalidade" como uma intrusão, em especial quando deixou o romance para atender à solicitação dos artistas, que queriam ver suas próprias gravuras ou pinturas acompanhadas de textos seus. Afirma que, naquela ocasião, foram os textos poéticos que surgiram, mas foi difícil declarar-se poeta. Havia poetas em torno dele que o viam como um intruso:

> Eu havia publicado romances, era professor, publiquei ensaios, etc., e além do mais, me permitia escrever poemas. Então, eu não dizia muito que escrevia poemas, foi pouco a pouco, certos poetas me adotaram, me consideraram como um dos

seus. Então, graças a eles, posso confessar que [...] o velho romancista tornou-se um jovem poeta.¹

De todos os seus exegetas, Calle-Gruber, que se colocou de um ponto de vista que lhe permitiu ver a obra em sua longa duração, ao organizar os 12 volumes das *Œuvres complètes*, é quem melhor definiu, a nosso ver, a obra e seu autor:

> Mendigo e Hospitaleiro, Hospitaleiro porque Mendigo também, hóspede-hospitaleiro: acolhido e acolhedor, Michel Butor experimentou como ninguém a intensidade da relação ao outro, reversível até o mais alto risco. O risco de sua própria desaparição. A desaparição do 'próprio'. E o risco do quem perde ganha [...]
> Ele se mantém na fronteira, ou melhor, ele não fica mais ali, passando e repassando a linha, habitando habitado do outro lado sempre, atormentado pelo impossível desejo de fazer entrar o mundo inteiro em sua obra, que é ao mesmo tempo um império e um contraimpério, cuja potência de inclusão só encontra o equivalente na atração pelo partido dos excluídos. (Calle-Gruber *in* Butor, 2006, p. 7-8)

Dito de outra forma, Michel Butor poderia fazer parte dessa "constelação de vaga-lumes" da qual fala Didi-Huberman. Deslocado entre os *nouveaux romanciers*, intruso entre os poetas, incompreendido por uma certa crítica, *à l'écart* da academia, formou, junto aos artistas, belas comunidades anacrônicas e atópicas, errantes e luminosas, emitindo lampejos com suas imagens vaga--lumes – resistentes, persistentes e intermitentes, ou seja, políticas, reminiscentes e poéticas. "Sinto-me muito à margem. Mas não sou o único a estar à margem", diz ele, reforçando a solidão compartilhada, essa vocação dos vaga-lumes à "iluminação em movimento" (Didi-Huberman, 2011, p. 47).

Hoje ainda constatamos que sua voz continua a nos interrogar e a lançar novos desafios. "Sou conhecido, mas de certa forma conhecido como desconhecido" (Butor, 2013a, p. 20): é assim que se define Michel Butor, que completaria 90 anos em 2016. Então, podemos relançar mais uma vez a pergunta: por que ler, por que estudar ainda Michel Butor? "Há algo de jovem que permanece no novo romance", responde ele, mas temos de reconhecer que "a partir do momento em que os livros têm 50 anos, não é mais a última novidade. Talvez haja ainda muita novidade a encontrar neles, mas lendo-os de outra forma".²

---

1 Palestra proferida por Michel Butor na sessão de abertura do "Colóquio Internacional Universo Butor", 2011. Inédita.
2 Palestra proferida por Michel Butor na sessão de abertura do "Colóquio Internacional Universo Butor", 2011. Inédita.

Concebido como uma leitura reflexiva, este trabalho pretendeu ler Michel Butor sob outro prisma, buscando em uma parcela de sua obra alguma "novidade" e contribuindo, portanto, para a renovação da recepção crítica da obra do escritor, à luz de seu diálogo com as artes, que vem sendo operada tanto no meio acadêmico quanto fora dele. De fato, as diversas exposições artísticas das quais ele vem participando nesses últimos anos têm lhe dado uma visibilidade relativa e revelado, também sob esse viés intermidiático, o quanto sua obra é complexa, proteiforme, constelar, expansiva, caleidoscópica. Em 2013, na ocasião do festival *Les Voix de la Mediterranée*, para o qual foi convidado, o poeta teve a oportunidade de, mais uma vez, expressar-se sobre essa colaboração poética com os artistas:

> Todos [os poemas] estarão relacionados às demandas dos artistas: pintores, fotógrafos, músicos. Procuro mostrar como eles se situam num mundo em transformação. Eles, por sua vez, me mostram onde posso me situar diante de seu trabalho, seja ele abstrato ou figurativo. Essa distinção, aliás, não tem mais nenhuma pertinência atualmente. Podemos representar igrejas, tanto quanto correntezas ou pirâmides de cubos. Para entrar na obra de um outro, nessas cavernas estrangeiras, eu olho, eu me esforço para fazer calar todo tipo de coisas em mim. Logo, a obra se abre e me fala. As palavras jorram como podem. É preciso colocá-las em ordem. [...] Sempre, em meus poemas, atravessa a história do mundo, desde os dinossauros e os Neandertais até os robôs.

Faz parte de nossa proposta divulgar a obra do "ilustre desconhecido" por meio da citação direta de trechos de suas narrativas e de seus poemas, muitos deles inéditos, bem como de seus textos teóricos que tanto iluminam o trabalho desse que é, antes de tudo, um escritor-crítico. A tarefa de tradução empreendida, sobretudo de textos inéditos em língua portuguesa, participa desse mesmo intuito. Essa leitura é, inevitavelmente, parcial e incompleta, pois foi preciso fazer um recorte e colocar uma moldura em uma obra que, justamente, rompe limites e contesta enquadramentos. Mas também porque acreditamos no que diz o escritor ao afirmar a incompletude de toda obra e de nossos próprios limites: "Pois nunca somos capazes de ler um livro a não ser parcialmente, porque nunca conhecemos de fato a língua do livro, e não conhecemos jamais completamente nossa própria língua."[3]

---

[3] Palestra proferida por Michel Butor na sessão de abertura do "Colóquio Internacional Universo Butor", 2011. Inédita.

Acreditamos que tenha ficado claro que o recorte que adotamos para explorar essa vasta obra era necessário, e inevitável. Algumas produções importantes envolvendo a interação entre a imagem e a escrita foram deixadas de lado, seja porque já foram objeto de estudo e publicação, como é o caso de *Dialogue avec Eugène Delacroix sur l'entrée des croisés à Constantinople* (cf. Arbex, 2008, 2013, 2014), seja porque não foi possível concluir seu exame, como no estudo, já iniciado, de *Dialogue avec Rembrandt Van Rijn sur Samson et Dalila* (2005). Esses dois livros colocam em cena, no modo da crítica-escritura, um diálogo à distância do escritor com os respectivos artistas, a partir de um quadro específico, indicado desde o título. Também pertence a esse grupo de diálogos com artistas de outros tempos *L'Embarquement de la reine de Saba, d'après le tableau de Claude Lorrain* (1989), de todos o que mais suscitou o interesse da crítica, tendo sido objeto de diversos estudos (cf. Khabou, 2014; Camarero, 2008).

Outro conjunto de textos importantes que poderiam ser examinados à luz da interação das artes e do cruzamento de fronteiras é *Illustrations*[4]. São quatro volumes que reúnem textos publicados, inicialmente, nos livros realizados em colaboração, mas que são retomados dessa vez sem as imagens, fotografias ou pinturas. A retomada dos textos sofre uma transformação para remediar a ausência das imagens, seja pela disposição tipográfica, seja pela colagem e pela montagem textual. Além de colocar em circulação os textos que nasceram da colaboração com os artistas, mas publicados em tiragem limitada, as novas versões dos textos fazem parte desse princípio de reciclagem, inacabamento e mobilidade constante que caracteriza a obra de Butor.

A ausência desses dois conjuntos de textos – *Dialogues* e *Illustrations* – nos faz vislumbrar, sobretudo, o inesgotável repertório interartístico ainda a ser explorado, ainda mais se nos lembrarmos de outros importantes trabalhos realizados em diálogo com a fotografia e com os livros-objetos, como tivemos a oportunidade de citar nos capítulos CÂMARA ESCURA e ATELIÊ.

Certamente, há ainda muito a ser estudado sobre a interação dessa obra com outros campos do saber, além do das artes, em particular o das ciências humanas, no que se refere à apologia do nomadismo[5] e à virada espacial ocorrida na literatura (Collot, 2008, p. 75), como evocado em MESA DE

---

4 Cf. Perrone-Moisés, Illustrations II, da madrugada à aurora. *Manuscrítica: Revista de Crítica Genética*, 1993, n°4.
5 Cf. Morello *in* Calle-Gruber, 2008. O autor se refere em particular às aproximações possíveis com Lévi-Strauss e Michel Serres.

MONTAGEM, aproximando-a das investigações mais recentes sobre a geografia dos lugares e da paisagem como espaços de trânsito: "Geopoética e geopolítica é a leitura que nos coloca diante de nosso receio das fronteiras e, mais ainda, de nosso receio de que não haja fronteiras. Na literatura, é sempre do outro que se trata – assombrado de tabus e de sonhos" (Calle-Bruger *in* Butor, 2006, p. 9-10). Seu lugar na literatura contemporânea, ao lado de escritores como Milan Kundera, Édouard Glissant, Omar Pamuk, Le Clézio, entre outros, também merece desenvolvimentos, uma vez constatado que Butor está no centro das questões mais atuais da literatura, considerando o alcance de seu discurso crítico sobre a noção de fronteira. Olivier Ammour-Mayeur, por sua vez, insere essa obra no fluxo das "escritas-mundo", afirmando que

> a *obra-Butor* é exemplar dessa poética do 'engajamento' (que não deve ser confundido com a literatura 'engajada'), precisamente por dar corpo, por meio de suas obras-colagens, obras-montagens ou ainda em sua abordagem da biblioteca-mundo, a uma verdadeira *escrita-mundo*, entendida aqui como resistência contra a globalização política e econômica, que tende a destruir as diferenças culturais. (Ammour-Mayeur, 2012, p. 399)

A prática da fronteira, abordada neste trabalho sob o prisma da travessia dos gêneros literários, entre a prosa e a poesia, entre a crítica e a escritura, sobretudo entre as artes, vai de fato bem além: ela implica a hospitalidade evocada anteriormente por Calle-Gruber; reflete-se no trabalho de reescrita e de invenção; envolve a mestiçagem dos espaços em dimensão planetária, ao propor um mundo de redes e de conexões – as "Alaskamazonie", "Andes afro--nippones", "Éthiopie brésilienne", de *Paysages planétaires* (Butor; Pousseur, 2004) –; é passagem e promessa de uma abertura do mundo. Aliás, a melhor ilustração desse sonho de ocupar um "hiperlugar" – "Desejo estar ao mesmo tempo aqui e lá, um pé de cada lado de todas as fronteiras, numa mundialização da diversidade" (Butor, 2009, p. 176) – seria, de acordo com Collot (2008, p. 74), a publicação das obras de Butor em hipertexto.

A fronteira interroga, portanto, a "poesia por outros meios" (cf. Perloff, 2013), as mídias e as novas tecnologias como elementos de transformação culturais, como observa o poeta: "Os problemas que fui capaz de abordar nas relações interculturais são apenas uma parte daqueles enfrentados pelos intelectuais e escritores franceses da segunda metade do século XX em sua descoberta do estrangeiro. Estamos apenas começando" (Butor, ŒC XI, p.1117; cf. Morello, 2012).

Essas são apenas amostras das perspectivas que têm sido adotadas por parte da crítica, cujos desdobramentos teóricos não poderíamos, ao menos, deixar de evocar. Acreditamos que as sobrevivências da imagem na escrita participam dessa questão mais ampla sobre o deslocamento das fronteiras, suscitada pela obra do escritor-viajante.

A inserção dessa produção no campo da intermidialidade permitiu considerar determinados trabalhos realizados em colaboração com os artistas em sua interação com o suporte, com as matérias, na constituição de uma poética única. De um lado, constatou-se que a imagem, nas dimensões da figuração e do figural, estabelece uma relação dialética com a escrita, em movimentos de aproximação e de afastamento. De outro, a imagem, em sua "evidência oculta", revelou-se como um dos alicerces midiáticos mais eficientes para trazer à superfície a midialidade da própria escrita. Segundo, essa perspectiva colocou em evidência o escritor-crítico que discorre sobre a longa tradição do "paralelo" das artes, sempre a partir do deslocamento dos paradigmas e do rompimento das fronteiras disciplinares: para ele, as irmãs poesia e pintura *déménagent*, mudam de domicílio, mas também enlouquecem mansamente. "As irmãs decidiram cair na estrada. Elas constroem um castelo evolutivo que, como um navio, passa de um ancoradouro a outro. Seu projeto doravante não é nada menos do que rearrumar o universo. Desejamos-lhes muita coragem" (Butor, 2011, p. 37). De fato, o sistema das Belas Artes foi rompido, as irmãs não se fixam, são como nômades e "viajantes-missionárias" (Calle-Gruber, 2009, p. 12) que transitam por diversos territórios. Desse nomadismo decorre a intensa interação entre as artes; aliás, a exaustividade sobre o tema parece não poder ser alcançada, os artistas e os escritores inovando a cada dia, lançando um novo desafio às categorizações teóricas, como é o caso da obra exemplar de Michel Butor.

A reflexão sobre a sobrevivência da imagem na escrita partiu de uma amostra significativa recolhida em sua obra, contemplando os critérios da diversidade, propícia ao estudo das modalidades intermidiáticas, bem como ao critério da permanência nessa diversidade. Assim, percorreu-se as descrições de obras de arte nos romances, os jogos tipográficos, a fotoliteratura e os livros de diálogo, tendo como horizonte os modos de sobrevivência da imagem na escrita. A noção de imagem proposta por Didi-Huberman e sua bela metáfora do vaga-lume permitiu pensar a sobrevivência como fato de memória, como efeito de temporalidades múltiplas e da ação de uma época sobre a outra – efeito de intermitência tornado visível pelos processos de colagem, montagem, desmontagem e de remontagem constantes. Essa metáfora conduziu a examinar a *interartialité*, interação entre as artes, em termos de escavação. Escrever a partir da imagem é seguir o rastro dos arqueólogos, o caminho de Proust, fazendo surgir instantes de aparição, memórias ressurgentes e fissuras temporais. Significa tornar visível a invenção poética, seus mecanismos, a reflexão crítica que a sustenta. Não se trata de traduzir a imagem visível em palavras, mas de fazer surgir uma imagem poética, de encenar o seu aparecimento. As reminiscências se introduzem no presente por um efeito de telescopagem, a imagem sobrevive no texto e o texto ressurge da imagem, como ilustra tão bem a epígrafe escolhida para esta MARGEM: "Continuo a produzir, a emitir milhares de obrinhas, em homenagem à pintura que, de fato, pratico apenas na escrita" (Butor, 2003, p. 123).

IMAGENS

Figura 1 – Rembrandt van Rijn, *Artist in his studio*, c.1628, Museum of Fine Arts, Boston.

Figura 2 – Johannes Gumpp. *Autorretrato*, c. 1646, Galeria Uffizi, Florença.

Figura 3 – Piet Mondrian, *Composition nº VI* (Compositie 9, Blue façade), 1914, Fondation Beyeler.

Figura 4 – Paul Klee, *Einst dem Grau der Nacht enttaucht*, 1918, Zentrum Paul Klee, Bern.

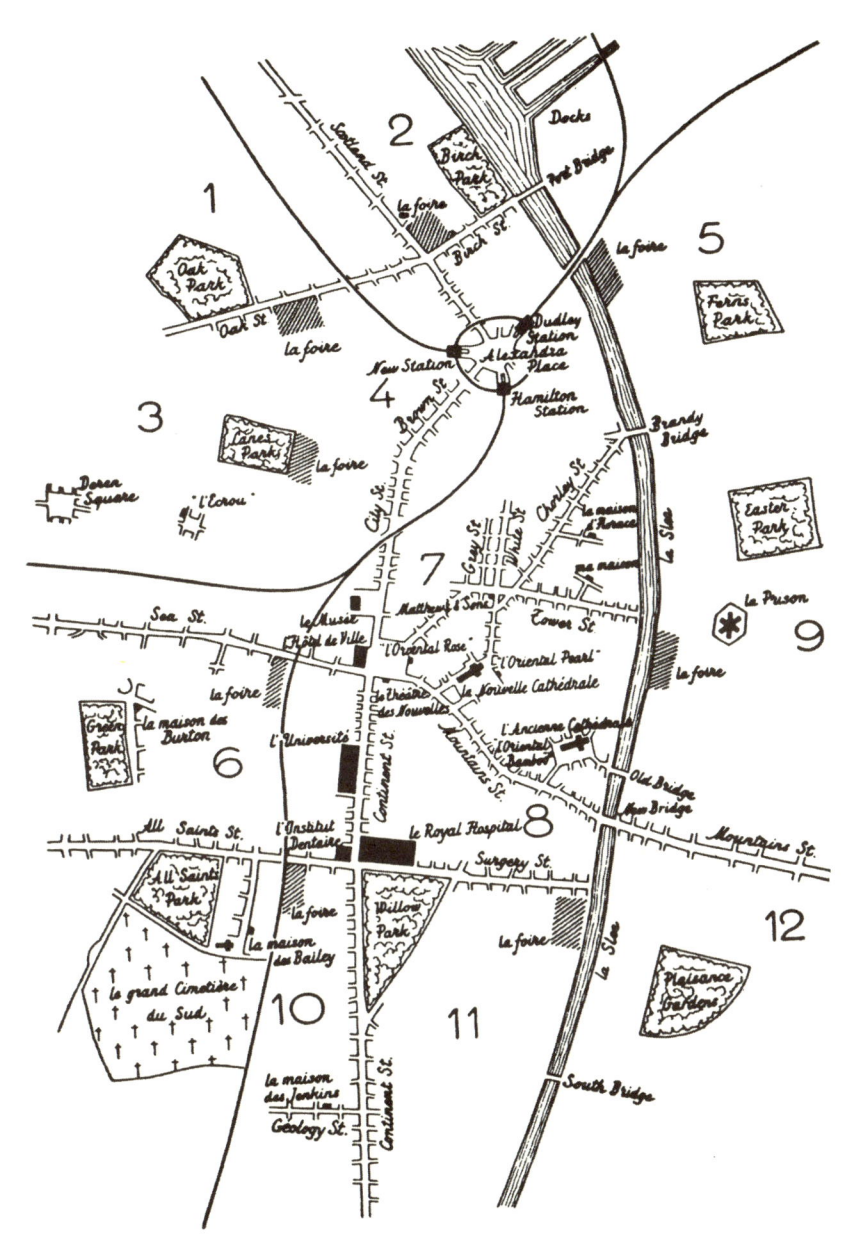

Figura 5 – Michel Butor, mapa da cidade de Bleston.
Fonte: BUTOR, Michel. *L'Emploi du temps*. Paris: Minuit, 1956, p. 8.

Figura 6 – Medalhão nº 20 do Vitral 44, Parábola do bom samaritano.
Catedral de Chartres, França.

Figura 7 – *Teseu contra o minotauro*. Ânfora, 530-510 a.C.
Bibliothèque nationale de France / CNRS.

Figura 8 – Giovanni Paolo Pannini, *Galerie des vues de la Rome antique*, 1758. Musée du Louvre, Paris.

Figura 9 – Giovanni Paolo Pannini, *Galerie des vues de la Rome moderne*, 1759. Musée du Louvre, Paris.

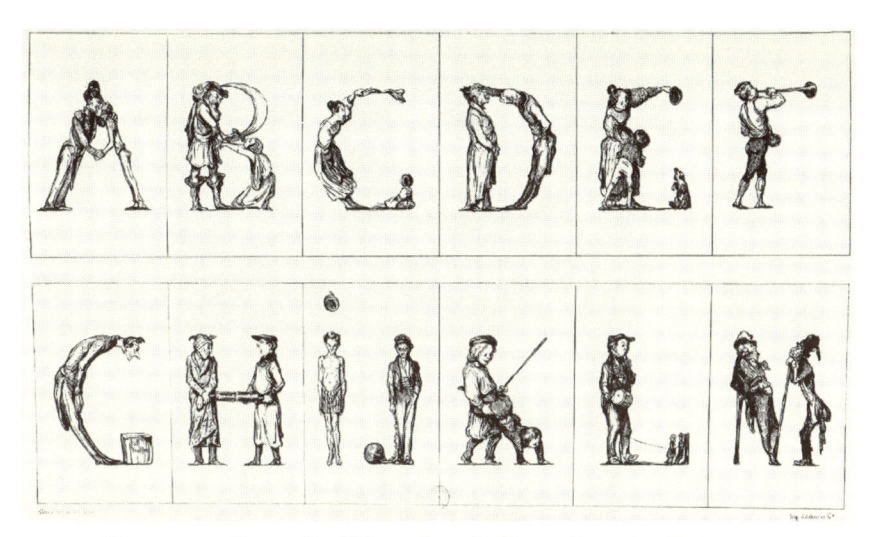

Figura 10 a – Letras do alfabeto desenhado por Daumier. Paris, 1836.

Figura 10 b – *Devinez l'alphabet*, por P.J. Stahl. Paris: Hetzel, 1865.

Figura 10 c – Letras do alfabeto desenhado por Erté (Romain de Tirtoff), de 1927 a 1967.
Fonte: MASSIN. *La Lettre et l'image*: la figuration dans l'alphabet latin du VIIIe siècle à nos jours. Paris: Gallimard, 1993.

207

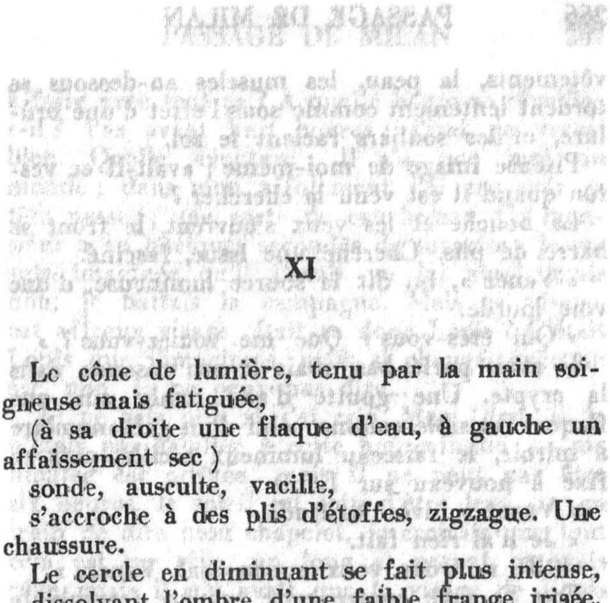

XI

Le cône de lumière, tenu par la main soigneuse mais fatiguée,
(à sa droite une flaque d'eau, à gauche un affaissement sec)
sonde, ausculte, vacille,
s'accroche à des plis d'étoffes, zigzague. Une chaussure.
Le cercle en diminuant se fait plus intense, dissolvant l'ombre d'une faible frange irisée.
La main,
la poche, le mouvement de l'épaule jusqu'au col
(qu'il respire fort,
il est comme en larmes dans son sommeil)
le nez qui s'appuie dans la poussière, dont l'aile
s'ouvre et se relâche, et l'œil fermé
qui se resserre et se détend, le son rauque
et l'haleine où l'odeur de l'alcool s'est pourrie.
Ivre-mort ?
Que veut dire ce cou sans cravate, et le sang caillé sur cette main ?
Le faisceau de la lampe comme attiré revient sur le visage, frappe en plein l'œil droit.
La tête se retourne, cherche l'ombre. Les

Figura 11 – Michel Butor, página de *Passage de milan*.
Fonte: BUTOR, Michel. *Passage de milan*. Paris: Minuit, 1954, p. 265.

PASSAGE DE MILAN 171

réussit ni à le protéger ni à le cacher autant qu'il le voudrait.

    Gérard semble fortement sous le charme. D'accord, elle a de la réponse, et s'il faut songer au mariage, elle pourrait rendre la chose acceptable. Un peu jeune ? Oh, nous attendrons. Comme si j'allais m'enchaîner si tôt. Oui, mais j'ai l'impression que je ne suis pas seul en piste, et que les concurrents y mettent plus d'acharnement que moi, notamment l'aimable jeune homme qui me sert de symétrique.   VINCENT

    Je sais, je ne suis pas aussi malin que lui ; il a un art de circonvenir et de jouer double auquel je n'atteindrai jamais. D'un mot, comme il vous humilie. Mais dans l'affaire, c'est moi qui connais la vérité sur lui, alors qu'il se trompe sur moi.   GÉRARD

    Il a bien des difficultés avec sa viande, et s'efforce de ne pas pas laisser voir sa maladresse à la dame de ses pensées. Elle enfile les petits pois, et les dés de légumes variés, tout barbouillés de mayonnaise, l'un après l'autre patiemment sur les dents de sa fourchette à manche d'ivoire. sans doute son cœur est-il préoccupé. Où dirigerai-je mes pensées, se dit-elle, le frère de droite, le frère de gauche, et pourquoi pas l'un de ces agréables jeunes gens qui décorent le mur du salon de mes chers parents ? Dans l'incertitude, elle s'enfonce dans la contemplation du petit monde comestible sur ses genoux.   VINCENT

Figura 12 – Michel Butor, página de *Passage de milan*.
Fonte: BUTOR, Michel. *Passage de milan*. Paris: Minuit, 1954, p. 171.

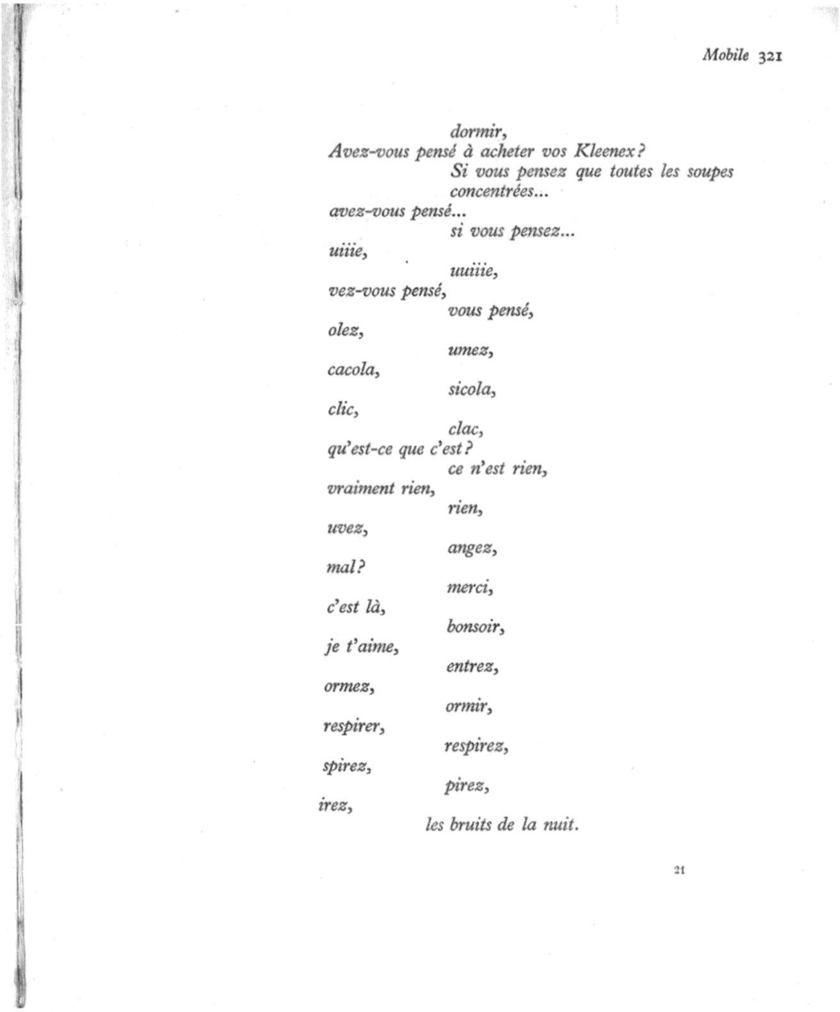

Mobile 321

     dormir,
Avez-vous pensé à acheter vos Kleenex?
      Si vous pensez que toutes les soupes
      concentrées...
avez-vous pensé...
     si vous pensez...
uiiie,
     uuiiie,
vez-vous pensé,
     vous pensé,
olez,
     umez,
cacola,
     sicola,
clic,
     clac,
qu'est-ce que c'est?
     ce n'est rien,
vraiment rien,
     rien,
uvez,
     angez,
mal?
     merci,
c'est là,
     bonsoir,
je t'aime,
     entrez,
ormez,
     ormir,
respirer,
     respirez,
spirez,
     pirez,
irez,
     les bruits de la nuit.

21

Figura 13 – Michel Butor, página de *Mobile*.
Fonte: BUTOR, Michel. *Mobile*. Étude pour une représentation des États-Unis. Paris: Gallimard, 1962, p. 321.

pamplemousses,
arbres du voyageur,
langues de femme,
arbres orchidées,
poincianas royales,
raisins de mer,
acajous des Antilles.

Les plus puissantes tribus du Nord de la Floride étaient les Apalachees et les Timucuas; ceux-ci, au nombre de treize mille en 1650, furent anéantis en moins d'un siècle par la guerre et la maladie. Quelques survivants ont peut-être été déportés en Oklahoma, alors appelé territoire indien, avec une partie des Séminoles. D'autres ont émigré vers Cuba en 1763...

Mais elle est noire...

Le lac Okechobee, le plus grand contenu dans les frontières d'un seul État.

MADISON, FLORIDE (for whites only), — la réserve des Indiens Séminoles.

Tornades,
tourbillons de branches,
ponts emportés.

Frégates,
grives des dunes,
sternes royaux,
sternes de Cabot,
grands hérons blancs,
petits hérons bleus,
grands jambes jaunes.

La mer,
cérithes de Floride,
cônes alphabets,
buccins poires,
balistes de la reine,

Figura 14 – Michel Butor, página de *Mobile*.
Fonte: BUTOR, Michel. *Mobile*. Étude pour une représentation des États-Unis.
Paris: Gallimard, 1962, p. 36.

NOTE TECHNIQUE

Le texte est conçu pour être réalisé par 10 acteurs :
5 hommes : A B C D E,
5 femmes : *f g h i j*.

Les acteurs sont toujours traités par couples auxquels est donné chaque fois un petit fragment de dialogue comportant six répliques.
Les italiques indiquent la nuit, enregistrement sourd avec réverbération.
Le signe ✈— indique un bruit d'avion.
Le signe ☺ un bruit de foule.
Le signe ● une percussion sourde.
Les chiffres qui suivent ✈— ou ☺ indiquent le numéro de l'avion (il y en a 10). Ils peuvent être réalisés en prenant deux enregistrements du premier prélude du *Clavecin bien tempéré*, clavecin pour le jour, piano pour la nuit, et en donnant sur le fond du bruit le nombre de notes correspondant; mais on peut rêver d'une musique faite pour le texte.

7

Figura 15 – Michel Butor, página de *Réseau aérien*.
Fonte: BUTOR, Michel. *Réseau aérien*. Texte radiophonique. Paris: Gallimard, 1962, p. 7.

	Métaux en nuages.
	Poudre d'étain.
	Fils de platine.
	Filons de zinc.

A   Par un voyant, par une trappe des nuages les
    quais et les bassins de Montréal.
 g   Gares et parcs.
    Traînées de pluie.
       Virage.
    L'aérodrome.
       Pistes luisantes.

㊗ ◉

Montréal.

㊗ ⁹

D   Soleil qui baisse dans les nuages.
  E   Cuves d'alliages.
    Chœurs de métaux.
       Bulles de chrome.
    Billes d'aluminium.
       Boules de nickel.
A   Par un viseur de ces nuages, la péninsule de
    Gaspé.
  f   Falaises de pierre.
    Falaises de nuages.
       Toutes les pierres dans les nuages.

97

Figura 16 – Michel Butor, página de *Réseau aérien*.
Fonte: BUTOR, Michel. *Réseau aérien*. Texte radiophonique. Paris: Gallimard, 1962, p. 97.

Figura 17 – Michel Butor, Capa de *Où*.
Fonte: BUTOR, Michel. *Où. Le Génie du lieu*, 2. Paris: Gallimard, 1971.

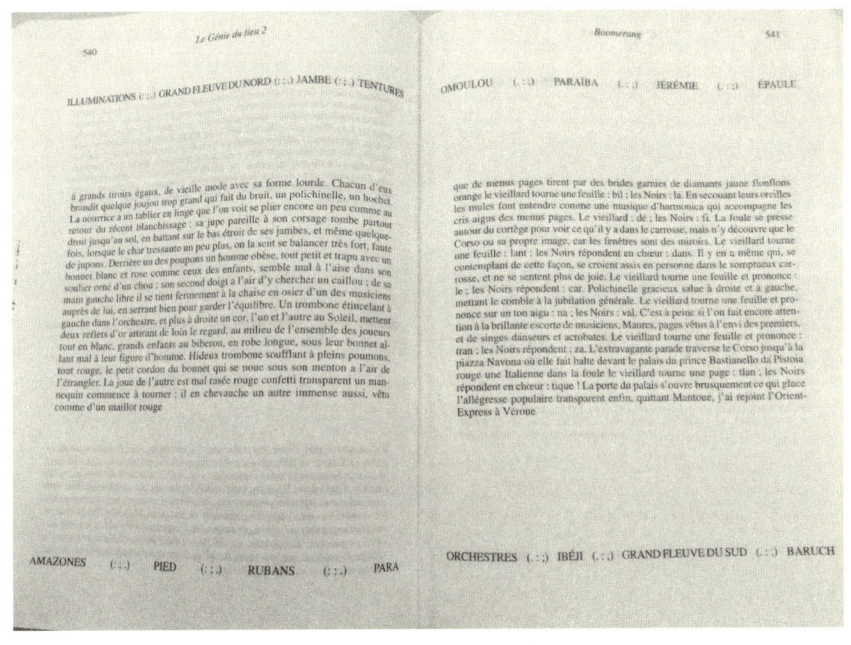

Figura 18 – Michel Butor, página de *Boomerang*.
Fonte: BUTOR, Michel. *Boomerang. Le Génie du lieu 3*.
Paris: Éditions de la Différence, 2008. Vol. VI.

Rations de charbon de bois pour la cérémonie du café

Figura 19 – Michel e Marie-Jo Butor, Porções de carvão para a cerimônia do café.
Fonte: BUTOR, Marie-Jo et Michel. *Dialogue avec Arthur Rimbaud sur l'itinéraire d'Abbis-Abeba à Harar*. Coaraze: L'Amourier, 2001, p. 8.

L'entrée de Harar

Figura 20 – Michel e Marie-Jo Butor, A entrada de Harar.
Fonte: BUTOR, Marie-Jo et Michel. *Dialogue avec Arthur Rimbaud sur l'itinéraire d'Abbis-Abeba à Harar.* Coaraze: L'Amourier, 2001, p. 42.

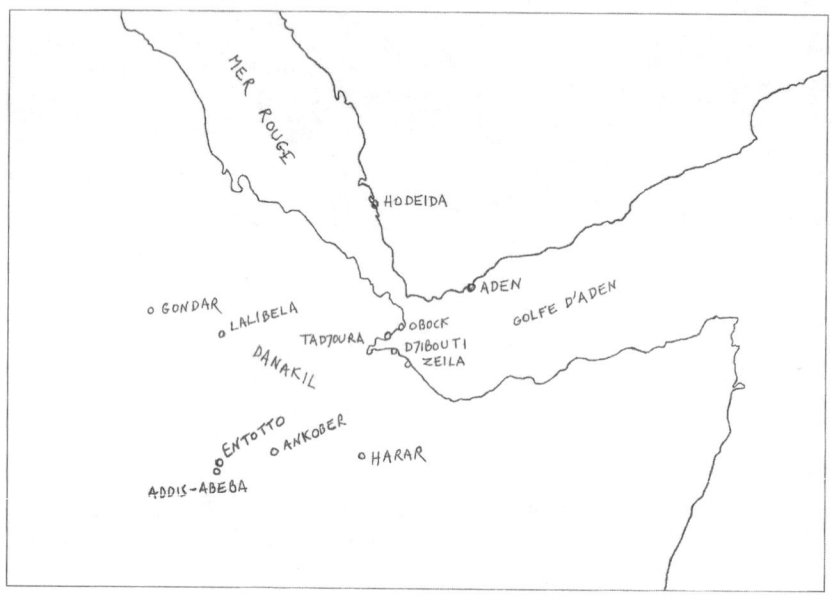

Situation générale

Figura 21 – Michel e Marie-Jo Butor, Situação geral.
Fonte: BUTOR, Marie-Jo et Michel. *Dialogue avec Arthur Rimbaud sur l'itinéraire d'Abbis-Abeba à Harar*. Coaraze: L'Amourier, 2001, p. 10.

Figura 22 – Michel e Marie-Jo Butor, Rio de Janeiro 2005 (Copacabana).
Fonte: GIRAUDO, Lucien. *Michel Butor dialogue avec les arts*.
Gasville: Éditions le Pont des Arts, 2006, p. 20.

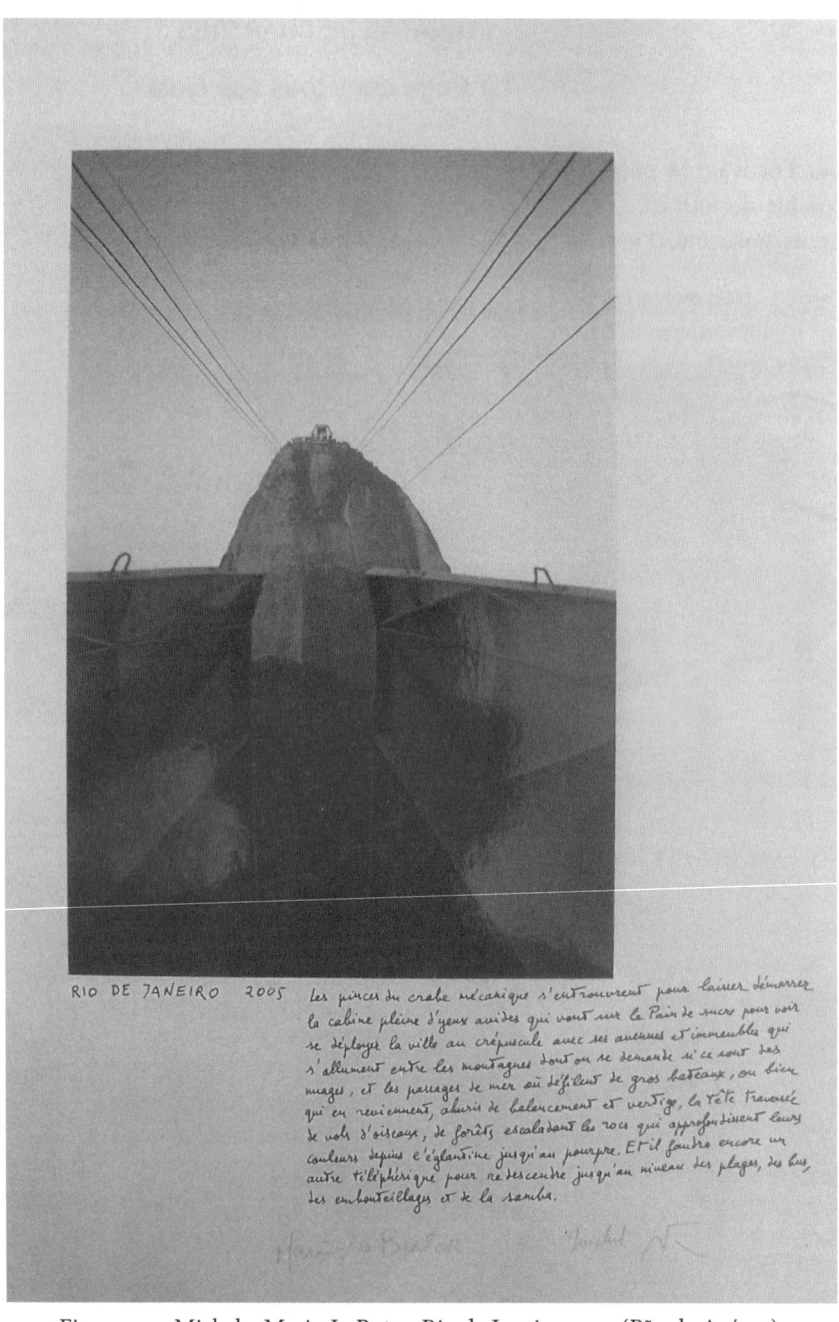

Figura 23 – Michel e Marie-Jo Butor, Rio de Janeiro 2005 (Pão de Açúcar).
Fonte: GIRAUDO, Lucien. *Michel Butor dialogue avec les arts*.
Gasville: Éditions le Pont des Arts, 2006, p. 21.

Figura 24 – Michel e Marie-Jo Butor, Keoladeo Ghana, Inde 2008.
Fonte: BUTOR, M.; BUTOR, M.-J. *Universos paralelos*: uma viagem fotoliterária de Michel e Marie-Jo Butor. Belo Horizonte: C/ Arte, 2011, p. 25.

Figura 25 – Michel e Marie-Jo Butor, Kesroli, Inde 2008.
Fonte: BUTOR, M.; BUTOR, M.-J.. *Universos paralelos*: uma viagem fotoliterária de Michel e Marie-Jo Butor. Belo Horizonte: C/ Arte, 2011, p. 37.

Figura 26 – Michel e Marie-Jo Butor, Sur la route, Inde 2008.
Fonte: BUTOR, M.; BUTOR, M.-J. *Universos paralelos:* uma viagem fotoliterária de Michel e Marie-Jo Butor. Belo Horizonte: C/ Arte, 2011, p. 46.

Figura 27 – Michel e Marie-Jo Butor, Mandawa, Inde 2008.
Fonte: BUTOR, M.; BUTOR, M.-J. *Universos paralelos:* uma viagem fotoliterária de Michel e Marie-Jo Butor. Belo Horizonte: C/ Arte, 2011, p. 38.

Figura 28 – Maxime Godard, O espelho de três faces.
Fonte: BUTOR, Michel, GODARD, Maxime. *L'Atelier de Man Ray*.
Creil: Bernard Dumerchez, 2005, p. 38-39.

À l'écart

On n'a touché à rien. Le papier continue lentement à se déchirer par son seul poids. A part les mouches qui viennent parfois ajouter leurs taches à celles d'antan. Les pinces à linge inscrivent comme une devise au-dessus, des flacons, bidons et godets. On ne monte plus ici, sauf quelque visiteur essayant de capter la lumière, disposant ses pièges pour le temps qui passe, sans toucher à rien, comme s'il était en espadrilles, en collant noir, comme s'il était invisible, impalpable, comme si c'était lui le fantôme, hantise aux aguets.

28

Figura 29 – Michel Butor e Maxime Godard, À distância.
Fonte: BUTOR, Michel, GODARD, Maxime. *L'Atelier de Man Ray*.
Creil: Bernard Dumerchez, 2005, p. 28-29.

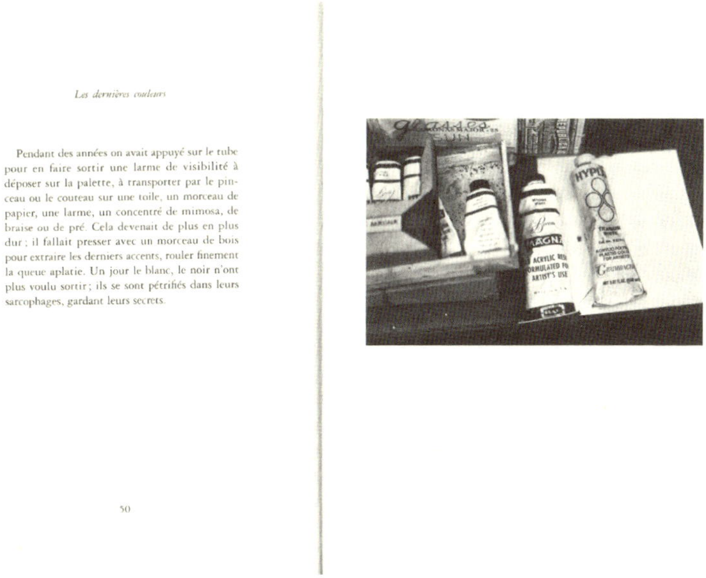

Figura 30 – Michel Butor e Maxime Godard, As últimas tintas.
Fonte: BUTOR, Michel; GODARD, Maxime. *L'Atelier de Man Ray*.
Creil: Bernard Dumerchez, 2005, p. 50-51.

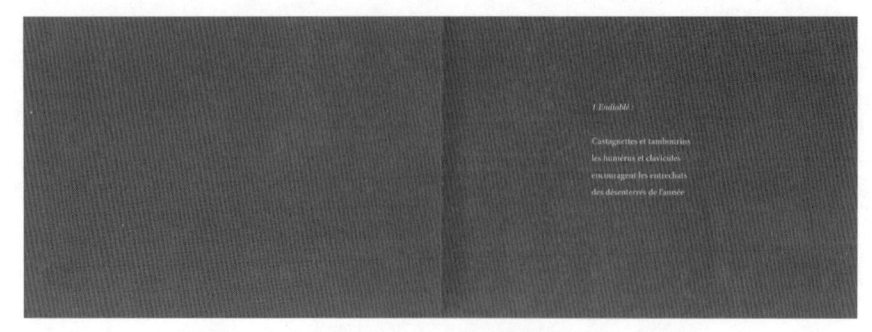

Figura 31 – Michel Butor e Miquel Barceló, Endiablé.

Figura 32 – Michel Butor e Miquel Barceló, Ichtyophage.

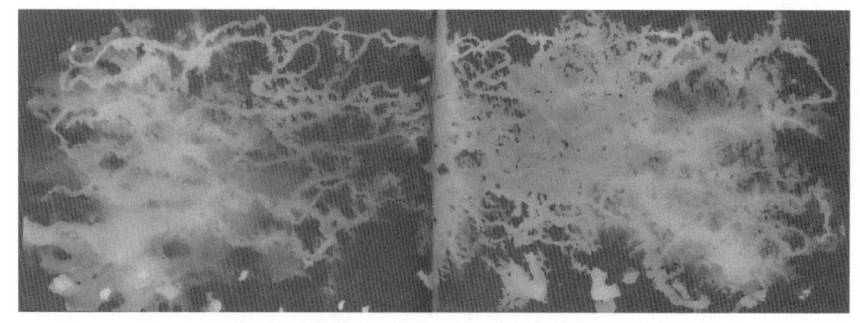

Figura 33 – Michel Butor e Miquel Barceló, Mythologique.
Fonte: BUTOR, Michel; BARCELÓ, Miquel. *Une nuit sur le Mont Chauve*.
Paris: Éditions de la Différence, 2012.

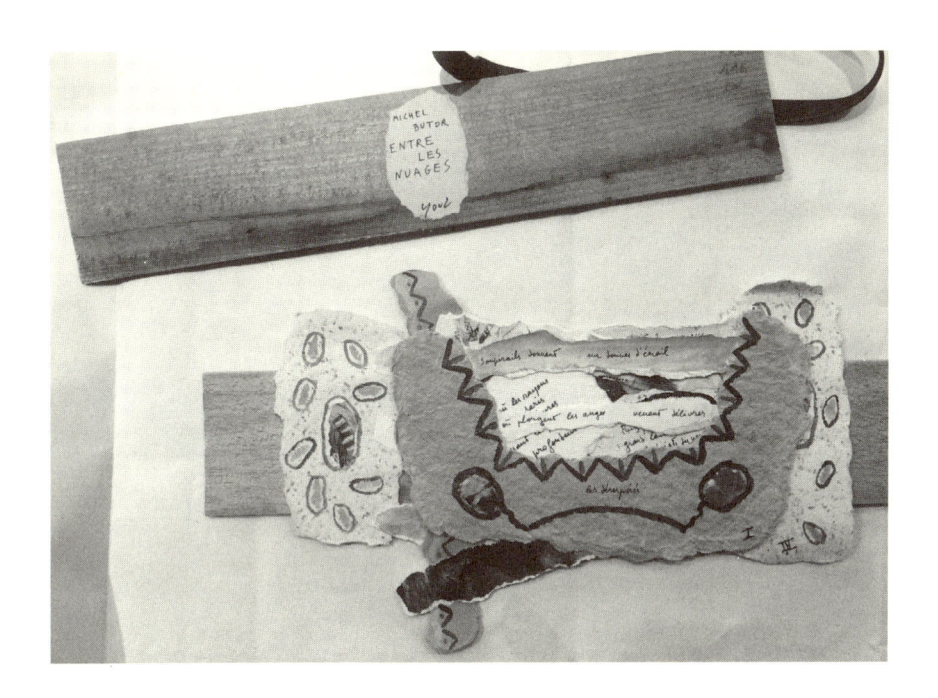

Figura 34 a – Michel Butor e Youl, *Entre les nuages*. Pierrerue et Lucinges: La Maison verte, 2006. *Catalogue de l'écart* n. 1426. 3/4.

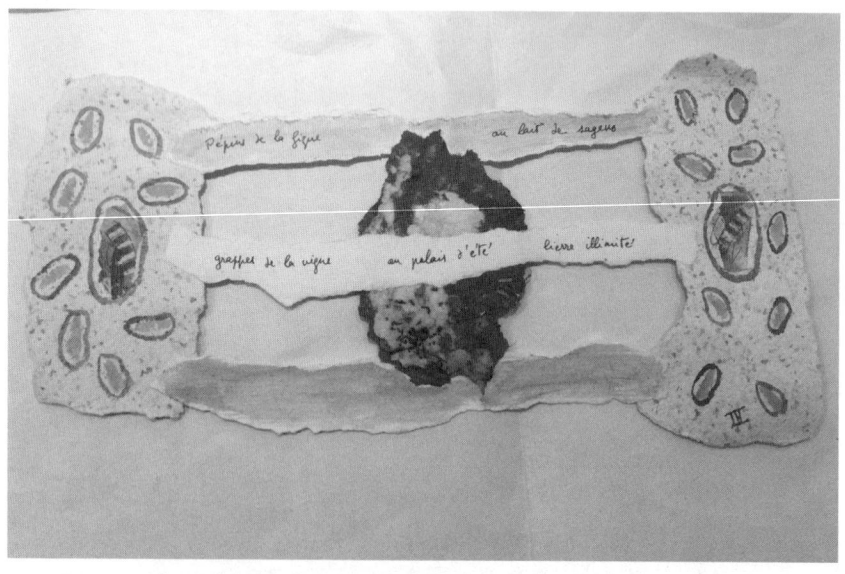

Figura 34 b – Michel Butor e Youl, *Entre les nuages*. Pierrerue et Lucinges: La Maison verte, 2006. *Catalogue de l'écart* n. 1426. 3/4.
Fonte: Bibliothèque Jacques Doucet, Paris. Fotos Márcia Arbex.

Figura 35 a – Michel Butor e Youl, Capa de *Lucidité*.

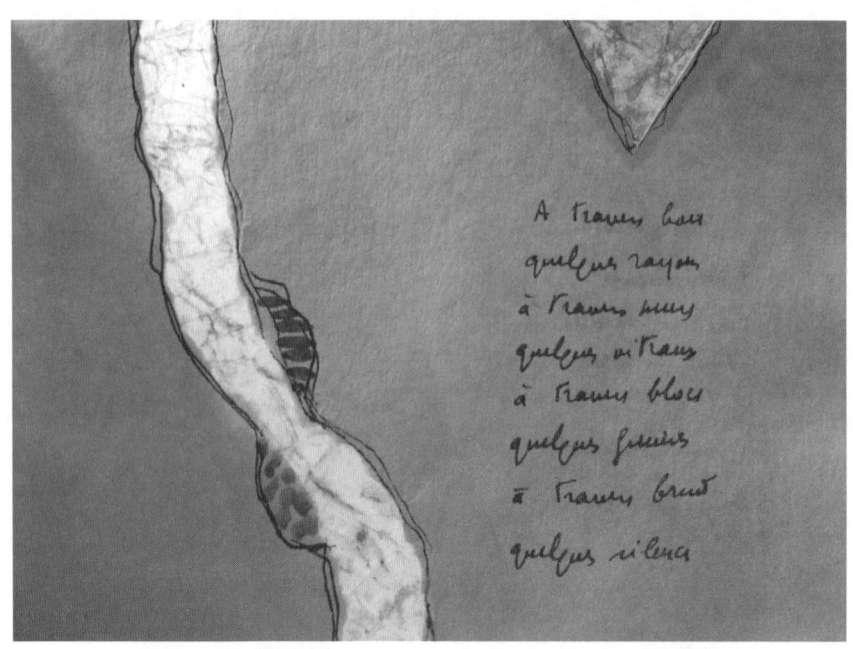

Figura 35 b – Michel Butor e Youl, *Lucidité*, p. 3 (a contraluz).

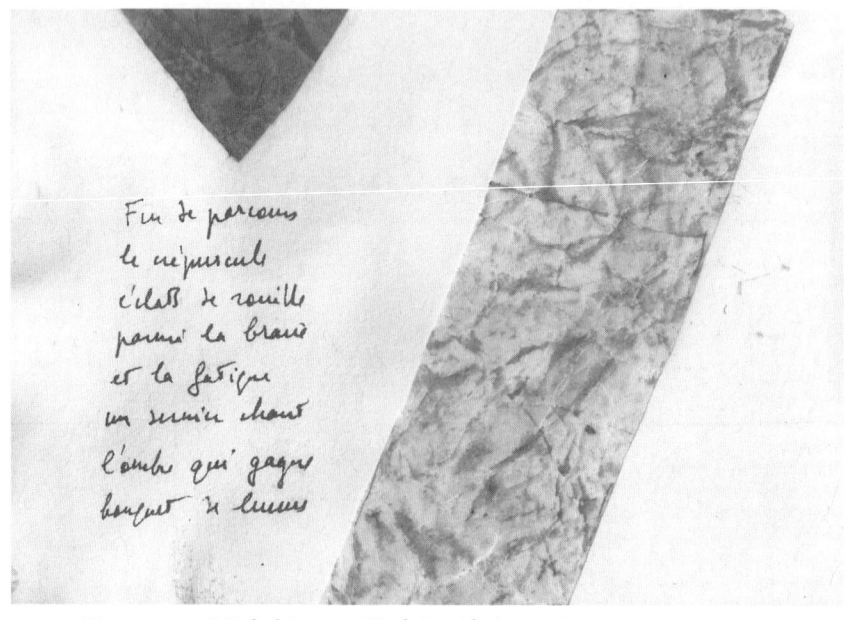

Figura 35 c – Michel Butor e Youl, *Lucidité*, p. 4. Pierrerue et Lucinges: La Maison Verte, 2015. *Catalogue de l'écart* n. 2625. 3/4. Fonte: acervo da autora.

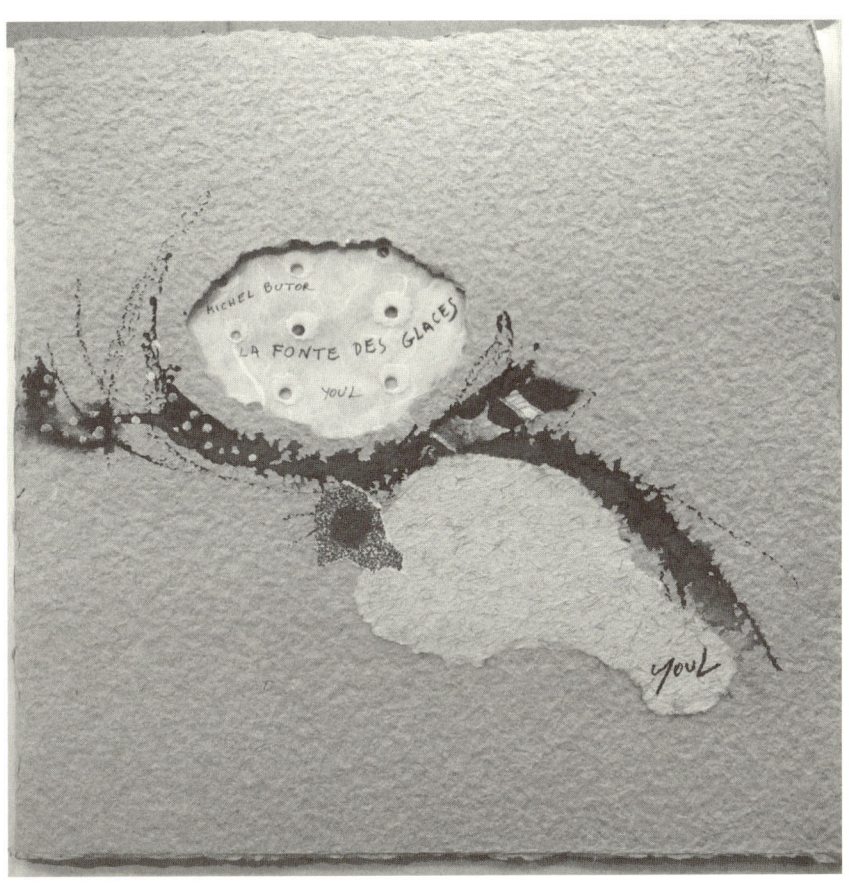

Figura 36 a – Michel Butor e Youl, Capa de *La Fonte des glaces*.

Figura 36 b – Michel Butor e Youl, *La Fonte des glaces*, p.I.
Pierrerue et Lucinges: La Maison Verte, 2006. *Catalogue de l'écart*
n. 1475. 3/4.

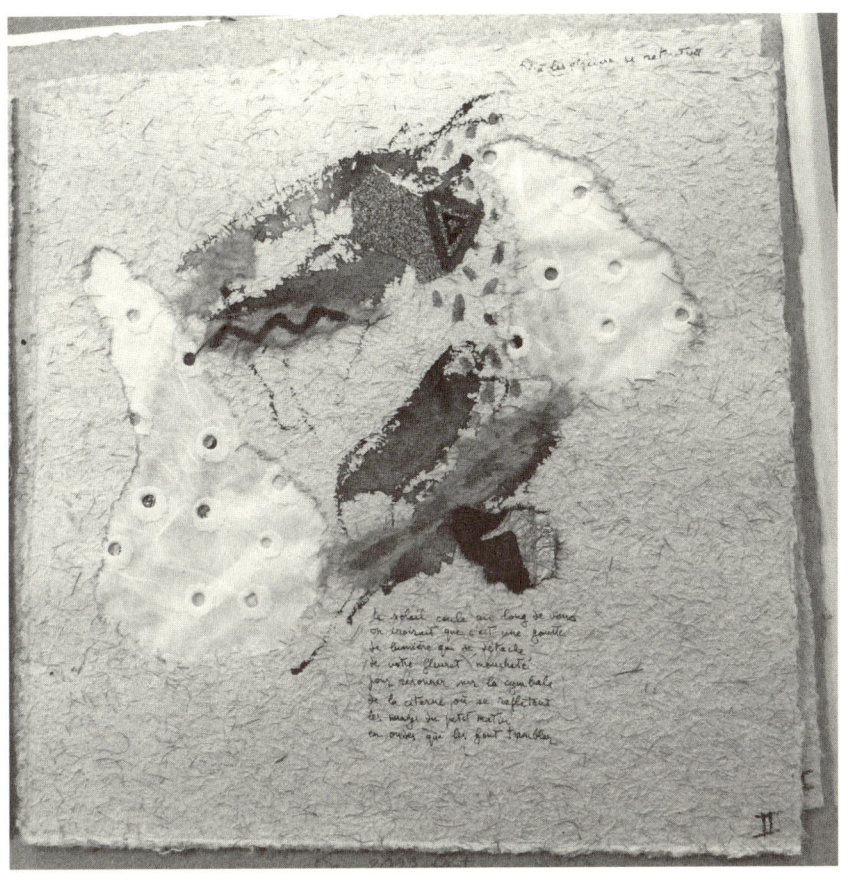

Figura 36 c – Michel Butor e Youl, *La Fonte des glaces*, p. II. Pierrerue et Lucinges: La Maison Verte, 2006. *Catalogue de l'écart* n. 1475. 3/4.
Fonte: Bibliothèque Jacques Doucet, Paris. Fotos Márcia Arbex.

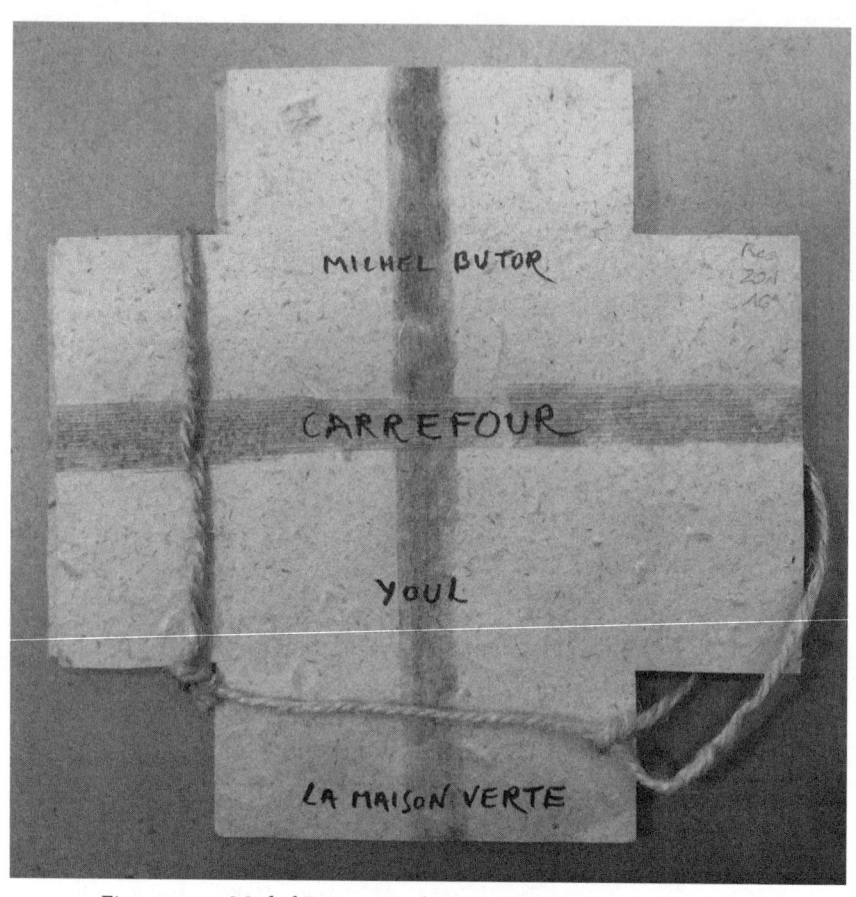

Figura 37 a – Michel Butor e Youl, *Carrefour*. Pierrerue et Lucinges: La Maison Verte, 2005. *Catalogue de l'écart* n. 1347. 1/4.

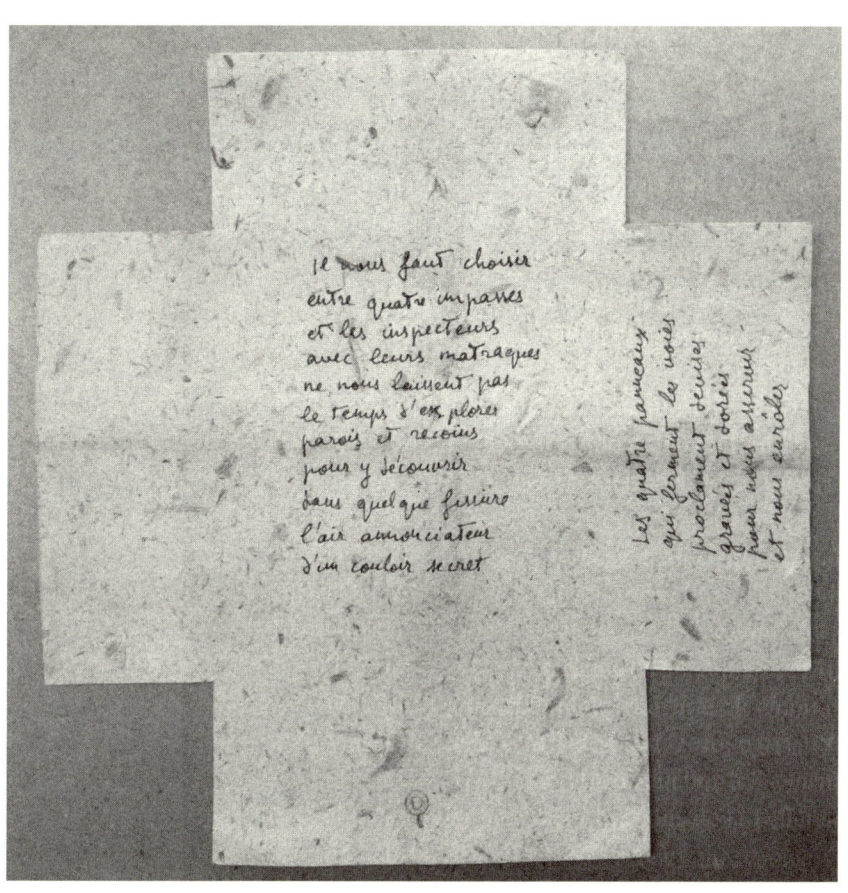

Figura 37 b – Michel Butor e Youl, *Carrefour*. Pierrerue et Lucinges: La Maison Verte, 2005. *Catalogue de l'écart* n. 1347. 1/4.

Figura 37 c – Michel Butor e Youl, *Carrefour*. Pierrerue et Lucinges:
La Maison Verte, 2005. *Catalogue de l'écart* n. 1347. 1/4.

Figura 37 d – Michel Butor e Youl, *Carrefour*. Pierrerue et Lucinges:
La Maison Verte, 2005. *Catalogue de l'écart* n. 1347. 1/4.
Fonte: Bibliothèque Jacques Doucet, Paris. Fotos Márcia Arbex.

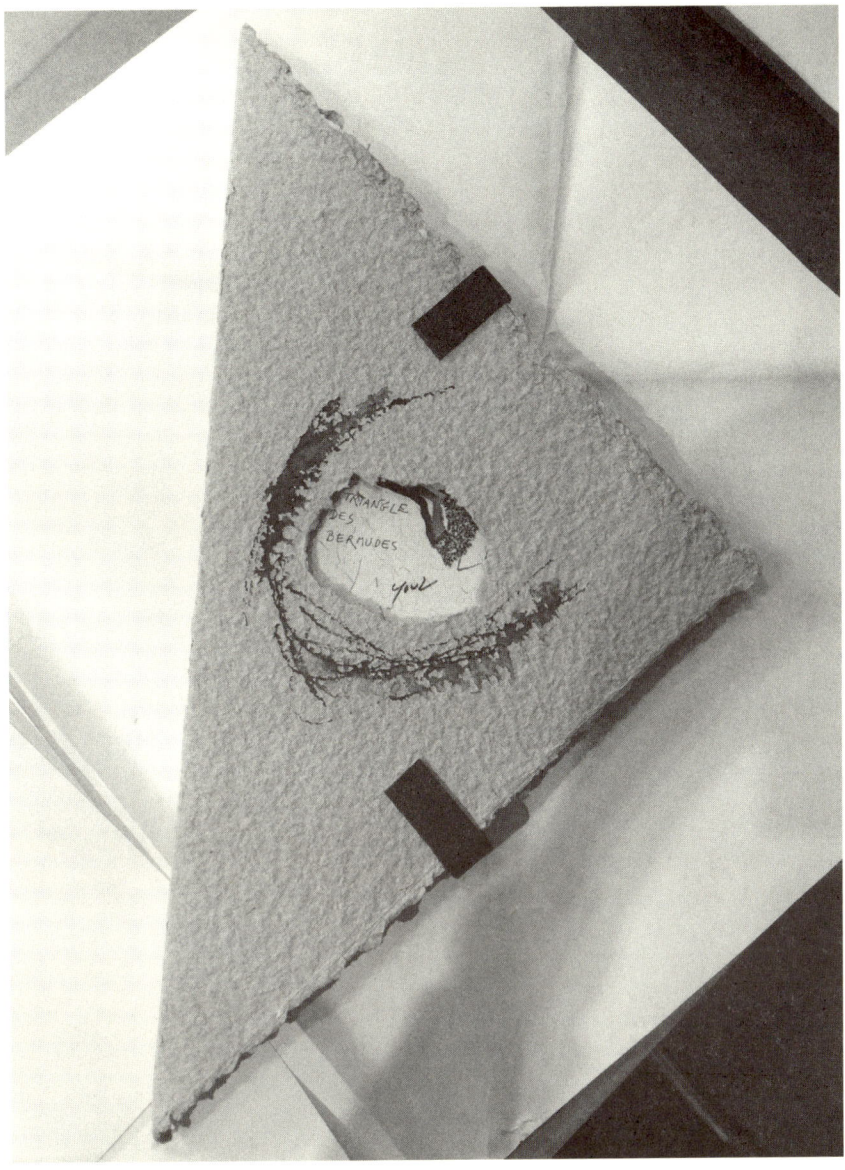

Figura 38 a – Michel Butor e Youl, *Triangle des Bermudes*. Pierrerue et Lucinges: La Maison Verte, 2006. *Catalogue de l'écart* n. 1472. 1/4.

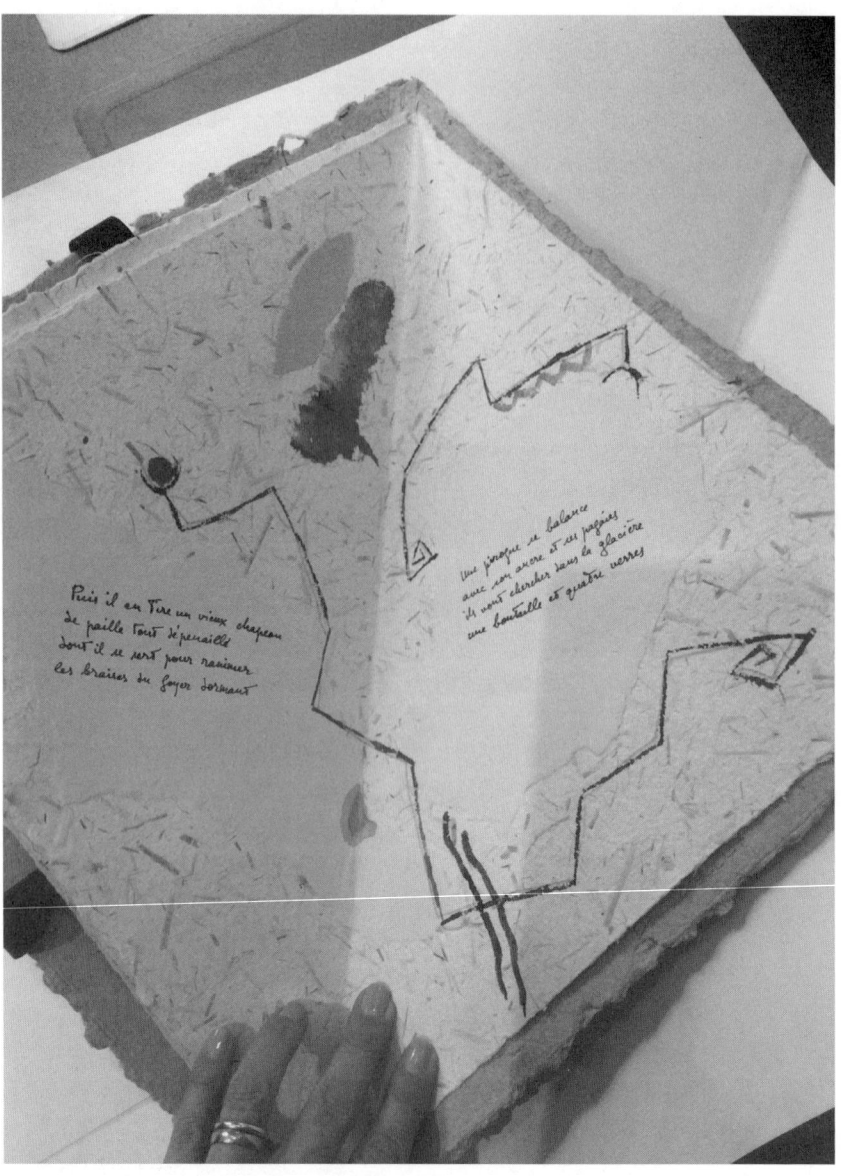

Figura 38 b – Michel Butor e Youl, *Triangle des Bermudes*. Pierrerue et Lucinges: La Maison Verte, 2006. *Catalogue de l'écart* n. 1472. 1/4.

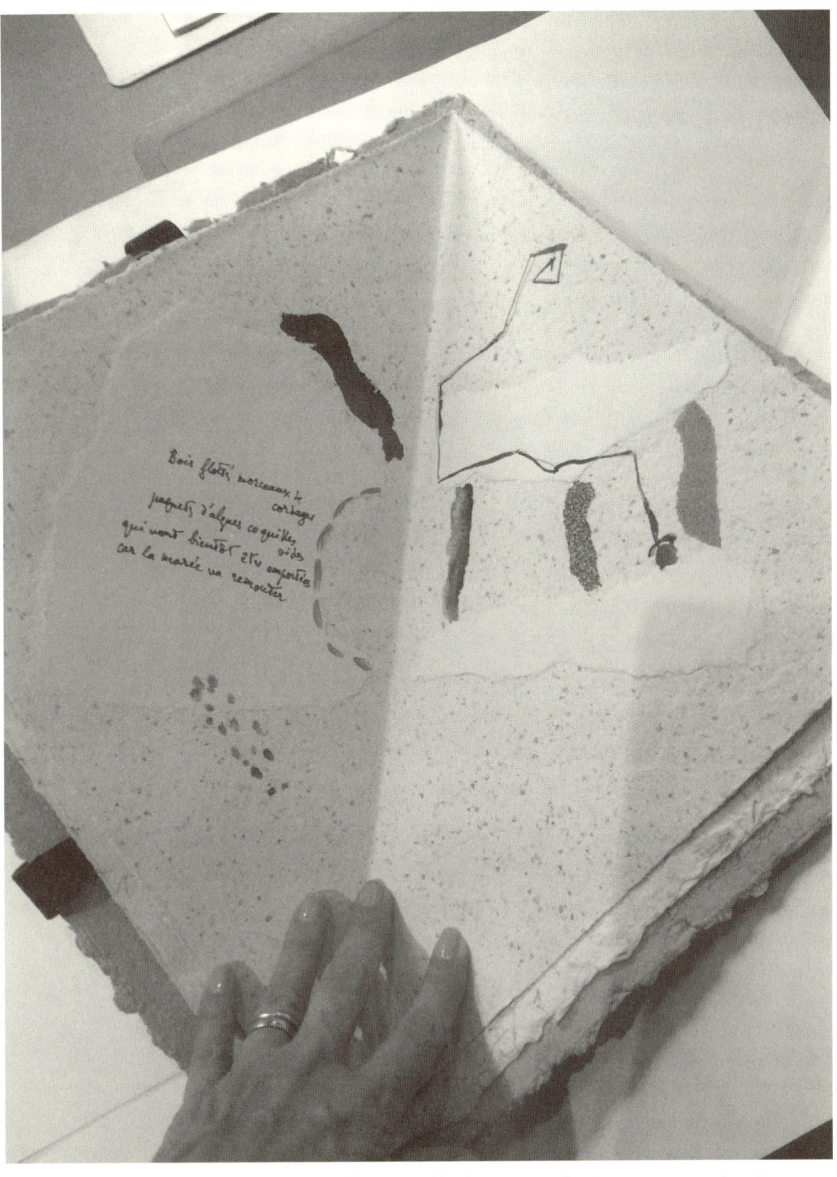

Figura 38 c – Michel Butor e Youl, *Triangle des Bermudes*. Pierrerue et Lucinges: La Maison Verte, 2006. *Catalogue de l'écart* n. 1472. 1/4.

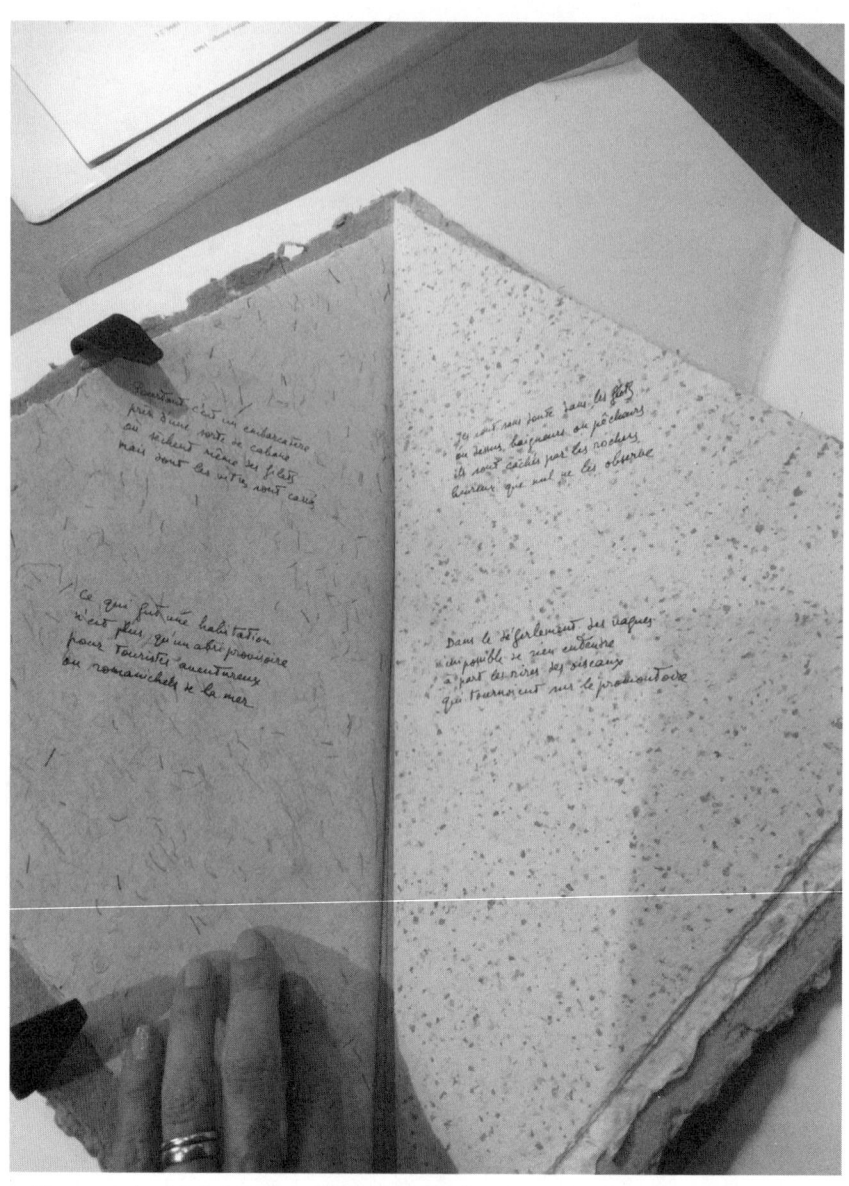

Figura 38 d – Michel Butor e Youl, *Triangle des Bermudes*. Pierrerue et Lucinges: La Maison Verte, 2006. *Catalogue de l'écart* n. 1472. 1/4.
Fonte: Bibliothèque Jacques Doucet, Paris. Fotos Márcia Arbex.

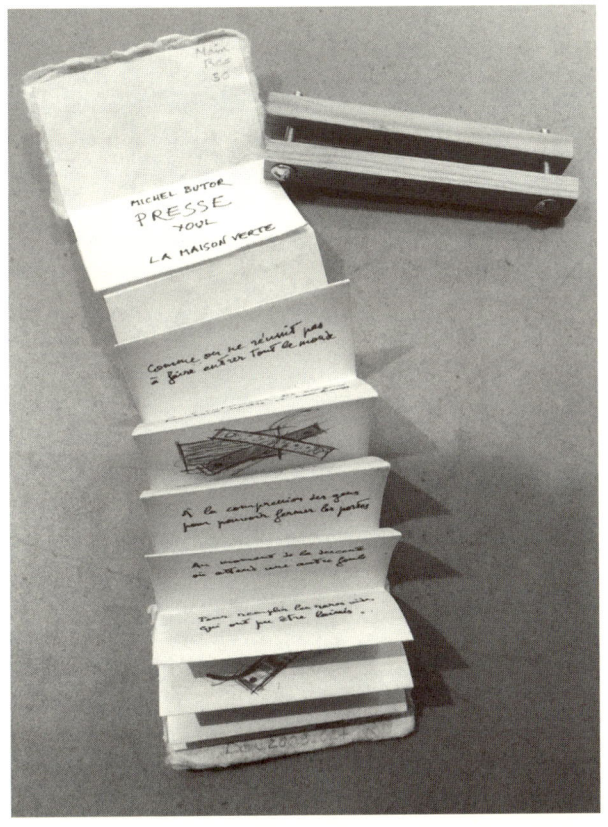

Figura 39 – Michel Butor e Youl, *Presse*. Pierrerue et Lucinges: La Maison Verte, 2006. *Catalogue de l'écart* n. 1478. 1/4. Fonte: Bibliothèque Jacques Doucet, Paris. Fotos Márcia Arbex.

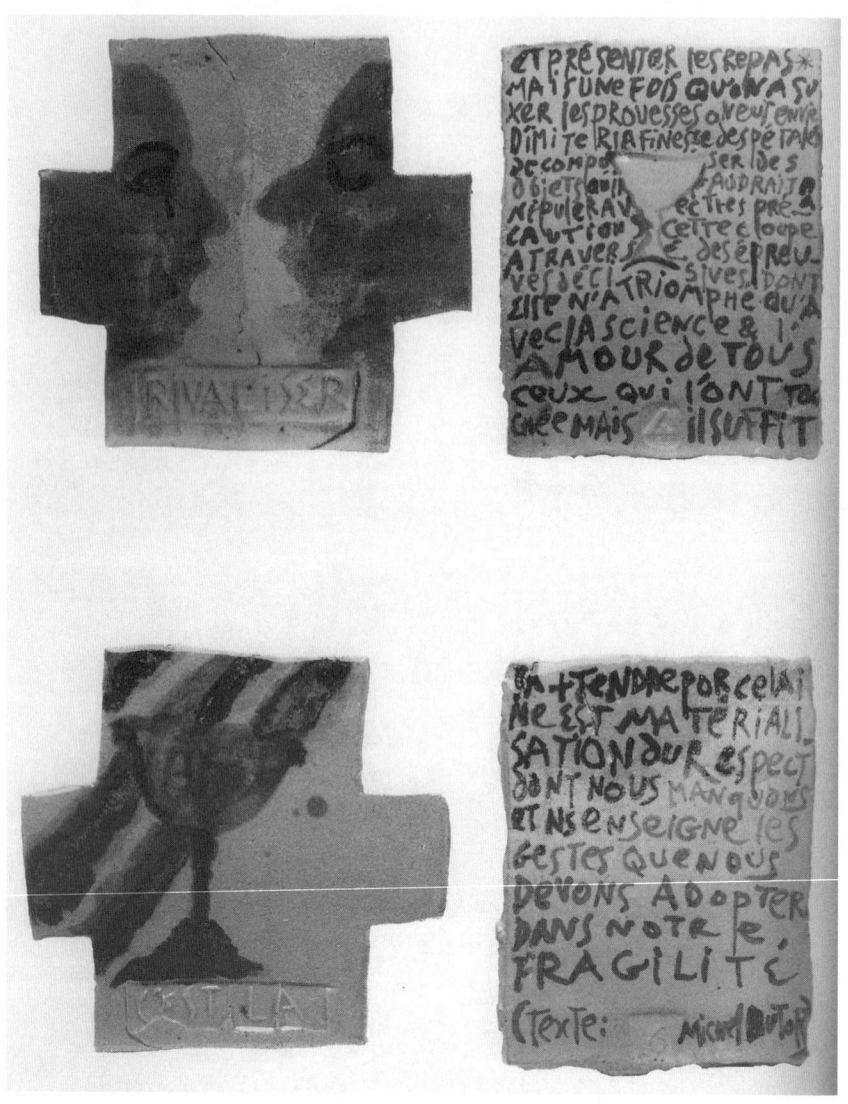

Figura 40 – Michel Butor, Michel Le Gentil, Nicolas Fédorenko, *Fragilité*. Fonte: Musée des Beaux-Arts de Brest. *Michel Butor et les artistes*: les mots entrent en peinture. Brest: Musée des Beaux-Arts de Brest, 2010, p. 130.

Figura 41 – Michel Butor, Michel Le Gentil, Nicolas Fédorenko, *Le Poème en tuiles*.
Fonte: Musée des Beaux-Arts de Brest. *Michel Butor et les artistes*: les mots entrent
en peinture. Brest: Musée des Beaux-Arts de Brest, 2010, p. 132.

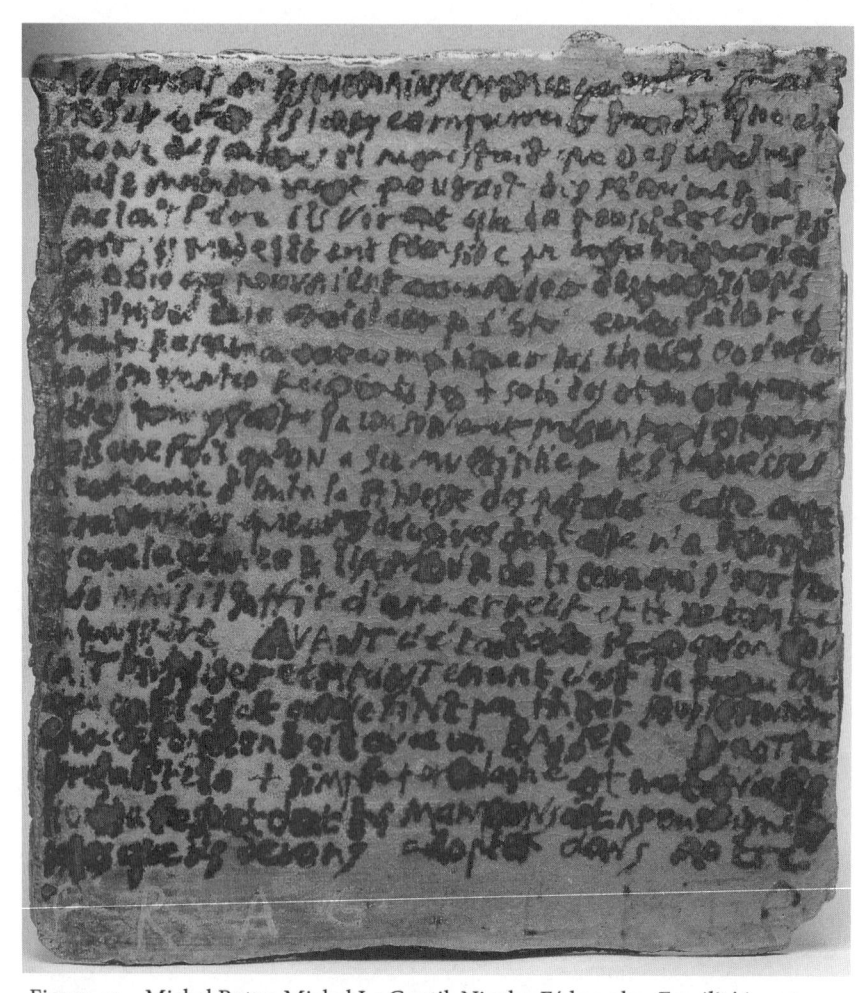

Figura 42 – Michel Butor, Michel Le Gentil, Nicolas Fédorenko, *Fragilité in extenso*. Fonte: Musée des Beaux-Arts de Brest. *Michel Butor et les artistes*: les mots entrent en peinture. Brest: Musée des Beaux-Arts de Brest, 2010, p. 135.

BIBLIOTECA

De Michel Butor

BUTOR, Michel. *Passage de Milan*. Paris: Les Éditions de Minuit, 1954.
_____. *L'Emploi du temps*. Paris: Les Éditions de Minuit, 1956 [1995].
_____. *La Modification*. Paris: Les Éditions de Minuit, 1957 [1980].
_____. *Degrés*. Paris: Gallimard, 1960.
_____. *Mobile*: étude pour une représentation des États-Unis. Paris: Gallimard, 1962.
_____. *Réseau aérien*: texte radiophonique. Paris: Gallimard, 1962.
_____. "Sur la page". In: _____. *Essais sur le roman*. Paris: Gallimard, 1964. p. 125-129.
_____. "Préface" (1966). In: APOLLINAIRE, Guillaume. *Calligrammes*: poèmes de la paix et de la guerre (1913-1916). Paris: Gallimard, 1925. p. 7-17.
_____. "Roda gigante: entrevista com Michel Butor". *Minas Gerais*, Belo Horizonte, v. 2, n. 37, maio 1967. Suplemento Literário, p. 3. Entrevista concedida a Laís Corrêa de Araújo.
_____. *Les Mots dans la peinture*. Genève: Albert Skira, 1969.
_____. "Propos sur l'écriture et la typographie". *Communication et Langages*, n. 13, p. 5-29, 1972. Disponível em: https://www.persee.fr/doc/colan_0336-1500_1972_num_13_1_3912?q=michel+butor.
_____. "Sobre os procedimentos de Raymond Roussel". In: _____. *Repertório*. Organização e tradução de Leyla Perrone-Moisés. São Paulo: Perspectiva, 1974. p. 113-125.
_____. "Respostas a "Tel Quel"". In: _____. *Repertório*. Organização e tradução de Leyla Perrone-Moisés. São Paulo: Perspectiva, 1974. p. 205-212.

_____. "O livro como objeto". In: _____. *Repertório*. Organização e tradução de Leyla Perrone-Moisés. São Paulo: Perspectiva, 1974. p. 213-230.

_____. "O espaço no romance". In: _____. *Repertório*. Organização e tradução de Leyla Perrone-Moisés. São Paulo: Perspectiva, 1974. p. 39-46.

_____. "Crítica e invenção". In: _____. *Repertório*. Organização e tradução de Leyla Perrone-Moisés. São Paulo: Perspectiva, 1974. p. 191-203.

_____. "O uso dos pronomes pessoais no romance". In: _____. *Repertório*. Organização e tradução de Leyla Perrone-Moisés. São Paulo: Perspectiva, 1974. p. 47-57.

_____. "A Literatura, o ouvido e o olho". In: _____. *Repertório*. Organização e tradução de Leyla Perrone-Moisés. São Paulo: Perspectiva, 1974. p. 231-242.

_____. *Colloque de Cérisy*. Direction de Georges Raillard. Paris: UGE, 1974a..

_____. *O inventário do tempo*. Tradução de Waltensir Dutra. Rio de Janeiro: Nova Fronteira, 1988.

_____. *L'Embarquement de la reine de Saba, d'après le tableau de Claude Lorrain*. Paris: Éditions de la Différence, 1989.

_____. "Na fronteira das linguagens". *Guia das Artes*, São Paulo, n. 30, p. 30-36, dez. 1992. Entrevista concedida a Marcos Ferreira Sampaio e Len Berg.

_____. *Curriculum vitae*: entretiens avec André Clavel. Paris: Plon, 1996.

_____. *Michel Butor par Michel Butor*. Paris: Seghers, 2003. (Poètes d'aujourd'hui).

_____. *Dialogue avec Rembrandt Van Rijn sur Samson et Dalila*. Paris: Abstème & Bobance, 2005.

_____. *Œuvres complètes*. Paris: Éditions de la Différence, 2006. v. II: Répertoire 1.

_____. *Œuvres complètes*. Paris: Éditions de la Différence, 2006. v. III: Répertoire 2.

_____. *Œuvres complètes*. Paris: Éditions de la Différence, 2007. v. VI: Le Génie du lieu 2.

_____. "Les Sœurs déménagent: littérature et peinture au XXe siècle". In: Dethurens, Pascal (Dir.). *Peinture et littérature au XXe siècle*. Strasbourg: Presses Universitaires de Strasbourg, 2007. p. 11-19.

_____. *Dialogue avec Eugène Delacroix sur l'entrée des croisés à Constantinople*. Paris: Virgile, 2008.

_____. *Œuvres complètes*. Paris: Éditions de la Différence, 2009. v. X: Recherches.

_____. *Michel Butor*: rencontre avec Roger-Michel Allemand. Paris: Argol, 2009.

_____. *Œuvres complètes*. Paris: Éditions de la Différence, 2010. v. XI: Improvisations.

_____. *Œuvres complètes*. Paris: Éditions de la Différence, 2010. v. XII: Poésie 3.

_____. "Écrire sur des boules". In: MUSÉE DES BEAUX-ARTS DE BREST. *Michel Butor et les artistes*: les mots entrent en peinture. Brest: Musée des Beaux-Arts de Brest, 2010. p. 103-105.

_____. Livros de artista. In: ARBEX, Márcia; CHAVES, Lívia C. L. Organização e tradução de Márcia Arbex e Lívia Chaves. Belo Horizonte: Viva Voz, 2011. p. 45-47.

_____. "Escrever é um gesto". In: _____. *Sobre a escrita e a arte*. Organização e tradução de Márcia Arbex e Lívia Chaves. Belo Horizonte: Viva Voz, 2011. p. 40-43.

_____. "As irmãs estão de mudança: literatura e pintura no século XX". In: _____. *Sobre a escrita e a arte*. Organização e tradução de Márcia Arbex e Lívia Chaves. Belo Horizonte: Viva Voz, 2011. p. 12-37.

_____. "Elogio do tratamento de texto". In: _____. *Sobre a escrita e a arte*. Organização e tradução de Márcia Arbex e Lívia Chaves. Belo Horizonte: Viva Voz, 2011. p. 48-53.

_____. "Nós olhávamos juntos. Entrevista concedida a Myriam Villain". In: BUTOR, Michel; BUTOR, Marie-Jo. *Universos paralelos*: uma viagem fotoliterária de Michel e Marie-Jo Butor. Organização de Márcia Arbex. Belo Horizonte: C/ Arte, 2011. p. 64-80.

_____. Considerações sobre a escrita e a tipografia. Tradução de Guilherme da Cruz e Zica. In: ZICA, Guilherme da Cruz e. *Michel Butor na tipografia*: desenredando da escrita. 2013. 60 f. Monografia (Graduação em Letras) – Faculdade de Letras, Universidade Federal de Minas Gerais, Belo Horizonte, 2013.

_____. *Légendes à l'écart*: entretiens avec Kristell Loquet. Illiers-Combray: Les Éditions Marcel le Poney, 2013a.

_____. Michel Butor: "Pour écrire, j'écoute les images des artistes". *L'Humanité.fr*, mardi, 16 juillet 2013b. Entretien par Muriel Steinmetz. Disponível em: http://www.humanite.fr/michel-butor-pour-ecrire-jecoute-les-images-des-artistes.

_____; BUTOR, Marie-Jo. *Dialogue avec Arthur Rimbaud sur l'itinéraire d'Addis-Abeba à Harar*. Coaraze: L'Amourier, 2001.

_____; POUSSEUR, Henri. *Paysages planétaires*. Milano: Alga Arghen, 2004.

_____; GODARD, Maxime. *L'Atelier de Man Ray*. Paris: Bernard Dumerchez, 2005.

_____; BUTOR, Marie-Jo. *Universos paralelos*: uma viagem fotoliterária de Michel e Marie-Jo Butor. Organização de Márcia Arbex. Belo Horizonte: C/ Arte, 2011.

_____; BARCELÓ, Miquel. *Une nuit sur le Mont Chauve*. Paris: Éditions de la Différence, 2012.

Geral

ALLEMAND, Roger-Michel. "Uma história de amor". In: BUTOR, Michel; BUTOR, Marie-Jo. *Universos paralelos*: uma viagem fotoliterária de Michel e Marie-Jo Butor. Organização de Márcia Arbex. Belo Horizonte: C/ Arte, 2011. p. 9-11.

AMMOUR-MAYEUR, Olivier. "De l'utilité politique selon Michel Butor, ou d'une écriture-monde contre la politique de globalisation". In: ARBEX, Márcia; ALLEMAND, Roger-Michel (Org.). *Universo Butor*. Belo Horizonte: C/ Arte, 2012. p. 397-408.

ANCELET-HUSTACHE, Jeanne. "Préface". In: GOETHE, Johann Wolfgang von. *Faust*. Traduction de Gérard de Nerval. Paris: Flammarion, 1964. p. 13-34.

APOLLINAIRE, Guillaume. *Calligrammes*: poèmes de la paix et de la guerre (1913-1916). Paris: Gallimard, 1925.

ARAGON, Louis. "Max Ernst, peintre des illusions". In: _____. Écrits sur l'art moderne. Paris: Flammarion, 1981. p. 12-16.

ARASSE, Daniel. *Le Détail*: pour une histoire rapprochée de la peinture. Paris: Flammarion, 1996.

ARBEX, Márcia. *Alain Robbe-Grillet e a pintura*: jogos especulares. Belo Horizonte: Editora UFMG, 2013.

_____. "Le Procédé du collage dans l'œuvre de Max Ernst". *Caligrama*, Belo Horizonte, v. 3, p. 79-82, 1998.

_____. "Les Récits-images de Michel Butor". In: MONTIER, Jean-Pierre (Dir.). *Transactions photolittéraires*. Rennes: Presses Universitaires de Rennes, 2015. p. 333-344.

_____. "Michel Butor e Antônio Francisco Lisboa". In: BRANDINI, Laura T. (org.). *Brasil e França*: laços literários. Londrina: EDUEL, 2015. p. 149-166.

_____. "Michel Butor e Youl: obras vaga-lumes". In: ARBEX, Márcia; ALLEMAND, Roger-Michel (Org.). *Universo Butor*. Belo Horizonte: C/ Arte, 2012. p. 309-323.

_____. "Michel Butor, leitor de Eugène Delacroix". In: MELLO, Celina M. M. *et al.* (Org.). *A palavra, o artista e a leitura*: homenagem a Théophile Gautier. Rio de Janeiro: Confraria do Vento, 2014. p. 82-99.

_____. "Onirismo, subversão e ludismo no romance-colagem". In: RAVETTI, Graciela; ARBEX, Márcia. *Exílio, performance, fronteiras*. Belo Horizonte: Faculdade de Letras da UFMG, 2002. p. 207-226.

_____. "Poéticas do visível: uma breve introdução". In: _____ (Org.). *Poéticas do visível*: ensaios sobre a escrita e a imagem. Belo Horizonte: Faculdade de Letras da UFMG; Programa de Pós-Graduação em Letras: Estudos Literários, 2006. p. 17-62.

_____. "Regards croisés: Michel Butor et le dialogue avec Eugène Delacroix". In: WEIAND, Christof (Org.). *Les Graphies du regard – die Graphien des Blicks*: Michel Butor und die Künste. Heidelberg: Universitätsverlag Winter, 2013. p. 109-120.

_____; LAGO, Izabela B. *Espaços de criação*: do ateliê do pintor à mesa do escritor. Belo Horizonte: Viva Voz, 2015. 146 p.

_____. "Barthes e a 'escrição'". In: PINO, Claudia A.; BRANDINI, Laura T.; BARBOSA, Márcio V. (orgs.). *Roland Barthes plural*. São Paulo: FFLCH/ USP, Humanitas, 2017. p. 207-224.

_____. "Michel Butor et Aleijadinho, le 'stropiat'", *Le Comparatisme comme approche critique*. Traduction et transferts / Translation and Transfers, Tome 4. Paris: Classiques Granier, 2017, p. 569-580.

BARTHES, Roland. *A câmara clara*. Tradução de Júlio Castañon Guimarães. Rio de Janeiro: Nova Fronteira, 1984.

_____. *Essais critiques*. Paris: Seuil, 1964.

_____. "L'Effet de réel". In: BARTHES, Roland *et al. Littérature et réalité*. Paris: Seuil, 1982. p. 81-90.

_____. *Mythologies*. Paris: Seuil, 1957.

_____. *O óbvio e o obtuso*: ensaios críticos III. Tradução de Léa Novaes. Rio de Janeiro: Nova Fronteira, 1990.

_____. *Sade, Fourier, Loyola*. Paris: Seuil, 1971.

_____. "Variações sobre a escrita". In: _____. *Inéditos*. Tradução de Ivone C. Benedetti. São Paulo: Martins Fontes, 2004. v. 1: Teoria. p. 174-255.

BAUDELAIRE, Charles. "Le Public moderne et la photographie", Salon de 1859. In: _____. *Écrits esthétiques*. Paris: Union Générale d'Éditions, 1986. p. 285-291.

BENJAMIN, Walter. "A obra de arte na era de sua reprodutibilidade técnica". In: _____. *Magia e técnica, arte e política*: ensaios sobre literatura e história da cultura. Tradução de Sérgio Paulo Rouanet. São Paulo: Brasiliense, 1994. p. 165-196. (Obras Escolhidas, 1).

_____. "O autor como produtor". In: _____. *Magia e técnica, arte e política*: ensaios sobre literatura e história da cultura. Tradução de Sérgio Paulo Rouanet. São Paulo: Brasiliense, 1994. p. 120-136. (Obras Escolhidas, 1).

_____. *Passagens*. Organização de Willi Bolle e Olgária Matos. Tradução de Irene Aron e Cleonice Mourão. Belo Horizonte: Editora UFMG; São Paulo: Imprensa Oficial do Estado de São Paulo, 2006.

_____. "Pequena história da fotografia". In: _____. *Magia e técnica, arte e política*: ensaios sobre literatura e história da cultura. Tradução de Sérgio Paulo Rouanet. São Paulo: Brasiliense, 1994. p. 91-107. (Obras Escolhidas, 1).

BERGEZ, Daniel. *Littérature et peinture*. Paris: Armand Colin, 2011. 222 p.

BERTHO, Sophie. "Dominando a imagem: funções da pintura na narrativa". Tradução de Márcia Arbex e Izabela B. do Lago. *Caligrama*, Belo Horizonte, v. 20, n. 1, p. 109-124, 2015.

BOSSEUR, Jean-Yves. *Le Collage, d'un art a l'autre*. Paris: Minerve, 2002.

BRETON, André. *Manifeste du surréalisme*. Paris: Gallimard, 1924 [1929].

BURGELIN, Claude. *Georges Perec*. Paris: Seuil, 1988.

CABIOCH, Serge. "La Porcelaine de pergame". In: MUSÉE DES BEAUX-ARTS DE BREST. *Michel Butor et les artistes*: les mots entrent en peinture. Brest: Musée des Beaux-Arts de Brest, 2010. p. 115-117.

CALLE-GRUBER, Mireille. "(Introduction à *Boomerang*)". In: BUTOR, Michel. *Œuvres complètes*. Paris: Éditions de la Différence, 2007. v. VI: Le Génie du lieu 2. p. 415-418.

_____. (dir.) *Michel Butor*: déménagements de la littérature. Paris: Presses de la Sorbonne Nouvelle, 2008.

_____. "Les Muses hors du logis ou Sur les traces de Butor-Icare". In: BUTOR, Michel. *Œuvres Complètes*. Paris: Éditions de la Différence, 2009. v. X: Recherches. p. 7-22.

_____. "Michel Butor: de l'incomplétude". In: COLÓQUIO INTERNACIONAL UNIVERSO BUTOR, 2011, Belo Horizonte. *Programação e caderno de resumos*. Belo Horizonte: Faculdade de Letras da UFMG, 2011. p. 30.
_____. "Michel Butor l'hospitalier". In: BUTOR, Michel. *Œuvres complètes*. Paris: Éditions de la Différence, 2006. v. I: Romans. p. 7-17.
_____. "Rétroviseur et longue-vue: les appareillages de Michel Butor". In: WEIAND, Christof (Org.). *Les Graphies du regard – die Graphien des Blicks*: Michel Butor und die Künste. Heidelberg: Universitätsverlag Winter, 2013. p. 33-42.
CAMARERO, Jesús. "Ut pictura poesis chez Michel Butor". In: CALLE-GRUBER, Mireille (Org.). *Michel Butor*: déménagements de la littérature. Paris: Presses de la Sorbonne Nouvelle, 2008. p. 173-188.
CAMPOS, Augusto. *A margem da margem*. São Paulo: Companhia das Letras, 1989.
CAMPOS, Haroldo de. *Metalinguagem e outras metas*. São Paulo: Perspectiva, 1992.
CASA NOVA, Vera. *Fricções*: traço, olho e letra. Belo Horizonte: Editora UFMG, 2008.
CHAMONARD, Marie. *Michel Butor et ses artistes*: livres manuscrits (1968-1998). 2000. Thèse (Doctorat) – École Nationale des Chartes, Paris, 2000. [Resumo detalhado da tese disponível em: http://www.chartes.psl.eu/fr/positions-these/michel-butor-ses-artistes-livres-manuscrits-1968-1998].
CHARTIER, Roger. "Literatura e cultura escrita: estabilidade das obras, mobilidade dos textos, pluralidade das leituras". In: MELLO, Celina M. M. et al. (Org.). *A palavra, o artista e a leitura*: homenagem a Théophile Gautier. Rio de Janeiro: Confraria do Vento, 2014. p. 13-28.
CHRISTIN, Anne-Marie. "De l'illustration comme transgression". Conferência proferida na Universidade Federal de Minas Gerais, 2009, p. 10. (Inédita)
_____. *L'Image écrite ou la déraison graphique*. Paris: Flammarion, 1995.
_____. "Pour une typologie iconique de l'écriture: l'imaginaire lettré". Disponível em: http://www.ceei.univ-paris7.fr/07_ressource/01/document/YONSEI-conference-Anne-Marie-Christin.pdf. [Article paru initialement dans la revue *Inmunkwahak: The Journal of the Humanities*, Séoul, n. 99, p. 5-32, déc. 2013.]
CLÜVER, Claus. "Ekphrasis Reconsidered: on Verbal Representation of Non-Verbal Texts". In: LAGERROTH, Ulla-Britta; LUND, Hans; HEDLING,

Erik (Ed.). *Interart Poetics*: Essays on the Inter-relations of the Arts and Media. Amsterdam; London: Rodopi, 1997. p. 19-33.

COLLOT, Michel. "Le Génie des lieux". In: CALLE-GRUBER, Mireille (Org.). *Michel Butor*: déménagements de la littérature. Paris: Presses de la Sorbonne Nouvelle, 2008. p. 73-83.

COMPAGNON, Antoine. *O trabalho da citação*. Tradução de Cleonice p. B. Mourão. Belo Horizonte: Editora UFMG, 1996.

DÄLLENBACH, Lucien. *Le Livre et ses miroirs dans l'œuvre romanesque de Michel Butor*. Paris: Les Lettres Modernes, 1972.

_____. *Le Récit spéculaire*: essai sur la mise en abyme. Paris: Seuil, 1977.

DESOUBEAUX, Henri. "De Duchamp a Butor e vice-versa". *Mélusine*, Paris, n. 12: Lisible/Visible, p. 157-164, 1991.

_____. (Dir.). *Dictionnaire Butor*. Disponível em: <http://henri.desoubeaux.pagesperso-orange.fr/>.

_____. "Mines communes de la recherche butorienne". In: ARBEX, Márcia; ALLEMAND, Roger-Michel (Org.). *Universo Butor*. Belo Horizonte: C/ Arte, 2012. p. 409-415.

DIDEROT, Denis. *Encyclopédie ou Dictionnaire raisonné des sciences, des arts et des métiers*, 1751. Disponível em: <https://gallica.bnf.fr/ark:/12148/bpt6k5785794x/f6.item>

_____. *Devant l'image*. Paris: Les Éditions de Minuit, 1990.

_____. *Diante do tempo*. Tradução de Vera Casa Nova e Márcia Arbex. Belo Horizonte: Editora UFMG, 2015.

_____. *Génie du non-lieu*: air, poussière, empreinte, hantise. Paris: Les Éditions de Minuit, 2001.

_____. "Histórias de fantasmas para gente grande". In: _____. *Atlas, suite*. Rio de Janeiro: MAR/Escola do olhar, 2013. Catálogo de exposição.

_____. *L'Étoilement*. Conversation avec Hantaï. Paris: Minuit, 1998.

_____. *Sobrevivência dos vagalumes*. Tradução Vera Casa Nova e Márcia Arbex. Belo Horizonte: Editora UFMG, 2011.

DUBOIS, Philippe. *O ato fotográfico e outros ensaios*. Tradução de Marina Appenzeller. Campinas: Papirus, 2012.

DUPLAN, Pierre. "Pour une sémiologie de la lettre". In: L'ESPACE et la lettre: écritures, typographies. Paris: UGE, 1977. (Cahiers Jussieu, 3).

GAUSSEN, Frédéric. *Le Peintre et son atelier*. Paris: Parigramme, 2006. 254 p.

GENETTE, Gérard. *Introduction à l'architexte*. Paris: Seuil, 1979.

GIRAUDO, Lucien. *Michel Butor dialogue avec les arts*. Gasville: Éditions le Pont des Arts, 2006.

_____. "Michel Butor et les œuvres d'art en collaboration". In: CALLE-GRUBER, Mireille (Org.). *Michel Butor*: déménagements de la littérature. Paris: Presses de la Sorbonne Nouvelle, 2008. p. 235-240.

GOBENCEAUX, Nathanaël. "Quelques éclaircissements sur la relation de Michel Butor à la géographie: entretien avec Michel Butor". *Cybergeo: European Journal of Geography*, sept. 2007. Disponível em: https://journals.openedition.org/cybergeo/9952.

GODARD, Maxime. "En compagnie de Michel Butor". In: WEIAND, Christof (Org.). *Les Graphies du regard – die Graphien des Blicks*: Michel Butor und die Künste. Heidelberg: Universitätsverlag Winter, 2013. p. 221-222.

GOETHE, Johann Wolfgang von. *Faust*. Traduction de Gérard de Nerval. Paris: Flammarion, 1964.

HAMON, Philippe. *La Description littéraire*. Paris: Macula, 1991.

HOEK, Leo. "A transposição intersemiótica: por uma classificação pragmática". Tradução de Márcia Arbex e Frederico M. Sabino. In: ARBEX, Márcia (Org.). *Poéticas do visível*: ensaios sobre a escrita e a imagem. Belo Horizonte: Faculdade de Letras da UFMG; Programa de Pós-Graduação em Letras: Estudos Literários, 2006. p. 167-189.

JONGENEEL, Else. *Michel Butor*: le pacte romanesque. Paris: José Corti, 1988.

KHABOU, Saadia Yahia. *Évocation de la peinture figurative classique dans quelques œuvres de Butor, Quignard et Bonnefoy*. Paris: L'Harmattan, 2014.

KRAUSS, Rosalind. *Le Photographique*: pour une théorie des écarts. Paris: Macula, 1990.

LAGHOUATI, Sofiane. "Michel Butor, (art)work in progress: du roman au livre d'artiste". In: WEIAND, Christof (Org.). *Les Graphies du regard – die Graphien des Blicks*: Michel Butor und die Künste. Heidelberg: Universitätsverlag Winter, 2013. p. 64-71.

LE GENTIL, Michel. "L'Occupation de la marge". In: MUSÉE DES BEAUX-ARTS DE BREST. *Michel Butor et les artistes*: les mots entrent en peinture. Brest: Musée des Beaux-Arts de Brest, 2010. p. 119-142.

LEIRIS, Michel. "Le Réalisme mythologique de Michel Butor". In: BUTOR. *La Modification*. Paris: Les Éditions de Minuit, 1957 [1980]. p. 287-313.

LOUVEL, Liliane. "A descrição "pictural": por uma poética do iconotexto". Tradução de Luiz Cláudio V. de Oliveira. In: ARBEX, Márcia (Org.). *Poéticas do visível*: ensaios sobre a escrita e a imagem. Belo Horizonte: Faculdade de Letras da UFMG; Programa de Pós-Graduação em Letras: Estudos Literários, 2006. p. 191-220.

_____. "Nuanças do pictural". Tradução de Márcia Arbex. In: DINIZ, Thaïs Flores Nogueira (Org.). *Intermidialidade e estudos interartes*: desafios da arte contemporânea. Belo Horizonte: Editora UFMG, 2012. v. 1. p. 47-69.

MAINGUENEAU, Dominique. *O contexto da obra literária*. Tradução de Marina Appenzeller. São Paulo: Martins Fontes, 2001.

MALLARMÉ, Stéphane. *Divagations*. Paris: Eugène Fasquelle Éditeur, 1897.

_____. "Um lance de dados jamais abolirá o acaso". Tradução de Haroldo de Campos. In: CAMPOS, Augusto; CAMPOS, Haroldo; PIGNATARI, Décio. *Mallarmé*. São Paulo: Perspectiva, 2006. p. 151-152.

MARCONDES, Luiz Fernando. *Dicionário de termos artísticos*. Rio de Janeiro: Pinakotheke, 1998.

MASSIN. *La Lettre et l'image*: la figuration dans l'alphabet latin du VIIIe siècle à nos jours. Paris: Gallimard, 1993.

MAURISSON, Charlotte. *Écrire sur la peinture* (anthologie). Paris: Gallimard, 2006. 240 p.

MÉAUX, Danielle. "L'Écriture à l'épreuve de l'image enregistrée". In: MONTIER, Jean-Pierre *et al.* (Dir.). *Littérature et photographie*. Rennes: Presses Universitaires de Rennes, 2008. p. 311-324.

MELOT, Michel. *Livro*. Tradução de Marisa Midori Daeto e Valéria Guimarães. Cotia: Ateliê Editorial, 2012.

MINSSIEUX-CHAMONARD, Marie. *Michel Butor*. Paris: Culturesfrance, 2006.

MONTIER, Jean-Pierre (Dir.) *Transactions photolittéraires*. Rennes: Presses Universitaires de Rennes, 2015.

MONTIER, Jean-Pierre *et al.* (Dir.). *Littérature et photographie*. Rennes: Presses Universitaires de Rennes, 2008.

MORELLO, André Alain. "Butor, œuvre des frontières et écriture-monde". In: ARBEX, Márcia; ALLEMAND, Roger-Michel (Org.). *Universo Butor*. Belo Horizonte: C/ Arte, 2012 p. 383-396.

MOSER, Walter. "As relações entre as artes: por uma arqueologia da intermidialidade". *Aletria: Revista de Estudos da Literatura*, Belo Horizonte, v. 14, p. 42-65, jul.-dez. 2006.

MOURIER-CASILE, Pascaline; MONCOND'HUY, Dominique (Org.). *L'Image génératrice de textes de fiction*. Poitiers: La Licorne, 1996.

MUSÉE DES BEAUX-ARTS DE BREST. *Michel Butor et les artistes*: les mots entrent en peinture. Brest: Musée des Beaux-Arts de Brest, 2010.

PEREC, Georges. *Espèces d'espaces*. Paris: Galilée, 1974.

PERLOFF, Marjorie. *O gênio não original*: poesia por outros meios no novo século. Belo Horizonte: Editora UFMG, 2013.

PERRONE-MOISÉS, Leyla. *Altas literaturas*. São Paulo: Companhia das letras, 1998.

_____. "O império literário de Michel Butor". In: _____. *Flores da escrivaninha*. São Paulo: Companhia das Letras, 1990. p. 141-151.

_____. *O nôvo romance francês*. São Paulo: Editora São Paulo, 1966.

_____. *Texto, crítica, escritura*. São Paulo: Ática, 1978.

PEYRÉ, Yves. *Peinture et poésie*: le dialogue par le livre. Paris: Gallimard, 2001.

PIÉGAY-GROS, Nathalie. *Introduction à l'intertextualité*. Paris: Dunod, 1996.

PONGE, Robert. "Michel Butor et le *Manifeste des 121*". In: ARBEX, Márcia; ALLEMAND, Roger-Michel (Org.). *Universo Butor*. Belo Horizonte: C/ Arte, 2012. p. 207-219.

QUENEAU, Raymond. *Zazie dans le métro*. Paris: Gallimard, 1959.

_____. *Zazie no metrô*. Tradução Paulo Werneck. São Paulo: Cosac Naify, 2009.

QUINTYN, Olivier. *Dispositifs/Dislocations*. Marseille: Al Dante, 2007.

RAJEWSKY, Irina. "Intermidialidade, intertextualidade e remediação: uma perspectiva literária sobre a intermidialidade". Tradução de Thaïs Flores Nogueira Diniz e Eliana Lourenço de Lima Reis. In: DINIZ, Thaïs Flores Nogueira (Org.). *Intermidialidade e estudos interartes*: desafios da arte contemporânea. Belo Horizonte: Editora UFMG, 2012. v. 1. p. 15-46.

RAY, Man. *Autoportrait*. Paris: Seghers, 1964.

RIESE-HUBERT, Renée. "Livro surrealista". In: BIRO, Adam; PASSERON, René (Dir.). *Dictionnaire général du surréalisme et de ses environs*. Paris: PUF, 1982. p. 248.

ROBBE-GRILLET, Alain. *Pour un nouveau roman*. Paris: Les Éditions de Minuit, 1963.

ROGNIAT, Évelyne. "Chambres d'écho: propos sur la collection *Carnet de voyages*." In: MONTIER, Jean-Pierre et al. (Dir.). *Littérature et photographie*. Rennes: Presses Universitaires de Rennes, 2008. p. 327-338.

ROUDAUT, Jean. *Michel Butor ou le livre futur*. Paris: Gallimard, 1964.

RUSSO, Adelaide. "Miroitements du livre: Michel Butor/Bertrand Dorny". In: CALLE-GRUBER, Mireille (Org.). *Michel Butor*: déménagements de la littérature. Paris: Presses de la Sorbonne Nouvelle, 2008. p. 153-171.

SAMPAIO, Marcos F. *Palavras e formas*: colaborações artísticas de Michel Butor. São Paulo: Museu de Arte Contemporânea da USP, 1992.

SCHAPIRO, Meyer. *Les Mots et les images*. Paris: Macula, 2000.

SIRVENT, Michel. "Inventions scriptographiques". In: ARBEX, Márcia; ALLEMAND, Roger-Michel (Org.). *Universo Butor*. Belo Horizonte: C/ Arte, 2012. p. 281-294.

SÜSSEKIND, Flora. "Não-livros". In: SÜSSEKIND, Flora; DIAS, Tânia (Org.). *A historiografia literária e as técnicas de escrita*. Rio de Janeiro: Viera e Lent; Edições Casa Rui Barbosa, 2004. p. 442-495.

SUTER, Patrick. "Butor et le livre-installation". In: WEIAND, Christof (Org.). *Les Graphies du regard – die Graphien des Blicks*: Michel Butor und die Künste. Heidelberg: Universitätsverlag Winter, 2013. p. 43-62.

TEULON-NOUAILLES, Bernard. *Michel Butor et les arts plastiques*. Disponível em: http://bernard.teulon-nouailles.pagesperso-orange.fr/Butorfac.htm.

VAN ROSSUM-GUYON, Françoise. "Aventures de la citation chez Butor". In: RAILLARD, Georges (dir.). *Butor*. Paris: Union générale d'édition/Centre culturel international de Cerisy-la-salle, 1974. p.17-39.

VINCI, Leonardo da. "Tratado da pintura". In: LICHTENSTEIN, Jacqueline (Org.). *A pintura*: textos essenciais. São Paulo: Editora 34, 2005. v. 7: O paralelo das artes. p. 17-27.

VOUILLOUX, Bernard. *Le Tournant "artiste" de la littérature française*: écrire avec la peinture au XIXe siècle. Paris: Hermann, 2011. 535 p.

ZOLA, Émile. *L'Assommoir* (68e édition). Paris: G. Charpentier éditeur, 1879.

1ª EDIÇÃO [2020]

Esta obra foi composta em Minion Pro e Din sobre papel
Pólen Soft 80g/m2 para a Relicário Edições.